WESTEND

JOACHIM WALTER

DIE FREIHEIT NEHM' ICH DIR

Sinn und Unsinn des Strafvollzugs

WESTEND

Impressum

Mehr über unsere Autoren und Bücher:
www.westendverlag.de
Die Deutsche Nationalbibliothek verzeichnet diese Publikation in der Deutschen Nationalbibliografie; detaillierte bibliografische Daten sind im Internet über http://dnb.d-nb.de abrufbar.

MIX
Papier | Fördert gute Waldnutzung
FSC® C014889
FSC www.fsc.org

ISBN: 978-3-98791-305-1
1. Auflage 2025

Umschlaggestaltung: Buchgut, Berlin
Lektorat: Luca Groß
Satz: Publikations Atelier, Weiterstadt
Druck und Bindung: Friedrich Pustet GmbH & Co. KG,
Gutenbergstraße 8, 93051 Regensburg
Printed in Germany

Inhalt

Für meine Enkel Vera, Paul, Dario und Ella

Vorwort

Menschen hinter Gittern – egal, ob sie Gefangene sind oder zum Personal gehören – unterscheiden sich nicht grundsätzlich von anderen Menschen. Das ist meine Erfahrung aus mehr als 35 Jahren im deutschen Strafvollzug. Und doch verhalten sie sich, den besonderen Umständen geschuldet, oft anders. Deshalb erzähle ich die nachfolgenden Geschichten, die alle um das Gefängnis kreisen. Obwohl jede in sich abgeschlossen ist, haben einige auch Querverbindungen untereinander. Alle sind wahr in dem Sinne, dass ich sie so erlebt habe. Sie stellen meine subjektive Sicht dar. Trotzdem möchte ich nicht ausschließen, dass sie, wie jede menschliche Erinnerung, rückschauend der Veränderung unterlagen.

Im Auftrag internationaler Organisationen wie der Europäischen Union und dem Europarat hatte ich die Gelegenheit, auch zahlreiche Gefängnisse im Ausland zu besuchen, in Aserbaidschan, Chile, Georgien, Russland, Singapur, der Türkei und fast allen europäischen Ländern. Die dabei gewonnenen Eindrücke sind teilweise Hintergrund für die Beurteilung unseres deutschen Strafvollzugs geworden und somit auch von Bedeutung für meine Sicht auf diesen.

Soweit es sich nicht um Personen der Zeitgeschichte handelt, habe ich alle Namen geändert; oft auch andere Merkmale, die eine Identifizierung ermöglichen könnten. Personenbezeichnungen im Plural (zum Beispiel »die Gefangenen«) beziehen sich in der Regel auf alle Geschlechter. Allerdings sind im deutschen Strafvollzug rund 95 Prozent der Gefangenen männlich – ein Missverhältnis, das von der kriminologischen Forschung und der Rechtspolitik wenig beachtet wird.

In den zahlreichen Reden, die ich als Anstaltsleiter gehalten habe, ebenso wie in meinen publizierten Wortmeldungen zum Thema Strafvollzug, habe ich da jemals mein Lieblingslied zitiert? Es ist ein Volkslied aus dem 17. Jahrhundert: »Wer jetzig' Zeiten leben will, muss haben ein tapferes Herze …«

Nein, das habe ich nie erwähnt; es erschien mir zu pathetisch. Nachdem ich fast ein ganzes Berufsleben im Gefängnis zugebracht habe und angesichts meiner dort gemachten Erfahrungen, sehe ich dies, rückblickend, inzwischen etwas anders. Vielleicht passt diese Devise für ein Leben im Strafvollzug doch ganz gut.

Auf Anregung des Verlages habe ich den Geschichten einige Informationen und Daten angefügt. Damit soll der Situation und Problematik des heutigen Strafvollzuges Rechnung getragen werden.

Joachim Walter

In den 172 Justizvollzugsanstalten Deutschlands befanden sich am 30. Juni 2022 insgesamt 56 557 Gefangene und Verwahrte. Nach jahrelangem Rückgang, zum Teil bedingt auch durch die COVID-19-Pandemie, ist die Zahl zuletzt wieder gestiegen. Der größte Teil davon waren Strafgefangene und Sicherungsverwahrte, das heißt: Verurteilte, die in einer Justizvollzugsanstalt eine Freiheits- oder Jugendstrafe verbüßen oder sich in Sicherungsverwahrung befinden. Nur 5,8 Prozent aller Inhaftierten sind Frauen.

Die meisten Strafgefangenen verbüßen eine eher kurze Strafe unter zwei Jahren – nur jeder vierte hat mehr als zwei Jahre zu verbüßen. Trotzdem ist der Anteil der zu lebenslangem Freiheitsentzug verurteilten Gefangenen in den Justizvollzugsanstalten mit insgesamt 1 770 Personen relativ hoch. Sie sammeln sich dort an, können im günstigsten Fall frühestens nach 15 Jahren Haft entlassen werden. Im Durchschnitt geschieht dies allerdings erst nach mehr als 18 Jahren. Als Extremfall hat es auch schon eine Vollstreckung von mehr als 58 Jahren gegeben.

Daneben befanden sich 11 663 Personen in Untersuchungshaft.

Die Netto-Haftkosten sind in den Bundesländern unterschiedlich hoch. Bei einem Bundesdurchschnitt von 109,38 Euro pro Tag und inhaftierte Person ergibt sich eine Belastung für den Fiskus von monatlich 3 281,40 Euro.

Wer über die Entwicklung der Kriminalität in Deutschland Genaueres wissen möchte, findet alle wichtigen Daten und Analysen im »Konstanzer Inventar Sanktionsforschung« und im »Konstanzer Inventar Kriminalitätsentwicklung«, die beide von Prof. Dr. Wolfgang Heinz verantwortet werden (http://www.ki.uni-konstanz.de/kis/).

1. Das Tagebuch

Zelleneinschluss im Heilbronner Gefängnis. Ein riesiger Radau: Lautsprecher knarzen, pfeifen und plärren los, schwere Eisentüren schlagen, Schlüssel rasseln, Kommandos erschallen, Stiefel stampfen, ein gewaltiges Wirrwarr von Stimmen. Man kann unmöglich angeben, woher die vielen lauten und hallenden Geräusche kommen. Offenbar von überall her. Weil es so viele Flure und Türen im Gefängnis gibt: Außentüren, Innentüren, Schleusentüren, Zellentüren, Stockwerksabschlusstüren. Es kommt einem so vor, als ob sie alle gleichzeitig geräuschvoll geöffnet und wieder zugeknallt werden. Menschenmassen drängen ins Gebäude, zu den Treppenaufgängen, trampeln über die Gänge und Galerien. Das sind die typischen Geräusche eines deutschen Gefängnisses zu Anfang der Siebzigerjahre beim Einschluss.

Das Zellengebäude der JVA Heilbronn, in der ich nun seit einigen Monaten tätig bin, besteht aus vier langen Flügeln, jeder von ihnen drei Stockwerke hoch, die sich, ähnlich der Vierung einer gotischen Kathedrale, in einem Zentralbau treffen. Jeder Flügel ist vom Erdgeschoss bis zum dritten Obergeschoss offen. Man nennt das panoptische Bauweise. Denn so kann von der verglasten Zentrale im Kreuzungspunkt aus jeder der davon abgehenden Flügel vollständig überblickt werden, sogar von einem einzigen Aufsichtsbeamten. Im zentralen Aufsichtsbereich kann man über Wendeltreppen alle Stockwerke erreichen.

Ein solches Gefängnis ist innen offen, vom Erdgeschoss bis zum Dach, welches mit seinen zahlreichen Fensterfeldern für Tageslicht sorgt. Es gibt keine Zwischendecken zwischen den Stockwerken. Oft werden die Flügel deshalb auch als Hallen bezeichnet. Der Zugang zu den in jedem Flügel auf beiden Seiten angeordneten Hafträumen erfolgt über schmale eiserne Galerien, die an der Innenwand des jeweiligen Stockwerks hängend angebracht sind. Sie vereinigen sich im Zentralgebäude und erschließen so mehrere Hundert Zellen, in denen die Gefangenen untergebracht sind. Aufgrund des Mangels jeder Trittschalldämpfung führen diese metallenen Laufgänge zum hohen Lärmpegel beim Einrücken.

Diese eisernen Galerien auf den Stockwerken sind so schmal, dass zwei Personen dort nur mit Mühe aneinander vorbeikommen. Das ist Absicht. Ist auch nur eine der nach außen schwenkenden Zellentüren geöffnet, ist der Durchgang vollends versperrt. Bis die Tür mittels eines langen Hebels, senkrecht stehend und dreimal so lang wie eine normale Türklinke, wieder geschlossen wird. So wird die Vereinzelung beim Zelleneinschluss vieler Gefangener garantiert und darüber hinaus im Gebäude ein Davonrennen praktisch unmöglich gemacht. Bei der täglich dreimal stattfindenden Essenausgabe hat der Essensausteiler daher große Mühe, mit seinem schmalen Schiebewagen und den darauf geladenen Kübeln mit Muckefuck, Suppe oder Eintopf überhaupt durchzukommen. Der ihn begleitende Beamte öffnet deshalb immer nur eine Zellentüre nach der anderen. Ansonsten droht Blockade.

Im offenen Luftraum zwischen diesen mit hohen Geländern versehenen Laufgängen sind in den oberen Stockwerken Sprungnetze gespannt, damit keiner, um sich das Leben zu nehmen, über das Geländer in die Tiefe springen kann. Der Lärm der schwer ins Schloss fallenden Türen, aber auch sonst alle Geräusche, die beim Zelleneinschluss von Hunderten in ihre Hafträume zurückströmenden Gefangenen und zahlreichen Wachbeamten verursacht werden, können sich also im ganzen Gebäude ungehindert ausbreiten.

Neben dem lauten Türenschlagen tragen zum enormen Lärm des Einschlusses ebenso bei: das Trampeln der Schritte auf den eisernen Treppen und Galerien, das Rasseln der Schlüsselbünde der Beamten, wenn sie die Türschlösser betätigen, und ihre Kommandos. Und natürlich die lautstarken Rufe der Männer, wenn es sein muss auch über Stockwerke hinweg, mit denen sie den allgemeinen Krach zu übertönen versuchen, um einen Kumpel oder einen Neuzugang zu kontaktieren. Alles noch verstärkt durch den Nachhall. Denn das Einzige, was den Lärm dämpfen kann, ist die Kleidung der Gefangenen und der Uniformträger. Ansonsten gibt es nur Mauerwände, Stahl und Glas.

Ein solcher Auf- oder Einschluss findet mehrmals täglich statt: morgens Abrücken zur Arbeit, mittags Einrücken zum Mittagessen, das in der Zelle eingenommen wird. Danach erneutes Abrücken zur Arbeit, sodann wieder Einschluss im Haftraum und Vollzähligkeitskontrolle. Am späteren Nachmittag Abrücken zum Hofgang und danach für heute letzter Einschluss in den Haftraum samt erneuter Zählkontrolle, versteht sich. Es sei denn, der Gefangene darf ausnahmsweise abends zu einer Freizeitveranstaltung gehen.

Und jedes Mal ist das ganze Gefängnis in Bewegung, jedes Mal geht es zu wie im Ameisenhaufen: Hunderte von Gefangenen, alle einheitlich in fadenscheinigem graublauen Drillich, strömen aus mehreren Richtungen über die engen Treppen und Galerien durch das Haus zu ihren Abteilungen. Das verursacht überall Stauungen und dauert seine Zeit. Schließlich steht jeder wartend vor seiner Zellentüre, bis sie ihm einer der Aufsichtsbeamten öffnet und sofort nach dem Betreten wieder verschließt.

Fast genauso wie der enorme Lärm beeindruckt den Neuling der typische Knastgeruch, der alles durchdringt. Er hat sich in die Kleidung und das Bettzeug der Gefangenen eingenistet und wabert durch das ganze große Gebäude. Eine Mischung aus Männerschweiß, kaltem Zigarettenrauch, schlecht gelüfteten Hafträumen und dem Mief abgestandenen Essens – undefinierbar, aber unverwechselbar. Er kann einem buchstäblich den Atem rauben. Mehrfach ist es vorgekommen, dass Besucher von außerhalb im Zellenbau ohnmächtig geworden sind und an die frische Luft gebracht werden mussten.

Nach Beendigung des abendlichen Einschlusses, letztem Türenschlagen und Schlüsselrasseln scheint es ruhig zu werden im Zellenbau. Mittlerweile haben die Gefangenen über die Essenklappe in der Zellentür auch das Abendessen in Empfang genommen: lauwarmen Kräutertee, zwei bis drei Scheiben Graubrot, etwas Wurst oder Käse. Allerdings fangen nach dem Essen schon wieder einige an, sich vom Zellenfenster aus gegenseitig die letzten Neuigkeiten zuzurufen. Das ist zwar verboten, aber einfach, weil jeder von seiner Zelle aus eine Vielzahl von potenziellen Gesprächspartnern im gegenüberliegenden Flügel findet. Es dauert deshalb lange, bis das Stimmengewirr abebbt. Einzelne Zurufe und Unterhaltungen von Fenster zu Fenster gibt es aber noch lange.

Wann kehrt denn endlich Ruhe ein? Das dauert, je nach Jahreszeit und Witterung. In warmen Sommernächten, wo in den schlecht belüfteten Zellen kaum einer Schlaf findet, sind einzelne Stimmen, manchmal auch unartikulierte Schreie noch bis spät in die Nacht zu hören. Außerdem stören die grellen Scheinwerfer, die bei Dunkelheit alle Gebäudeteile in helles Licht tauchen und zu jedem Fenster hereinleuchten.

Herrscht dann lange nach Mitternacht Frieden, kann ein einzelner Rufer den ganzen Bau wieder wecken. Dann kann es vorkommen, dass die Gefangenen anfangen, wütend mit ihren Löffeln gegen die blechernen Essgeschirre zu schlagen oder mit den Fäusten gegen die Zellentüren zu hämmern und mit den Füßen dagegenzutreten. Der ganze Knast gerät dann in Aufruhr: ein ohrenbetäubender Lärm und wüstes Spektakel. Nervenzerfetzend kann das sein – und soll das auch sein! Bambule machen, nennen die Gefangenen das. Ein ohnmächtiger Protest derer, denen kein anderes Mittel zur Verfügung steht, ihrer Wut und Empörung Ausdruck zu verleihen.

Sollte nun noch irgendwo einer der zahlreichen, an vielen kritischen Stellen angebrachten Alarmmelder eingeschlagen werden – Blau für Sicherheit, Rot für Feuer –, dann schrillen in allen Flügeln und Stockwerken die extrem lauten elektrischen Alarmglocken. Auf großen rot oder blau blinkenden Tableaus wird den losrennenden Beamten angezeigt, an welchem Ort der Alarm ausgelöst wurde. Gleichzeitig fährt die Alarmbeleuchtung hoch: Mit zahlreichen zusätzlichen Scheinwerfern wird die Anstalt in ein gleißend helles Licht getaucht. Jetzt ist endgültig die Hölle los!

Solcher Art dürften meine ersten prägenden Eindrücke und Erfahrungen im Heilbronner Gefängnis in der Steinstraße gewesen sein. Beeindruckend, bisweilen beklemmend, manchmal sogar furchterregend. In jedem Falle so ungewöhnlich, dass einem die ersten Wochen in einem solchen geschlossenen Männergefängnis wohl immer unauslöschlich im Gedächtnis bleiben werden.

Kein Wunder also, dass ich meine ersten Monate als stellvertretender Leiter der Justizvollzugsanstalt Heilbronn als sehr belastend in Erinnerung habe. Mit den täglich gemachten bedrückenden Erfahrungen konnte ich oft kaum klarkommen. Nur in dieser Zeit, nie zuvor und auch niemals mehr danach in meinem Leben, habe ich deshalb Tagebuch geschrieben und diesem meine Erlebnisse, Belastungen und Verletzungen anvertraut. Es war ein Versuch, die auf mich einstürzenden Eindrücke zu verarbeiten und dabei einigermaßen das psychische Gleichgewicht zu halten. Eine Art Selbst-Supervision.

Leider ist das Tagebuch bei einem meiner Umzüge verloren gegangen, sodass ich heute auf diese authentischen Texte nicht mehr zurückgreifen kann und auf meine Erinnerung angewiesen bin.

Was waren meine größten Probleme, womit konnte ich nicht zurechtkommen? Es war nicht der Lärm beim Einschluss und auch nicht der Knastgeruch, so sehr beides dem Knastneuling imponieren wird. Ebenso wenig das Zusammentreffen mit den verurteilten Straftätern oder die Zusammenarbeit mit den manchmal etwas ruppigen Vollzugsbeamten. An all das gewöhnt man sich.

Womit ich freilich nicht gerechnet hatte und überhaupt nicht klarkam, war, dass im Gefängnis ganz überwiegend sehr junge Männer inhaftiert waren, nicht etwa ausgewachsene, gestandene Kriminelle, wie ich das aus Romanen und Filmen kannte. Es waren fast nur junge Männer unter 30, so wie ich selbst einer war. Ganz offensichtlich waren das keine gefährlichen Gangster oder Berufsverbrecher, sondern junge Menschen wie du und ich!

Das Durchschnittsalter der Gefangenen lag damals im Heilbronner Gefängnis bei 28 Jahren. Das bedeutet, dass sehr viele der Inhaftierten noch erheblich jünger gewesen sein müssen, um diesen Altersdurchschnitt zu bewirken. Die meisten waren in meinem Alter oder sogar noch jünger. Sie standen am Anfang ihres Lebens – und hatten schon fast keine Zukunft mehr! Denn in dieser Anstalt waren nur Gefangene mit langen Strafen untergebracht, auch viele Lebenslängliche.

Wie wohl die meisten meiner Zeitgenossen hatte ich bis dahin geglaubt, dass in den Strafvollzug nur wirklich unverbesserliche Kriminelle kommen: Schwerverbrecher oder notorische Wiederholungstäter. Das in den Massenmedien gezeichnete Bild des Kriminellen ist ja durch spektakuläre Gewaltverbrechen geprägt: Menschen, die sich mehr oder weniger bewusst gegen die Rechtsordnung entschieden haben, die alle ihre Chancen nicht genutzt haben und für die es deshalb in unserer Gesellschaft keine Alternative zum Freiheitsentzug gibt. Davon, warum sie so geworden sind, ist in den Medien nur selten die Rede.

Nun erlebte ich täglich und hautnah, dass die Gefangenen fast ausschließlich recht junge Männer waren, in der Blüte ihres Lebens stehend, die ohne jede Ausnahme aus schwierigen sozialen Verhältnissen, aus armen und zerstörten Familien stammten. Mit einem Wort: aus der Unterschicht. Getretene, Gezeichnete, Proleten. Junge Männer, von denen die allermeisten nie eine Chance zu einer gedeihlichen Entwicklung hatten, ja nicht einmal die Chance auf eine gleichberechtigte Teilhabe am gesellschaftlichen Leben! Ganz überwiegend verurteilt nicht etwa wegen schwerer Gewaltdelikte, sondern zu weit über zwei Dritteln wegen Eigentums- und Vermögensdelikten, meist sogar nur wegen Diebstahls.

Auch war mir aus Untersuchungen und aus meiner Referendarzeit bekannt, dass die Richter, ganz im Gegensatz zu den Verurteilten, niemals aus der Unterschicht stammten, sondern ausnahmslos aus der Mittel- oder Oberschicht. Auch aus den schriftlichen Urteilen in den Akten wurde dies in vielen Fällen erkennbar. Nämlich dann, wenn sich das Gericht zu herabsetzenden Bezeichnungen der sozialen Herkunft der Verurteilten wie »sittlich total verwahrloste Familie« hinreißen ließ. Dann wurde schon aus der mitschwingenden Verachtung deutlich, dass im Gerichtssaal zuweilen eine Straflust waltet, die auf Vorurteilen und Unduldsamkeit gegenüber Minderheiten beruht, gegen »die da unten«. Klassenjustiz, wie es ein hoher Richter damals schonungslos benannte.

Verurteilte aus »besseren Kreisen«, die Söhne von Ärzten, Lehrern, Richtern oder Unternehmern, sind mir im Heilbronner Gefängnis nie unter die Augen gekommen. Da ich selbst in dieser Stadt aufgewachsen und ins Gymnasium gegangen war, hätte ich die als Schulkameraden ja auch kennen müssen oder ich hätte wenigstens ihre Familiennamen schon einmal gehört. Ob die alle tatsächlich niemals etwas Strafbares angestellt haben?

Davon abgesehen, dass also, wie mir täglich vor Augen geführt wurde, nur ein geringer Teil der Bevölkerung beste Aussichten hatte, im Gefängnis zu landen, nämlich diejenigen aus den untersten Schichten, erschien mir auch die Institution Vollzugsanstalt selbst als eine ziemlich unbarmherzige Maschinerie. In erster Linie bestimmt zur Disziplinierung der ungebärdigen, unangepassten männlichen Jugend mittels abgenötigter und deshalb selten echter Reue und erzwungener »guter Führung«. Weil der Resozialisierungsgedanke noch sehr umstritten war und gerade erst begann, in den fortschrittlichsten Köpfen Einzug zu halten, war das Gefängnis auch noch nicht der gesellschaftliche »Reparaturbetrieb«, zu dem es sich später, unter dem Resozialisierungsgrundsatz, zumindest in Teilen entwickeln sollte.

Vielmehr ging es damals, im Jahre 1973, noch ganz überwiegend um Vergeltung für »böse Taten«. Dieser in der Gesellschaft herrschenden Meinung entsprach auch die innere Einstellung der allermeisten Vollzugsbeamten. Kein Wunder, gehört doch das Bewusstsein, dass die Verurteilten »ganz unten« sind, zur Psychohygiene der Normalbürger, und zu diesen zählen sich die Vollzugsbeamten natürlich auch. Dass Gefangene Mitbürger sind, die Rechte haben und diese auch geltend machen dürfen, war damals nicht die Grundlage der Theorie oder Praxis des Strafvollzugs. Zwar hatte das Bundesverfassungsgericht im Jahr 1972 entschieden, dass auch Strafgefangene im Justizvollzug Rechte haben. Doch war das noch nicht ins allgemeine Bewusstsein gedrungen oder gar für die Praxis bestimmend geworden. Das begann erst 1977, nach dem Erlass eines Strafvollzugsgesetzes, und brauchte auch danach noch lange Jahre.

Bis dahin sprach man bezeichnenderweise vom »besonderen Gewaltverhältnis« als Grundlage des Strafvollzugs. Das bedeutet, dass Eingriffe in Freiheitsrechte über den Freiheitsentzug hinaus, wie zum Beispiel Fesselung oder Isolation, ohne besondere gesetzliche Ermächtigung erlaubt waren. Die Behörden hatten sehr weite Handlungs- und Entscheidungsspielräume. Folglich waren eigentlich alle Vollzugsbeamten – weibliche Beschäftigte gab es damals nur im Schreibdienst –, vom Anstaltsleiter über die Geistlichen bis hin zum untersten Hilfsaufseher, der Meinung, dass »die Spitzbuben«, wie man in Heilbronn sagte, für ihre Untaten im Vollzug zu büßen haben, und zwar mit einem weit abgesenkten Lebensstandard. Man sollte ihnen also auf keinen Fall entgegenkommen oder ihnen gar das Leben in der Haft erleichtern wollen. Dies hatte ich mir eigentlich anders vorgestellt: Ich wollte als Jurist der Gerechtigkeit dienen, nicht überkommenen Ressentiments!

Dafür will ich ein Beispiel aus den ersten Monaten meiner Tätigkeit geben: Zur Anstaltsleitersprechstunde, die ich häufig stellvertretend für den Chef abgehalten habe, meldet sich der Gefangene Schuller mit einer Beschwerde, die er auch noch schriftlich übergibt. Er ist ein von Kopf bis Fuß tätowierter Mensch, Ende 20, mittelgroß, muskulös, mit mehreren Narben im Gesicht und auf dem Kopf, sodass entsprechende Lücken im sehr kurzen dunklen Haar zu sehen sind. Das Musterbild eines »Knackis«.

Er riecht stark nach Tabakrauch. An beiden Händen sind die ersten drei Finger gelb-braun verfärbt. Hier rauchen fast alle – weil es am billigsten ist, selbstgedrehte Zigaretten. »Schwarzer Krauser« heißt das grauslich stinkende scharfe Kraut. Im Gefängnis und im Schützengraben denkst du eben nicht viel an deine Gesundheit und an die Zukunft, sondern an die Gegenwart, ans bloße Überleben!

Schuller hat sein Handtuch mitgebracht. Es ist aus dem üblichen blau-schwarz gewürfelten dünnen Baumwollstoff gefertigt. Frotteehandtücher waren damals noch nicht zugelassen. Dieses Handtuch war offensichtlich in der Anstaltsschneiderei x-mal repariert worden. Vermutlich war es mehrfach zerlöchert gewesen. Nun weist es noch etwa die Größe von 30 mal 20 cm auf; gerade mal Waschlappengröße also.

»Das ist das einzige Handtuch, das man mir gegeben hat. Und damit soll ich mich nach dem Duschen abtrocknen! Mein Stockwerksbeamter hat nur die Achseln gezuckt und mir gesagt, dass jeder Gefangene nur ein Handtuch bekommt. Dieses sei nun halt meines.«

Das geht natürlich nicht. Die Beschwerde des Gefangenen ist zweifellos berechtigt. Allerdings gilt Schuller als Querulant, der sich ständig über alles und jeden beschwert. Der zuständige Beamte der Effektenkammer habe sich mit der Bemerkung »Wo kämen wir da hin?« geweigert, ein anderes Handtuch mit normaler Größe herauszugeben, sagt er.

Es bleibt mir nichts anderes übrig, als einen förmlichen Abhilfebescheid zu verfassen. In solch einer schriftlichen Verfügung der Anstaltsleitung wird festgestellt, dass der Gefangene ein Recht auf ein vorschriftsgemäßes Handtuch hat. Er erhält von mir eine Kopie des Schriftstücks. Zugleich wird die Hauswirtschaftsverwaltung angewiesen, dafür zu sorgen, dass Schuller ein Handtuch erhält, wie es der entsprechende Paragraf der Bekleidungsordnung vorsieht. Unterschrieben und in den Geschäftsgang gegeben. Damit ist die Sache für mich erledigt.

Einige Tage später komme ich in anderer Angelegenheit in das Büro des Hauswirtschaftsverwalters. Anfangs wundere ich mich, warum die zwei jungen Beamtenanwärter, die außer ihm dort sitzen, so hinterhältig grinsen. Da fällt mein Blick auf die Innenseite der Zimmertüre. Dort ist meine dienstliche Verfügung mit Tesafilm in Augenhöhe angepinnt und mit dickem rotem Filzstift mit mehreren Ausrufungszeichen versehen. Da hängt sie, umgesetzt wurde sie selbstredend nicht.

»Sie müssen noch viel lernen, Herr Assessor«, sagt mir der Chef der beiden Jungspunde, der ergraute Amtsinspektor Baumann. »Wo kommen wir hin, wenn uns die Spitzbuben auf dem Kopf herumtanzen dürfen? Schließlich ist der Schuller der Verbrecher und nicht ich! Abhilfebescheid! So was haben wir noch nie gehört!« Die anderen beiden feixen weiter und beobachten die Szene. Ich argumentiere eine Zeit lang, bitte um Verständnis für die missliche Situation des Gefangenen, bemühe Rechtsvorschriften, aber ohne Resonanz – und im Ergebnis ohne Erfolg.

Dann kündige ich an: »Ich werde mir den Gefangenen Schuller holen und ihm auf der Effektenkammer ein nagelneues und somit vorschriftsmäßiges Handtuch aushändigen lassen. Auch wenn das eigentlich Ihre Aufgabe ist, Herr Baumann! Sollte so etwas noch einmal vorkommen, könnte ich gezwungen sein, unter Einbeziehung dieses Vorfalls Maßnahmen der Dienstaufsicht zu ergreifen. Meinen so hübsch verzierten Abhilfebescheid nehme ich schon mal mit.«

Ich löse das Schriftstück von der Tür ab und wünsche einen guten Tag. Soweit ich mich erinnern kann, sind ähnliche ärgerliche Querschüsse aus der Verwaltung danach kaum noch vorgekommen. Weniger offensichtliche allerdings schon; beispielsweise indem man eine Angelegenheit einfach versanden ließ.

Ebenfalls eine negative Einstellung zu den Gefangenen, jedoch in etwas anderer Ausprägung, hatte unser Oberlehrer Schurkowsky, genannt Ben Schur: ein kleiner, pummeliger Endvierziger, glatzköpfig, sehr beweglich, redselig, etwas distanzlos, eigentlich immer gut gelaunt und braun gebrannt, Kunde bei einem der damals neu in Mode gekommenen Sonnenstudios. Er behauptete, Karatemeister zu sein, und vollführte zur Demonstration seiner Fähigkeiten drollige Luftsprünge, von einem Pfiff durch die Zähne begleitet. Jeden Gefangenen, der ihn angreifen würde, tönte er, würde er sofort mit beiden Füßen anspringen und so mit Leichtigkeit abwehren und zu Fall bringen. Erfreulicherweise musste er das niemals unter Beweis stellen.

Ihm war als Faktotum ein uniformierter Beamter des Aufsichtsdiensts beigeordnet, im Anstaltsjargon »der Unterlehrer« genannt: ein vorgealterter Tattergreis, den man wegen seiner Gebrechlichkeit im Aufsichtsdienst nicht mehr einsetzen wollte. Wofür waren die zwei eigentlich da? Keiner wusste es genau, denn Unterricht erteilten beide nicht. Aber halt: Der Oberlehrer war für die Gefangenenbücherei zuständig, wenngleich diese hauptamtlich von einem Lebenslänglichen gemanagt wurde. Der hatte früher einmal angefangen, Philosophie zu studieren, dann aber seine Freundin ermordet. Aufgrund seiner Vorbildung galt er als für die Bücherei besonders geeignet.

Eines betrachtete Ben Schur aber doch als seine Pflicht: nämlich, die ausgeliehenen Bücher nach ihrer Rückgabe vom Lebenslänglichen genauestens auf Beschädigungen überprüfen zu lassen. Waren solche festzustellen, wurden die Bücher der hauseigenen Buchbinderei zur Reparatur zugeleitet. Die Kosten dafür bekam der letzte Entleiher vom Oberlehrer in Rechnung gestellt und von seinem Arbeitslohn abgezogen. Der betrug damals für eine Stunde meist stumpfsinniger Gefängnisarbeit, wie Gartenstühle mit Plastikschnüren bespannen, nur wenige Pfennige am Tag. Diese Entscheidungen persönlich zu treffen, ließ sich Ben Schur nicht nehmen.

Einmal war einem Gefangenen ein Taschenbuch über das Schachspiel so ins Klo gefallen, dass es, weil total verquollen, auch in unserer Buchbinderei nicht mehr repariert werden konnte. Totalschaden also. Wegen der vom Oberlehrer aufgestellten und dem Gefangenen vom Hausgeld abgezogenen Rechnung beschwerte dieser sich bei mir. Sie lautete: Neupreis des *rororo*-Taschenbuches: 1,80 DM, plus Reparaturkosten in den vier Vorjahren: 6,10 DM, in diesem Jahr: 3,20 DM, zusammen also 11,10 DM.

Ich versuchte, Ben Schur zu erklären, dass der Schaden dem Gefangenen so nicht in Rechnung gestellt werden kann.

»Aber Herr Walter, das sind die tatsächlich der Anstalt entstandenen Kosten! Anschaffungspreis plus mehrere Reparaturen, das ergibt den Gesamtschaden.«

»Das Buch war doch alt und gebraucht, aus der billigsten Taschenbuchreihe! Und die früheren Reparaturen können diesem Gefangenen ja nicht zur Last gelegt werden, weil nicht er, sondern andere sie verursacht haben. Außerdem haben Sie diese Kosten bereits früher von anderen Gefangenen eingezogen.«

»Ich bleibe dabei, das Buch hatte inzwischen einen Wert von 11,10 DM. Es war zwar alt, war aber seit der letzten Reparatur nicht mehr nur kartoniert, sondern mit einem neuen Buchrücken versehen. Diesen Betrag muss ich ihm berechnen und von seinem Konto abbuchen lassen.«

»Bei jedem Schadensersatz muss es einen Abzug geben«, erwiderte ich, »wenn die beschädigte Sache schon längere Zeit gebraucht und sogar mehrfach repariert ist. Wäre es anders, müssten Sie für Ihren neun Jahre alten VW-Käfer, für den Sie neu ca. 9800 DM bezahlt haben, wegen der vielen Reparaturen auf dem Gebrauchtwagenmarkt glatt das Doppelte des Anschaffungspreises bekommen. Das ist aber bekanntlich nicht so. Kein Gericht würde Ihnen im Falle eines Totalschadens 20000 DM Schadensersatz, also Neupreis plus alle Reparaturkosten, für die alte Kiste zusprechen.«

Alles Argumentieren half nichts, der Oberlehrer war nicht zu überzeugen. Ich musste deshalb den von dem Gefangenen zu leistenden Schadensersatz nach meinem Ermessen festsetzen: halber Neupreis, demnach 0,90 DM. Zahlstelle mit der Bitte um entsprechende Buchung.

Ben Schur hatte ein Geheimnis, wie sich später herausstellte. Einmal im Jahr ging er auf Betteltour bei einer großen ortsansässigen Fabrik, die Schulartikel und Schreibwaren herstellte. Dort erbat und erhielt er »für die armen Gefangenen« jedes Mal Spenden in Form von Schulheften in allen Größen, Zeichenblöcken, Schreibstiften, Wasserfarbenkästen, Zirkelsets, Rechenschiebern et cetera. Nur: Er gab diese Spenden nie an die Gefangenen weiter, sondern hortete all dieses Material in einem abgelegenen Lagerraum.

Als wir nun infolge Überbelegung einer benachbarten Justizvollzugsanstalt vierzig jugendliche Untersuchungsgefangene übernehmen mussten, fiel mir die Aufgabe zu, für diese eine besondere Abteilung einzurichten. Weil viele von ihnen noch schulpflichtig waren, hatte ich diese auch mit einem ausgewogenen Angebot von Unterricht, Arbeit und Freizeit auszustatten. Auf der Suche nach Material und Möglichkeiten kam ich ihm durch Hinweise von Kollegen auf die Schliche und fand sein Depot. Darauf angesprochen, dass das Beiseiteschaffen von Spenden sogar strafbarer Betrug sein könnte, erklärte Ben Schur treuherzig: »Diese Sachen sind viel zu schade für die Gefangenen. Die machen nur alles kaputt. Denen kann man so etwas nicht geben. Brauchen Sie vielleicht etwas für Ihre Kinder?«

Aber alles Jammern wie auch sein Angebot für meine Kinder half ihm nichts. Auf mein Geheiß musste der Unterlehrer alles auf zwei Plattenwagen laden und an meine jungen Untersuchungsgefangenen ausgeben. Es versteht sich, dass mir Ben Schur diese Aktion lange Zeit sehr übel genommen hat. Als ich eineinhalb Jahrzehnte später Leiter der Jugendstrafanstalt in Adelsheim war, erschien er eines Tages von sich aus dort und brachte, sozusagen als nachträgliche Sühneleistung, einen großen Karton mit Spenden dieser Firma mit. Dieses Mal beteiligte er sich selbst freudig an der Verteilung an die Jugendlichen.

In meiner mehrmals wöchentlich abgehaltenen Sprechstunde haben sich zahllose Gefangene über Ungerechtigkeiten, Einschränkungen, abgelehnte Anträge und vieles andere beschwert. Das war der Normalfall. Aber nur ein einziges Mal hat sich ein Gefangener nicht über irgendwelche tatsächlichen oder empfundenen Beschwernisse beklagt, sondern über das Gegenteil: über zu lockere Verhältnisse in der JVA Heilbronn!

Gerd Schwarzkopf, ausnahmsweise schon ein Mann Ende 30 und angelernter Maler, war wegen der brutalen Tötung einer Prostituierten im Laufe eines Streits zu 14 Jahren Freiheitsstrafe verurteilt worden. Da man keine günstige Kriminalprognose erkennen konnte, war er in die für solche Gefangenen vorgesehene JVA Bruchsal eingewiesen worden. Nachdem er dort einige Jahre verbüßt hatte, wurde auf seinen Antrag hin die Sache noch einmal überprüft – mit dem Ergebnis, dass man ihm nun eine sogenannte »Erprobungsprognose« stellte. So wurde er zur Prüfung, ob nicht doch eine günstige Prognose bejaht werden könnte, ins Heilbronner Gefängnis verlegt. Wenige Tage danach erscheint er in meiner Sprechstunde und beklagt sich:

»Das ist ein wüstes Kuddelmuddel hier, nicht auszuhalten! Viel zu laut, alle rennen durcheinander, keine Ordnung beim Abrücken zur Arbeit, das volle Chaos beim Hofgang. Freizeit jeden Tag bis abends; und danach wird noch bis in die Puppen Lärm gemacht. Das halte ich nicht aus! Ich beantrage meine sofortige Rückverlegung nach Bruchsal. Dort habe ich wenigstens Ordnung und meine Ruhe.«

Ich bin überrascht und erkundige mich nach den offenbar noch etwas altväterlichen Verhältnissen in Bruchsal, einem ehemaligen Männerzuchthaus. »Dort herrschen noch Zucht und Ordnung und eiserne Disziplin«, berichtet er. »Wer nicht spurt, fliegt in den Bunker.« Nach längerer Diskussion des Für und Wider rigider Ordnungsvorschriften mache ich ihm den Vorschlag:

»Herr Schwarzkopf, Sie schauen sich die Verhältnisse hier in unserer Anstalt jetzt einmal drei Wochen lang an. Solange mache ich nichts. Danach können Sie sich wieder zu meiner Sprechstunde melden. Und wenn Sie bei Ihrer Ansicht geblieben sind, werde ich sofort Ihre Rückverlegung nach Bruchsal veranlassen. Einverstanden?« Nach einigem Zögern antwortet er: »Okay, wenn Sie meinen ...«

Nach drei Wochen erscheint Herr Schwarzkopf wieder und sagt: »Danke für Ihren Vorschlag. Ich bleibe hier, habe mich nun doch ganz gut eingewöhnt. Es winkt mir ja jetzt auch schon Arbeit als Maler außerhalb der Anstalt, wenn auch zunächst unter Aufsicht. Die Chance für eine solche Lockerung möchte ich mir nicht entgehen lassen.«

Einige Jahre später, nach seiner vorzeitigen Entlassung zur Bewährung, ist Herr Schwarzkopf sogar ein Freund unserer Familie geworden und einige Male bei uns zu Gast gewesen. Solche manchmal auch amüsanten Begebenheiten bedeuten freilich nicht, dass meine Probleme in den ersten Gefängnismonaten schon ihre Lösung gefunden hätten. Im Gegenteil: Der größte Schock sollte erst noch kommen.

Die meisten Leiterinnen oder Leiter einer Justizvollzugsanstalt haben die Befähigung zum Richteramt, das heißt die beiden juristischen Staatsexamina. Viele sind früher bei Gericht oder Staatsanwaltschaft tätig gewesen. Eine Minderheit besitzt einen psychologischen, medizinischen, soziologischen oder pädagogischen Hochschulabschluss.

2. Bewerbung

»Aus welchem Grund bist du eigentlich in den Strafvollzug gegangen«, hat mich einmal einer meiner Freunde gefragt, und zwar mit besonderer Betonung auf dem Du, »und bist also eine Art akademischer Gefängniswärter geworden, der Zerberus vom Knast«?

Das war im Rahmen einer hitzigen politischen Debatte, in der ich wohl einen seiner Auffassung widersprechenden, womöglich etwas rigiden Standpunkt eingenommen hatte. Worum es in dieser Diskussion überhaupt ging, erinnere ich heute nicht mehr. Dass mich aber die in seiner spitzigen Frage enthaltene Unterstellung eines sublimen Sadismus getroffen hat, weiß ich noch gut. Ich hatte die einschlägige psychoanalytische Literatur zum Strafrecht und seinen Vertretern durchaus studiert. Mir war deshalb bewusst, dass die Identifizierung mit der strafenden Gesellschaft vielen Juristen das Ausleben von Aggressionen in erlaubter Form ermöglicht. Kurz: Ich ärgerte mich, dass er mit dieser doppelt vergifteten Frage nicht nur meine berufliche Stellung abwerten, sondern mich auch noch in die repressive Ecke stellen wollte.

Ja, warum bin ich als hoffnungsvoller junger Jurist eigentlich im Strafvollzug gelandet? Zufall oder Berufung oder beides? Wenn man das im Nachhinein so genau sagen könnte ... Wie es dazu gekommen ist, lässt sich aber leicht rekonstruieren.

Schon während meiner Zeit als Gerichtsreferendar habe ich immer nebenher in einer Anwaltskanzlei gearbeitet, zwecks Aufbesserung des Familieneinkommens. Schließlich hatten wir schon zwei Kinder. Nach bestandenem zweitem Staatsexamen war es daher zunächst meine Absicht, weiter als Anwalt tätig zu sein, am liebsten als Strafverteidiger. Dazu fühlte ich mich nach den ersten gemachten Erfahrungen berufen: der notorischen Straflust im Justizapparat entgegenarbeiten, den

Verfolgten beistehen. Von den renommierten Heilbronner Anwaltskanzleien lagen mir beste Angebote vor. Andererseits will der Leiter der Arbeitsgemeinschaft für Gerichtsreferendare, ein Vorsitzender Richter am Landgericht, mich gerne für den Staatsdienst gewinnen und spricht mich deshalb an:

»Ich halte Sie für eine Tätigkeit im Justizdienst für überdurchschnittlich gut geeignet. In Anbetracht Ihrer praktischen Begabung dürfte im Beruf noch eine deutliche Leistungssteigerung zu erwarten sein. Deshalb habe ich für Sie einen kurzfristigen Termin im Justizministerium arrangiert, beim Chef der Strafvollzugsabteilung. Auch wenn Sie, wie ich weiß, zum Anwaltsberuf tendieren, sollten Sie den Termin ganz unverbindlich wahrnehmen. Der Herr Ministerialdirigent Reuschenbach ist aktuell auf der Suche nach einem Stellvertreter des Direktors der Justizvollzugsanstalt Heilbronn. Kommenden Montag um 11:00 Uhr erwartet er Sie in Stuttgart zu einem unverbindlichen Gespräch.«

Nun ja, wenn schon alles vorbereitet ist, warum nicht ein solches doch reizvolles Angebot prüfen, sagte ich mir nach ausführlicher Diskussion mit meiner Frau – und bestätigte den Termin.

Wenige Tage später, an einem herrlichen Junitag, fahren Moni und ich, selbstverständlich ordentlich gekleidet, nach Stuttgart. Gegenüber dem Schloss, im noblen Königsbau mit seiner eindrucksvollen Säulenfassade, ist die Strafvollzugsabteilung des Justizministeriums standesgemäß untergebracht. »Wird nicht lange dauern«, sage ich zu Moni, »es ist ja nur ein Informationsgespräch. Du kommst doch mit, oder?«

»Nein, wenn es nicht lange dauert, kann ich ja auch noch ein paar Geschäfte anschauen und warte dann hier draußen auf der Treppe.«

Ich melde mich also im Vorzimmer von Herrn Ministerialdirigent Reuschenbach und werde sofort hereingebeten. Er ist ein sehr höflicher und jovialer Mann, mittelgroß, spärliche graue Haare, Endfünfziger. Einst wohl schlank und sportlich, nun ein wenig aus der Form geraten, aber keineswegs verlebt, sondern ein resoluter Mann in den besten Jahren, wie man so sagt. Gepflegtes Äußeres, dunkelblauer Anzug und Krawatte. Ein hoher Ministerialbeamter, der sich bei aller Verbindlichkeit knapp und präzise auszudrücken weiß. Im Zweiten Weltkrieg war er, wie ich später von Kollegen erfahre, Offizier, Kommandant einer Rotte von Kampfpanzern. Das scheint in seiner Art zu sprechen noch nachzuwirken. Erfreulicherweise stellte er sich später aber keineswegs als rückwärtsgewandter Oldtimer heraus, sondern im Gegenteil als mutiger Strafvollzugsreformer.

Er erkundigt sich nach meiner Familie, dem bisherigen beruflichen Werdegang, meinen Wünschen und Vorstellungen. Insgesamt ist es eine angenehme und angeregte Unterhaltung. Natürlich hat er von dem Leiter unserer Arbeitsgemeinschaft schon einige Informationen über mich eingeholt. Er weiß, dass ich politisch engagiert bin und links stehe. Zu meiner Verwunderung scheint ihn das aber nicht im Geringsten zu stören. Irgendwie muss er einen Narren an mir gefressen haben. Jedenfalls ist er im höchsten Maße an mir interessiert.

»Und wie ist das zweite Staatsexamen ausgefallen, ich meine, welche Note haben Sie erreicht, wenn man fragen darf?«

»Befriedigend.«

»Dann ist ja alles in bester Ordnung! Ich würde Sie gerne zum 1. August einstellen. Sie sind dann sofort stellvertretender Leiter der Justizvollzugsanstalt Heilbronn, die Nummer zwei unter 170 Mitarbeitern. Der dortige Chef, Herr Graf, freut sich, wenn er wieder einen zweiten Mann für die Anstaltsleitung bekommt.«

»Herr Reuschenbach, ginge das vielleicht auch schon zum 15. Juli?«, frage ich etwas verlegen und gestehe, dass bei uns inzwischen Ebbe im Portemonnaie herrscht, weil nach dem Examen kein Geld mehr von der Landesoberkasse kommt.

»Überhaupt kein Problem«, sagt er. »Wissen Sie was, das machen wir sofort fertig! Ich rufe den Oberamtsrat Schulz, der soll Ihnen gleich hier Ihre Bewerbung schreiben, und Sie fangen am 15. Juli in Heilbronn an. Ich freue mich auf die Zusammenarbeit mit Ihnen.«

Ich bin baff, denn ich wollte alles erst noch mal ausführlich mit Moni besprechen, sage aber kurz entschlossen: »Ja, einverstanden.« Er nimmt den Telefonhörer ab, ruft Herrn Schulz herein und informiert ihn kurz über die Einzelheiten. Nach sehr freundlicher Verabschiedung folge ich diesem in sein Büro. Vorher gehe ich noch einmal hinaus und berichte meiner Frau, die auf der Treppe sitzt und wartet, dass es noch etwas dauern wird: »Stell dir vor, ich soll hier sofort meine Bewerbung einreichen!« Dann wieder hinein.

Herr Schulz ist ein altgedienter Verwaltungsmann, wohl kurz vor dem Ruhestand. Grauer Anzug, graues schütteres Haar, graue Haut, runzeliges Gesicht, welke Wangen und Tränensäcke unter den graublauen Augen, fast keine Brauen, eine zweigeteilte Hornbrille auf der porigen Nase, ein leicht leidender Zug um den zerknitterten Mund. Zum Erscheinungsbild des typischen Subalternbeamten fehlen eigentlich nur noch die Ärmelschoner. Er sieht also ziemlich verwittert und verdorrt aus, spricht andererseits aber wie einer, der genau weiß, was zu tun ist. Etwas umständlich spannt er einige Blätter samt Kohlepapier in seine altertümlich wirkende mechanische Schreibmaschine ein, ein bejahrtes Adler-Behördenmodell. Im Zweifingersuchsystem legt er los, tippt aber erstaunlich schnell.

Er schreibt unter meinem Namen und meiner Adresse meine Bewerbung an das Justizministerium (»Um Einstellung in den höheren Justiz- und Verwaltungsdienst bei der JVA Heilbronn«). Und das macht er zwar etwas betulich, aber gekonnt: Personaldaten aufnehmen, dabei laut formulieren und gleichzeitig in die Maschine tippen, nächste Frage, und so weiter. Nachdem alle persönlichen Daten aufgenommen sind, schreibt er als Schlusssatz des Bewerbungsschreibens: »Meine Vermögensverhältnisse sind geordnet.« Fertig und Unterschrift.

Gerade will er die Papiere aus der Maschine ziehen, da interveniere ich: »Das können wir so nicht ausdrücken«, sage ich kleinlaut und werde unwillkürlich rot, »unser Konto ist zurzeit mit fast 1000 DM überzogen.«

»Und sonst keine Schulden?«, fragt er.

»Nein, nein, natürlich nicht, aber ...«, stottere ich.

»Um Himmels willen, junger Mann! Was glauben Sie, wie viele Schulden andere haben! Machen Sie sich keine Sorgen, da sind Ihre Vermögensverhältnisse immer noch bestens geordnet!«, erklärt er amüsiert und zieht meine fertige Bewerbung aus der Maschine. Er lässt mich alles noch einmal durchlesen, zeigt mir, wo ich unterschreiben muss, und gibt mir zum Schluss eine Kopie meiner schriftlichen Bewerbung. Perfekt!

»Was muss ich jetzt noch machen?«, frage ich.

»Bloß noch die in der Bewerbung aufgeführten Unterlagen nachreichen, also Zeugnisse für die beiden juristischen Staatsexamina, den Vorbereitungsdienst und ein polizeiliches Führungszeugnis.«

Beim Stichwort Führungszeugnis zucke ich erst mal zusammen. Aber dann fällt mir wieder ein, dass ich ein solches schon vor Jahren für die Ernennung zum Gerichtsreferendar vorlegen musste und dass es zu meiner Erleichterung blütenrein war. Ein Eintrag aus dem Jahre 1961 war bereits getilgt. Im zarten Alter von 16 Jahren war ich nämlich beim Jugendgericht angeklagt und verurteilt worden, wegen Fahrens ohne Fahrerlaubnis. Den Führerschein bekommt man mit 16 ja auch dann nicht, wenn man, wie ich seinerzeit, tadellos und absolut unfallfrei Auto fährt – und zwar mit Vaters schickem Haifischflossenford, um bei den Mädels anzugeben. Aber ich war halt nicht nur von diesen gesehen worden, sondern auch von der männlichen Konkurrenz, und die zeigte mich an …

»Alles andere veranlassen wir«, ergänzt Herr Schulz noch. »Und natürlich am 15. Juli morgens in der JVA Heilbronn Ihren Dienst antreten. Herzlichen Glückwunsch und einen guten Anfang! Auf Wiedersehen, Herr Walter.«

Ich weiß nicht, wie mir zumute sein soll, bin immer noch ein bisschen verdattert, aber auch froh gestimmt. Kaum zu glauben: In wenigen Tagen bin ich wohlbestallter Regierungsassessor, Besoldungsgruppe A13! Stellvertretender Chef eines großen Gefängnisses! Meine auf der Treppe wartende Frau nehme ich in den Arm, ich kann mich jetzt schon ein bisschen freuen. »Die Zukunft kann kommen, ich geh' in den Knast!«, juble ich dann plötzlich los.

Natürlich waren wir vorsichthalber schon eine halbe Stunde vor dem Termin um 11 Uhr in Stuttgart gewesen. In der Zwischenzeit hatten wir uns so lange die Geschäfte in der Königsstraße angeschaut. Besonders sehnsüchtig hatten wir im Schaufenster der Galerie Valentien zwei Holzschnitte von HAP Grieshaber bewundert, die Mahalia Jackson darstellten, die begnadete Gospelsängerin. Diese beiden Bilder haben wir uns dann auch sofort gekauft. Unsere ersten echten Bilder überhaupt!

Wegen eines schuldhaften Pflichtverstoßes kann die Anstaltsleitung gegen Gefangene Disziplinarmaßnahmen verhängen, von der Beschränkung der Einkaufsmöglichkeiten bis zum Ausschluss von Freizeitbetätigungen oder vom Besuch. Im Falle einer schweren oder auch nur wiederholten Verfehlung kann Arrest, also die unausgesetzte Absonderung in einer Arrestzelle, bis zur Dauer von vier Wochen verhängt werden.

Die Suizidrate ist bei (männlichen) Gefangenen etwa achtmal höher als in der entsprechenden Allgemeinbevölkerung. Folglich müssen suizidprophylaktische Maßnahmen im Justizvollzug ausgebaut, muss Hoffnungslosigkeit reduziert werden. Trotz aller gebotenen therapeutischen Interventionen wird man letztlich um die Frage nicht herumkommen, ob nicht Alternativen für den Umgang mit Kriminalität statt der vollstreckten Freiheitsstrafe der Vorrang gegeben werden kann. Nur auf diese Weise dürfte eine nachhaltige Reduzierung der »Pains of Imprisonment«, auch für die Angehörigen der Inhaftierten, und damit auch der Selbstmorde im Justizvollzug zu erreichen sein.

Unter »Abolitionismus« versteht man die Ablehnung als menschenunwürdig erkannter Institutionen wie Sklaverei, Folter, Todesstrafe. In den letzten Jahrzehnten mehren sich Stimmen, die auch die Abschaffung des Freiheitsentzuges in geschlossenen Gefängnissen fordern: Selbst dort, wo die Verhängung einer Kriminalstrafe auf gesellschaftlich unerwünschtes Verhalten als unverzichtbar angesehen wird, könne fast immer stattdessen eine Alternative wie Bewährungshilfe, Betreutes Wohnen, Therapie oder Wiedergutmachung gewählt werden.

3. Strafrapport

Wenn ein Vollzugsbeamter oder eine Vollzugsbeamtin – seit etwa den 1990er-Jahren gibt es auch im Männerstrafvollzug weibliche Vollzugsbedienstete – der Meinung ist, dass das Verhalten eines Gefangenen gegen Vorschriften verstößt, schreibt er oder sie eine Meldung gegen diesen. Dafür gab es früher extra den Vordruck VG 52, auf gelb gefärbtem Papier. Das Gelb ist eine Signalfarbe für die Aktenleser. Dadurch wird sofort erkennbar, dass der betreffende Gefangene disziplinarisch auffällig gewesen (und meist auch bestraft worden) ist.

Worum es sich bei den gemeldeten Vergehen handelt? Meistens um die Missachtung von Verboten wie unerlaubter Besitz, Gegenstände zum Fenster hinauswerfen, Ungehorsam und Beleidigungen gegenüber Bediensteten. Selten geht es um den Versuch oder die Vorbereitung eines Ausbruchs. Gibt es mehrere solcher Disziplinarmeldungen, sprechen die Fachleute davon, dass »der Gilb in den Akten nistet«.

Inzwischen ist man überall dazu übergegangen, die Gefangenenpersonalakten in digitaler Form zu führen. Das hat Meldungen gegen Gefangene eher noch erleichtert, weil die Computerprogramme Vorlagen dafür enthalten. Teilweise muss man aus einer Liste der gängigsten Vorwürfe nur noch per Klick auswählen. Such- und Auflistungsfunktionen bieten weiteren Komfort. Da muss man selbst kaum noch schreiben oder formulieren. Die gelbe Signalfarbe ist entbehrlich.

Meldungen nicht gegen, sondern für Gefangene, in denen etwa erfreuliches Verhalten beschrieben würde, gibt es nicht – schon gar nicht auf dem gelben Vordruck oder der Vorlage im Computerprogramm. Denn beide sind von vornherein mit der Überschrift »Disziplinarverfahren« gekennzeichnet. Also wird ausschließlich Fehlverhalten gemeldet, oft nur in einem oder zwei kurzen Sätzen. Mehr Zeit ist für diese alltäglichen Vorgänge auch nicht.

Während meiner Dienstzeit in der Vollzugsanstalt Heilbronn ab dem Jahr 1973 sind pro Tag normalerweise zahlreiche solcher Disziplinarmeldungen zusammengekommen. Sie wurden der Anstaltsleitung vorgelegt und ein- bis zweimal pro Woche in einem sogenannten »Strafrapport« abgearbeitet, den der Anstaltsleiter oder sein Vertreter zusammen mit dem Vollzugsdienstleiter durchführte. Manchmal war zusätzlich derjenige anwesend, der die Meldung erstattet hatte. Immer legten die Beamten jedoch größten Wert darauf, dass auch eine Bestrafung des Gefangenen erfolgte, dass also eine Hausstrafe verhängt wurde. Mit einer bloßen Verwarnung gaben sie sich normalerweise nicht zufrieden. Denn sie waren der Meinung: »Dann hätte ich die Meldung ja gar nicht zu schreiben brauchen.«

In den ersten Monaten meiner Dienstzeit hatte mir das Justizministerium die »Hausstrafbefugnis« noch nicht erteilt. Ich durfte also zunächst noch nicht selbst Disziplinarmaßnahmen verhängen, nahm aber meist an den vom Anstaltsleiter durchgeführten Strafrapporten teil.

Heute liegt unter anderem eine Meldung gegen den Gefangenen Boris Supeljak vor. Ich kenne ihn schon, weil ich zur Vorbereitung der Vollzugsplanung ein Gespräch mit ihm geführt habe. Er stammt aus Jugoslawien, ist groß, schlank, fast hager, aber durchaus kräftig; dunkelblond mit auffallend scharfen Gesichtszügen, tiefliegenden hellblauen Augen, Adlernase. Laut Akte ist Herr Supeljak 27 Jahre alt; er macht aber einen älteren, etwas verbrauchten Eindruck. Er sieht aus wie ein total austrainierter Langstreckenläufer. Verheiratet zwar, aber die Frau ist in Serbien geblieben. Keine Kinder. Supeljak spricht wenig Deutsch, gerade so viel, dass er sich auf den Baustellen, auf denen er bis zu seiner Inhaftierung gearbeitet hat, halbwegs verständigen konnte. »Baudeutsch«, wie er das nennt.

Verurteilt wurde Supeljak wegen Einbruchsdiebstählen; drei Jahre und vier Monate Freiheitsstrafe. Gemeinsam mit Landsleuten hatte er Geld und Wertgegenstände aus Wohnungen gestohlen, deren Bewohner urlaubsabwesend waren. Die Gelegenheiten dafür hatte man zuvor ausgekundschaftet. Ich erinnere mich noch heute, mit welchem ungläubigen Erstaunen er mich anschaute, als ich ihn nach dem erlernten Beruf gefragt habe. »Radnik«, also Arbeiter, war seine Antwort, begleitet von Kopfschütteln, als ob er sagen wollte: »Was soll unsereiner denn sonst sein? Wäre ich denn hier, wenn ich einen ordentlichen Beruf erlernt hätte?«

Laut der gelben Meldung hat Supeljak mit dem Messer aus dem Essbesteck der Anstalt versucht, am Fenstergitter zu sägen. Spuren davon seien gut sichtbar. Allerdings sind die Klingen dieser Messer aus derartig weichem und biegsamem Material, dass damit das Durchsägen eines mehrere Zentimeter starken Gitterstabes aus gehärtetem Stahl absolut unmöglich erscheint. Genau genommen handelt es sich nicht wirklich um Messer, sondern eher um Breischieber. Damit könntest du nicht mal Brot schneiden, welches aber ohnehin in Scheiben ausgegeben wird.

Die Meldung wird Supeljak vorgelesen. Er soll sich dazu äußern. »Habe nix gemacht, ich war das nicht«, behauptet er. Der Vollzugsdienstleiter teilt mit, dass der Gefangene allein in seinem Haftraum untergebracht ist. Er wird gefragt, wer denn sonst an seinem Gitter gesägt haben soll. Er wiederholt nur: »Ich habe nix gemacht«, und streckt zum Zeichen der Unschuld Arme und Hände gen Himmel. Sein beschädigtes Messer wurde der Meldung beigelegt. Es weist mehrere Scharten auf, die Klinge ist S-förmig verbogen.

Der Anstaltsleiter verhängt zwei Wochen geschärften Arrest wegen Ausbruchsversuchs, notiert das auf dem Formular und eröffnet dem Gefangenen die Hausstrafe, mit der mündlichen Begründung, dass die Manipulation an dem Fenstergitter der Zelle unzweifelhaft von ihm stammt. Supeljak protestiert lautstark, gibt in seiner Sprache, für uns unverständlich, wohl auch Kraftausdrücke oder Flüche von sich. Bei dem Direktor einer anderen Anstalt habe ich in einem solchen Fall erlebt, dass dieser die verhängte Strafe daraufhin drastisch erhöhte, wegen danach immer noch fortgesetztem Protest ein zweites Mal. Nicht ohne Grund nannten ihn die Gefangenen in der betreffenden Anstalt »den Kellermeister«. Hier bleibt es bei den zwei Wochen. Darüber bin ich eingedenk dieser Erfahrung schon fast froh.

Unter »Arrest« versteht man die Unterbringung in andauernder Einzelhaft in einer separaten Arrestzelle. »Bunker« oder »Kaschott«, sagen die Gefangenen. 24 Stunden am Tag, meist ohne jede Unterbrechung. In der Heilbronner Anstalt befinden sich die Arrestzellen weit entfernt von allen anderen Zellen und Gemeinschaftsräumen im Kellergeschoss.

Der Sinn dieser meiner Meinung nach unmenschlichen Strafe ist ja gerade die dauerhafte und vollständige Isolation. Angriffspunkte sind also die Bedürfnisse des Menschen nach Kontakt und Kommunikation, auch nach Bewegung. Subjektiv wird der Arrest deshalb von den meisten Gefangenen als legalisierter Gegenschlag, als reiner Racheakt empfunden, der zwischen Wut und Ohnmacht wechselnde Gefühlslagen erzeugt.

Die Verschärfung des Arrests besteht darin, dass der Gefangene nur jeden dritten Tag eine Matratze erhält. Ansonsten muss er auf einer harten Pritsche schlafen, Holzlatten auf Betonsockel. Zum Zudecken erhält er, und zwar nur zur Nachtzeit, eine dünne Wolldecke. Außerdem tritt Kostschmälerung ein. Das bedeutet, dass der Gefangene nur an jedem dritten, dem »guten« Tag, die normale Anstaltskost erhält. An den beiden anderen Tagen erhält er bloß Wasser und einige Scheiben Graubrot. Nach meiner Ansicht ist das eine verkappte Körperstrafe. Doch das mag freilich niemand hören.

Weil man sich durchaus bewusst ist, dass eine solche zusätzliche und im wahrsten Sinne des Wortes einschneidende Strafe in der Haft erhebliche Gesundheitsgefahren mit sich bringt, muss der Arrestant vor der Vollstreckung einem Arzt vorgestellt werden, der ihn »arrestfähig« schreibt. Das erfolgt freilich immer und ohne Ausnahme: Unser Anstaltsarzt, ein massiger Mann mit einem von Studentenschmissen zerfurchten Gesicht, Spitzname »Hackepeter«, benötigt dafür nur einen kurzen Blick auf den Gefangenen und in seine Krankenakte. Schon nach drei Minuten ist die Arrestfähigkeit festgestellt und bescheinigt. Spricht in dem Alter ja nichts dagegen! Unter den Beamten, die im Krieg noch Soldaten waren, gilt er als »KV-Arzt«. Also einer von jenen Militärärzten, die damals die »Kriegsverwendungsfähigkeit« von verwundeten Männern untersuchen sollten – und in aller Regel schon nach kurzer oberflächlicher Untersuchung feststellen konnten.

Daraufhin wird Supeljak von zwei Beamten unter Entkleidung durchsucht, erhält besondere Arrestklamotten, wird in den Keller verbracht und in eine der Arrestzellen eingeschlossen. »Weg vom Fenster«, sagen die anderen – denn ein solches gibt es in der Arrestzelle natürlich nicht.

Eine weitere Vorschrift besagt, dass Gefangene im Arrest täglich vom Anstaltsarzt und von einem Beauftragten des Anstaltsleiters aufgesucht werden müssen. Als ich am Morgen des achten Arresttages zusammen mit dem Vollzugsdienstleiter dieser Pflicht nachkomme, hängt der Gefangene Supeljak leblos am Metallrahmen des oben in der Wand angebrachten Glasbausteins, der zu Lüftungszwecken gekippt werden kann. Er hat seine Oberbekleidung in Streifen gerissen und daraus einen Strick geflochten. Mit dem hat er sich erhängt.

Wahrscheinlich ist er schon einige Stunden tot. Er ist fast nackt, nur noch mit der Unterhose bekleidet. Der Kopf mit den verschwitzten Haaren ist unnatürlich zur Seite gekippt, die Augen quellen aus dem grüngelb blassen, bartstoppeligen Gesicht hervor. Der Mund ist weit geöffnet, die Lippen blau, ebenso die dick geschwollene Zunge. Die Hände sind verkrampft, ein Bein scheint länger zu sein als das andere. Urin und Kot sind abgegangen. Ein grauenvoller, schlimmer Anblick, den ich nie vergessen werde!

Wegen dem Kloß, der mir im Hals sitzt, habe ich üblen Würgereiz. Meine Gemütslage schwankt zwischen Entsetzen, Hilflosigkeit, Selbstverachtung und Wut. Ich spüre Gewissensbisse, wie ich sie noch nie hatte! Ich fühle meine verletzte Seele durchs Dunkel taumeln und irren, ich weiß nicht mehr aus noch ein. Das ist kein Albtraum, sondern brutale Wirklichkeit!

In meinem Tagebuch mache ich meinem Chef die schwersten Vorwürfe: Waren die oberflächlichen, gerade einen Millimeter tiefen Kratzer am Zellengitter das wirklich wert? Fast schon lächerlich, das als Ausbruchsversuch zu bezeichnen! Es war doch eher ein Versuch, die Härte des Gitters zu testen. Bestand keine andere Möglichkeit, als eine derartig schwere Strafe zu verhängen und solche Risiken einzugehen? Gegen einen jungen Mann, den wir nicht näher kannten und nicht wirklich einschätzen konnten. Von dessen bisherigem Leben wir wenig wussten und für das sich auch das Gericht kaum interessiert hatte. Nur die von ihm begangenen Straftaten waren da von Bedeutung gewesen. Sie standen im Mittelpunkt des Strafverfahrens und wurden im Urteil ausführlich dokumentiert und bewertet, kaum dagegen die Persönlichkeit des Täters, seine soziale und psychische Situation in Deutschland. Oder gar in seiner Heimat. Warum hatte er diese überhaupt verlassen? Über all das machte das Urteil keinerlei Aussagen. Einer von vielen »Gastarbeitern« eben.

Hat niemand an die schwarze Verzweiflung gedacht, die einen Gefangenen nach vielen Tagen Isolation und Leiden überwältigen kann?

Noch dazu in Gefangenschaft in einem fremden Land, dessen Sprache er kaum versteht. An die Nächte, in denen der Schlaf nicht kommen will und Heimweh und Hoffnungslosigkeit übermächtig werden? Warum habe nicht wenigstens ich, der solche drakonischen Strafen strikt ablehnt, etwas unternommen? So klage ich mich selbst an. Aber was hätte ich konkret tun können? Immerhin war die verhängte Arreststrafe zwar hart, viel zu hart, aber doch rechtens. Formal wenigstens.

Bis heute habe ich keine befriedigenden Antworten auf diese Fragen. Für mich persönlich habe ich allerdings Konsequenzen gezogen. Niemals mehr habe ich, auch später, als ich selbst Anstaltsleiter war, an einer Arreststrafe mitgewirkt oder diese gar selbst ausgesprochen. Und zwar auch dann nicht, nachdem im Jahr 1976 wenigstens der geschärfte Arrest gesetzlich abgeschafft wurde; freilich nicht der »einfache« Arrest. Der ist leider bis heute möglich und wird in den meisten Anstalten auch immer noch bedenkenlos verhängt und vollstreckt – sogar gegenüber jugendlichen Gefangenen, obwohl mehrere internationale Abkommen, denen die Bundesrepublik Deutschland beigetreten ist, dies ausdrücklich verbieten.

Als im Jahre 1992 das Justizministerium mir schriftlich die dienstliche Anweisung erteilte, ich müsse bei bestimmten, schweren Pflichtverstößen Gefangener diese härteste Disziplinarmaßnahme verhängen, habe ich dies nicht getan. Ich habe mich schlichtweg geweigert, habe diesen Erlass einfach nicht beachtet und daraus auch nie einen Hehl gemacht. Stattdessen habe ich angeboten, dass man mich von meinem Amt eben entbinden möge, wenn man glaube, die Umsetzung dieser Anordnung erzwingen zu müssen. Weil man aber selbst im Justizministerium zugeben musste, dass in den von mir geleiteten Anstalten die Ordnung auch ohne Arreststrafe immer gewahrt geblieben ist, hat man diese Konsequenz dann doch gescheut. Übrigens waren alle an diesem Erlass beteiligten Ministerialbeamten bekennende Christen. Einer von ihnen pflegte manchen öffentlichen Auftritt mit den Worten »... und Gottes Segen!« zu schließen.

Darüber hinaus habe ich mich viele Male in der Fachliteratur gegen diese unmenschliche, sinnlose und völlig unpädagogische Disziplinarmaßnahme gewandt – mit erheblicher und positiver Resonanz im fachlichen und wissenschaftlichen Diskurs, in der Praxis der Anstalten aber überwiegend ohne Erfolg. Denn obwohl bereits zahlreiche Vollzugsanstalten und zwei Bundesländer unter Beweis gestellt hatten, dass es solcher extremer Hausstrafen nicht bedarf, scheinen inzwischen die Verfechter des Disziplinarrests wieder an Boden gewonnen zu haben.

Auf lange Sicht muss das nicht allzu viel besagen. Als Mitte des 19. Jahrhunderts die damals in den Gefängnissen übliche Prügelstrafe abgeschafft werden sollte, war als letztes Argument ihrer Befürworter, fast alle Gefängnisdirektoren, zu hören, dass ohne dieses äußerste Mittel es unmöglich sei, die Ordnung in den Gefängnissen aufrechtzuerhalten. Zwar dauerte es danach noch Jahrzehnte, jedoch wurde in der Folge in einem deutschen Land nach dem anderen die Prügelstrafe doch abgeschafft. So wird es auch mit der Disziplinarstrafe des Arrestes gehen. Es dauert eben, bis sich alle davon überzeugt haben, dass die Arreststrafe nicht nur gegen die Menschenwürde verstößt, sondern auch absolut unpädagogisch ist. Ein Relikt aus dem 19. Jahrhundert. Schwarze Pädagogik.

Und etwas noch viel Wichtigeres habe ich in meinen ersten Jahren im Heilbronner Gefängnis gelernt. Es gibt wohl nur eine Möglichkeit, im Strafvollzug als Anstaltsleiter tätig zu sein und zugleich ein anständiger Mensch zu bleiben. Du musst dich jeden Tag neben dich selbst hinstellen und dir jeden Tag, jeden Tag aufs Neue, die kritische Frage stellen: Was machen wir hier eigentlich? Wie ist das alles zu rechtfertigen?

Unter dieser täglich zu beantwortenden Frage ist mir, je länger ich im Strafvollzug tätig war, desto klarer geworden, dass der totale Charakter dieser Institution weiter und weiter zurückgebaut werden muss, will man mehr Humanität erreichen. Genau genommen bin ich am Ende sogar Abolitionist geworden, also einer, der von der vollständigen Abschaffung des Gefängnisses träumt.

Bestand früher für Strafgefangene grundsätzlich Arbeitspflicht, ist das seit dem Übergang der Gesetzgebungskompetenz für den Strafvollzug vom Bund auf die Länder im Jahre 2006 nicht mehr der Fall. Etwas anderes gilt allerdings für den Jugendstrafvollzug. Wegen der Möglichkeit, durch Arbeit ein (wenn auch geringes) Einkommen zu erzielen, sind viele Gefangene jedoch weiterhin darauf angewiesen, Gefängnisarbeit zu verrichten oder eine angebotene berufliche Ausbildung zu absolvieren. Für eine Wiedereingliederung in das Erwerbsleben nach der Haft dürfte dies von Vorteil sein, zumal Rentenbeiträge gezahlt werden.

4. Der Hammer

Wir schreiben das Jahr 1976. Im Unterricht des Abschlusslehrgangs an der Justizvollzugsschule Baden-Württemberg, wo ich nebenamtlich als Dozent unterrichte, muss ich den Beamtenanwärtern wohl einiges vorgeschwärmt haben – und zwar von dem neu erbauten, modernen Werkhof der JVA Heilbronn, an der ich damals tätig war.

Wahrscheinlich war meine Begeisterung darüber allzu deutlich geworden, dass nun die Zeiten bald vorbei sein würden, in denen die Arbeitsbetriebe der Anstalt in barackenähnlichen Behelfsbauten neben dem Zellenbau untergebracht waren oder sogar in dessen Kellergeschossen. Ein neues, geräumiges und mit hinreichender Sicherheit und guter Belüftung und Beleuchtung ausgestattetes Werkstattgebäude ist fast vollständig fertiggestellt. Es soll demnächst bezogen werden. Für die Ausbildungsbetriebe der Anstalt – die Schreinerei, die Schlosserei, die Buchbinderei, aber auch die sogenannten Unternehmerbetriebe – ist es funktional viel besser geeignet. Sowohl für die Beamten wie auch die Gefangenen wird dies einen enormen Fortschritt bedeuten.

Kein Wunder also, dass die Lehrgangsteilnehmer den Wunsch äußern, eine Exkursion nach Heilbronn zu unternehmen und die dortige Anstalt zu besichtigen und natürlich den neuen Werkhof. Nachdem der Leiter der Justizvollzugsschule seine Zustimmung gegeben hat, kann der Ausflug stattfinden. Es ist ein schöner und sonniger Tag, Treffpunkt morgens um 8 Uhr an der Justizvollzugsschule in Stuttgart, Privatkleidung erlaubt.

Weil dies am einfachsten zu organisieren ist, fahren die rund 20 jungen Männer – Frauen konnten zu dieser Zeit noch nicht für den Aufsichtsdienst in Männergefängnissen eingestellt werden – in mehreren vergitterten VW-Bussen, damals im Volksmund noch »grüne Minna«

genannt, nach Heilbronn. Außerdem ist diese Fahrt eine wichtige Erfahrung für die künftigen Vollzugsbeamten. So reisen sie auch einmal unter den wenig komfortablen Umständen, wie sie den Gefangenen regelmäßig zugemutet werden: zu sechst eingepfercht im hinteren Fahrgastraum, ohne die Fenster öffnen zu können, die selbstverständlich vergittert sind. Auch wenn die Fahrt nur eine gute Stunde dauert, konnte so vielleicht eine gewisse Sensibilisierung bei ihnen erzielt werden.

Es ist eine Ehrensache, dass ich, nach Ankunft der Gruppe in Heilbronn, zusammen mit dem Arbeitsinspektor die Führung selbst übernehme. Nach der Begrüßung vor dem Verwaltungsgebäude besichtigen wir zunächst die im 19. Jahrhundert von der königlich-württembergischen Justizverwaltung in Form eines Kreuzes erbaute Strafanstalt. Weil man von dort aus, wo sich die vier Flügel kreuzen, die nach Norden, Westen, Süden und Osten abgehenden Zellenflure vollständig einsehen kann, und zwar aus einer rundum verglasten zentralen Aufsichtskanzel, spricht man auch von einer »panoptischen« Bauweise. Zellengefängnisse dieser Konstruktion, oft auch mit fünf oder mehr Flügeln, waren im 19. Jahrhundert weltweit in Mode und sind auch bis heute noch vielerorts anzutreffen.

Jeder der vier Flügel hat drei Stockwerke. Durch je eine Galerie rechts und links erschlossen, liegen dort auf beiden Seiten des Flügels die Zellen der Gefangenen. Insgesamt verfügt die Anstalt über knapp 400 Haftplätze. Sie ist, jedenfalls zu dieser Zeit, Gefangenen mit einer günstigen Kriminalprognose vorbehalten. Diese wird für jeden Strafgefangenen zu Beginn seiner Haftzeit von einer Kommission aus wissenschaftlich vorgebildeten und im Strafvollzug erfahrenen Fachleuten erstellt.

Um die Besichtigung des neu erbauten Werkhofes vorzubereiten, sozusagen zum Kontrast, schauen wir uns zuvor an, wie bisher im Heilbronner Gefängnis gearbeitet werden muss. Dazu besuchen wir den größten der Unternehmerbetriebe, der im schlauchartigen Kellergeschoss eines der Zellenflügel untergebracht ist. Dort bespannen circa 40 Gefangene Gartenstühle und Liegen aus Stahlrohr mit flexiblem Plastikmaterial. Um es geschmeidig zu machen und verarbeiten zu können, muss es zuvor durch heißes Wasser gezogen werden. Die produzierten Gartenmöbel sind für Freibäder oder Kureinrichtungen bestimmt.

Mangels Ventilation ist die Luft hier unten extrem feucht und dämpfig, wie im Regenwald am Äquator. Im Licht einiger Glühbirnen arbeiten die Männer deshalb praktisch alle mit nacktem Oberkörper, schweißgebadet. Eine Knochenarbeit unter schwierigsten räumlichen und klimatischen Bedingungen, wie jeder sofort erkennen und an dem durch die ganzen Kellergewölbe wabernden Dampf und Dunstschweiß auch riechen kann.

Aber nun hinüber zum neuen Werkhof: ein imposantes Fabrikgebäude mit rechteckigem Grundriss, dessen lange Seite in die Umfassungsmauer der Anstalt integriert ist. Die weitläufigen Betriebsräume, über Laderampen und große Tore von außen auch mit dem Gabelstapler zugänglich, sind im Inneren hell und über die großen Lichtkuppeln im Flachdach gut zu belüften. Die Inneneinrichtung (Werkbänke, Schränke und Maschinen) ist noch nicht vollständig, sodass die einzelnen Betriebsstätten noch geräumiger wirken.

Die Besucher sind beeindruckt. Welch ein Unterschied zu den Werkstatträumen, die ihnen aus ihren Heimatanstalten bekannt sind! Denn die sehen meistens nicht viel anders aus als die soeben im Zellenbau besichtigten finsteren Gelasse. Angesichts des hoch oben über die gesamte Außenwand des Gebäudes laufenden schmalen Fensterbandes stellt jedoch einer der Anwärter die Frage:

»Da oben werden doch noch Gitter eingebaut, oder? Denn wenn die Außenwand des Werkhofes, wie Sie vorhin sagten, gleichzeitig die Außenmauer des Anstaltsgeländes darstellt, könnte man ja aus dem Gebäude hier mit Leichtigkeit ausbrechen. Geeignetes Werkzeug und Aufstiegshilfen sind ja im Arbeitsbetrieb meistens zur Hand: hinaufklettern, die Scheibe einschlagen und hinaus! Ein Sprung noch und man landet direkt im Freien. Fertig ist die Flatter!«

»Nein, da kommen keine Gitter hin; das braucht man heute nicht mehr! Das da oben ist modernstes ausbruchssicheres Panzerglas, wie ihr es von hoch gesicherten Bankschaltern kennt. Eine Verbundglasscheibe aus dickem Lexanglas mit einer weiteren Glasscheibe zusammen verschweißt. Sicherheitsklasse C4, absolut ausbruchssicher!«

Ungläubiges Staunen, skeptische Gesichter und Kopfschütteln bei den Lehrgangsteilnehmern veranlassen mich nachzuschieben: »Um ganz sicherzugehen, haben wir mit einer solchen Verbundglasscheibe mehrere Versuche gemacht. Unser Vollzugsdienstleiter, ein Riesenkerl, ihr habt ihn vorhin kennengelernt, hat solange mit einer Zimmermannsaxt auf eine solche Scheibe eingedroschen, bis er nach zehn Minuten nicht mehr konnte. Zwar zeigten sich Beschädigungen, aber ein Durchbruch ist auch bei mehreren solchen Versuchen nicht erfolgt.«

Ich muss annehmen, dass ich diese Auskunft wohl mit der überlegen lächelnden Miene des Experten vorgetragen habe. Vielleicht deshalb fragt ein anderer danach etwas naseweis: »Darf man mal probieren?«

»Ja, klar«, antworte ich.

Schon tut es mir leid, das so großspurig gesagt zu haben, als er sich bückt. Er greift einen von einem Handwerker auf dem Boden liegen gelassenen ein Kilo schweren Hammer mit kurzem Stiel, läuft drei, vier Schritte an, holt weit aus und wirft den Fäustel in hohem Bogen treffsicher in das nächstgelegene Fensterfeld. Scharfes Splittergeräusch, ein dröhnendes Krachen, gefolgt von einem Glasgraupelschauer. Zweieinhalb Quadratmeter Scheibe fallen in Stücken samt Hammer von hoch oben herunter und zerspringen tausendfach auf dem harten Zementboden. Dann Stille.

Mein Gesicht ist, wie mir die Umstehenden später schildern, leichenblass, von Entsetzen gezeichnet. Ich spüre Schwindel, Blutleere im Gehirn, versuche aber, die Fassung zurückzugewinnen. Immerhin, die Scheibe ist nicht vollständig zerstört, kein Loch nach draußen sichtbar. Der Hammer flog zurück in den Raum.

Zum Glück ist jetzt Mittagspause, und wir gehen mit der ganzen Gruppe in die Kantine. Dort ist das aus Sicht der jungen Beamten lustige Ereignis natürlich das Hauptthema. Ich muss aber zuerst zum Anstaltsleiter, ihm den Vorfall melden. Selbstverständlich biete ich an, den entstandenen Schaden zu ersetzen. Er hat aber schon eine Ahnung, was schiefgegangen sein dürfte, und schüttelt den Kopf. Weil das Hochbauamt befürchtete, dass durch die UV-Strahlung das Lexan in der Verbundglasscheibe mit der Zeit spröde werden und vergilben könnte, ist der Panzerglasscheibe mit geringem Abstand noch eine weitere, normale Glasscheibe vorgesetzt worden. Die Fenster sollten aber natürlich anders herum eingebaut werden – das zusätzliche, zum Abhalten der UV-Strahlung dienende Fensterglas nach außen.

Ein Telefonanruf beim Hochbauamt und eine Ortsbesichtigung mit dem Bauleiter schaffen Klarheit. Die beauftragte Firma hat die Fenster irrtümlich mit dem Normalglas nach innen eingebaut! Mein Chef meint, dass wir froh sein können, dass sich der Fehler noch rechtzeitig vor dem Einzug herausgestellt hat. Zwar hätte auch dann keine Ausbruchsgefahr bestanden, allerdings auch kein zusätzlicher UV-Schutz. Zudem wäre im laufenden Betrieb mit Sicherheit in kurzer Zeit mit Beschädigungen der inneren Scheiben aus dünnem Normalglas zu rechnen gewesen. Folglich muss alles wieder umgebaut werden. Mir fällt ein Stein vom Herzen!

Zurück bei meinen Anwärtern, die in der Kantine schon neugierig grinsend und Witze reißend auf mich warten, muss ich mir noch einige Male mein erschrockenes und einfältiges Gesicht beschreiben lassen, nachdem der Hammer in die Scheibe eingeschlagen war: »Das hätten Sie sehen müssen«, bemerkt einer. »Nach Luft geschnappt haben Sie, wie der Fisch auf dem Trockenen! Das blanke Entsetzen im Gesicht!« Ein anderer meint: »Weiß waren Sie, wie's Kätzle am Bauch!« Und ein Dritter: »Wie der Esel vor der Schmiede! Man hätte Eintritt verlangen können!«

Aber jetzt ich bin schon wieder obenauf und kann von dem fehlerhaften Einbau der Fenster berichten. Samt der erfreulich positiven Konsequenz der Geschichte: »Ohne den Hammerwurf wäre der falsche Einbau der Fenster nicht noch rechtzeitig vor der endgültigen Inbetriebnahme des Werkhofes entdeckt worden. Ist das etwa nichts?«

Und an den vorwitzigen Lehrgangsteilnehmer und treffsicheren Werfer gewandt sage ich: »Junger Mann, Sie haben sich um den Strafvollzug in der JVA Heilbronn verdient gemacht. Danke dafür!«

»131er« wurden nach einem entsprechenden Artikel des Grundgesetzes die ehemaligen Beamten des »Dritten Reiches« genannt, somit auch frühere Berufssoldaten. Auf dieser Grundlage erlassene Gesetze verpflichteten die Behörden der (alten) Bundesrepublik, die nach Kriegsende freigesetzten Beamten im Gegenwert von mindestens 20 Prozent ihres jeweiligen Besoldungsaufwands in Dienst zu nehmen oder einen Ausgleich zu zahlen.

Mit Inkrafttreten des Strafvollzugsgesetzes im Jahre 1976 wurde es möglich, dass Gefangene im offenen oder gelockerten Vollzug untergebracht werden können. Halboffene oder offene Vollzugseinrichtungen verfügen über keine oder nur geringe Vorkehrungen gegen Entweichung. Darüber hinaus können geeignete Gefangene Ausgang oder Urlaub erhalten, also sich für einige Stunden oder auch Tage außerhalb bei Angehörigen aufhalten.

Solche Vollzugslockerungen wurden bis zum Ende des 20. Jahrhunderts in großer Zahl gewährt, ohne dass es zu nennenswerten Nichtrückkehrraten gekommen wäre. Inzwischen hat jedoch eine Rückwärtsentwicklung eingesetzt, auch nachdem die Gesetzgebungszuständigkeit für den Strafvollzug im Zuge der Föderalismusreform vom Bund auf die Länder übergegangen ist. Bestehen geblieben sind weiterhin große Unterschiede in der Lockerungspraxis der einzelnen Bundesländer.

5. Versuchte Bestechung

Ich glaube, dass ich die nachfolgend geschilderte Begebenheit, obwohl mehr als 45 Jahre her, zeitlich recht gut eingrenzen kann. Sie muss sich kurz nach dem Inkrafttreten des Strafvollzugsgesetzes zugetragen haben, also etwa im Frühjahr 1977.

Bis dahin war der Strafvollzug in Deutschland ohne jede gesetzliche Grundlage durchgeführt worden. Das hatte das Bundesverfassungsgericht in einem wegweisenden Urteil aus dem Jahre 1972 beanstandet. Daraufhin verabschiedete der Bundestag Anfang 1976 ein Strafvollzugsgesetz, das am 1. Januar 1977 in Kraft trat. Weil es den Strafgefangenen erstmals zahlreiche, notfalls einklagbare Rechte zusprach, handelte es sich um eine Reform, die tiefgreifende Änderungen in der Vollzugspraxis nach sich ziehen musste. Zur Vorbereitung war relativ wenig Zeit, mussten doch alle Mitarbeiter für die neue Rechtslage und Praxis ausgebildet werden. Da ich neben meiner Tätigkeit als stellvertretender Leiter der JVA Heilbronn auch Dozent an der Strafvollzugsschule Baden-Württemberg war, wurde ich zusammen mit meinem Kollegen Harald Preusker vom Justizministerium mit der Erarbeitung eines Lehrbriefes beauftragt. Dieser diente als Grundlage für die erforderlichen Schulungen der uniformierten Vollzugsbeamten.

Im Vorgriff auf die Reform waren schon in den Jahren zuvor einige Lockerungen des Strafvollzugs ins Werk gesetzt worden, namentlich die Einführung offener und halboffener Vollzugsformen. Darüber hinaus wurde zentral in Stuttgart die sogenannte Einweisungskommission geschaffen, die für jeden neu zugegangenen Strafgefangenen unter Beteiligung von Fachleuten wie Psychologen, Sozialarbeitern und erfahrenen Vollzugsbeamten eine Kriminalprognose und Empfehlungen für die Vollzugsplanung erstellte. Auf dieser Grundlage erfolgte dann die Zuweisung in die verschiedenen Strafanstalten des Landes, wobei die Vollzugsanstalt Heilbronn ausschließlich langstrafigen Gefangenen mit günstiger Prognose vorbehalten war.

Es ist morgens gegen 10 Uhr in meinem Büro im zweiten Stock des Verwaltungsgebäudes dieser Justizvollzugsanstalt. Mein Telefon, ein unförmiger, schwerer Apparat aus schwarzem Bakelit, ein Vorkriegsmodell, läutet unangenehm laut und schrill. Freilich nicht so ohrenbetäubend wie der elektrische Hauptalarm, dessen grässlicher und durchdringender Ton erschreckt einen eigentlich jedes Mal. Das wird noch verstärkt durch die daraufhin sofort laut schlagenden schweren Stahltüren und das Getrampel der durch die Flure zur Zellenbau-Zentrale hastenden Beamten. Drunten im ersten Stock dagegen haben sie bereits moderne Telefone aus hellgrauem, leichtem Plastikmaterial, mit Spiralkabel und sogar mit einstellbarer Lautstärke.

Ich nehme den Hörer ab, was wegen des ständig verdrehten, textilummantelten Kabels etwas erschwert ist. Unser Torbeamter, Herr Latz, teilt in dem ihm eigenen mürrischen Tonfall mit: »Da stehen drei Zigeuner bei mir in der Schleuse. Die wollen Sie sprechen.«

»In welcher Angelegenheit denn?«, frage ich zurück. Die Bezeichnung Zigeuner wurde damals, weil absolut gängig, von mir nicht beanstandet. Mit dem korrekten Begriff Sinti oder Roma hätte kaum ein Vollzugsbeamter etwas anzufangen gewusst. Und dass während des Krieges in deutschen Konzentrationslagern eine halbe Million Menschen dieser Volksgruppen ermordet worden war, war schon gar nicht im Bewusstsein der Bevölkerung verankert. Es war wie vieles andere der kollektiven Verdrängung anheimgefallen.

»Die heißen alle Reinhard. Ausweise habe ich kontrolliert. Einer sagt, er sei der König der Sippe, der andere der Bürgermeister, der dritte der Präsident. Es geht um die Vollzugsplanung für den Strafgefangenen Alfredo Reinhard.«

»Über den Vollzugsplan für den Alfredo Reinhard ist in der Konferenz letzte Woche bereits abschließend entschieden worden. Er kommt nächsten Dienstag in den offenen Vollzug in die Außenstelle Hohrainhof. Da gibt's eigentlich nichts mehr zu besprechen. Richten Sie das denen doch bitte aus.«

Es dauert nicht lange, und Herr Latz ruft wieder an, nun schon etwas genervt: »Die sagen, sie müssen trotzdem noch mit Ihnen sprechen. Alle drei. Vorher gehen sie nicht.«

Der Torbeamte Latz ist Kriegsversehrter. Eine große, schlanke Gestalt mit etwas mürrischen Gesichtszügen. Im Gespräch wirkt er kurz angebunden, wenig konziliant. Sein rechter Unterarm ist durch eine lederüberzogene braune Prothese ersetzt. Im Torwachraum, wo es bisher nur wenige elektrische Einrichtungen zu bedienen gibt – Fahrtor, Türöffner und Telefon –, kommt er aber trotz dieser Behinderung gut zurecht.

Erst kürzlich bin ich allerdings aneinandergeraten mit ihm. Denn man sollte ihn nicht auf seine frühere Zugehörigkeit zur Waffen-SS ansprechen. Das wissen die meisten Kollegen. Sie haben mich aber nicht vorgewarnt. Deshalb habe ich, aus Neugier und ganz unbefangen, nach seiner Verletzung und nach seinen Kriegseinsätzen gefragt. Daraufhin bin ich in äußerst galliger Art und Weise abgefertigt worden: »Bilden Sie sich bloß nichts ein, weil Sie Regierungsrat und Stellvertreter vom Chef sind. Das geht Sie gar nichts an und tut hier außerdem nichts zur Sache«, schnauzte er mich an. Seitdem bin ich vorsichtig und antworte deshalb: »Meinetwegen, aber nicht alle. Da reicht doch einer. Soll eben der höchste von ihnen heraufkommen.«

Herr Latz ruft schon wieder an, er schreit bereits und ist kurz vor dem Ausrasten: »Gleich wird's mir zu bunt! Die sagen, sie können nur alle gemeinsam mit Ihnen sprechen. Anders tät's nicht gehen, weil der Alfredo ihnen so wichtig ist.«

Ich gebe schließlich klein bei und sage: »Sollen eben alle drei kommen.«

Bald darauf klopft es an der Tür. Zwei ältere Männer, Endfünfziger, und ein etwas jüngerer stehen davor. Die beiden älteren tragen abgewetzte braune Anzüge mit Nadelstreifen, nicht ganz frische, um es höflich auszudrücken, beigefarbene Hemden und bunte Krawatten. Der jüngere ist moderner gekleidet, mit grauem Sakko und dunkler Hose, einem sportlichen karierten Hemd, ohne Krawatte. Ich bitte sie herein und biete jedem einen Stuhl an meinem kleinen Besprechungstisch an. Wie alle Möbel hier im Hause ist er aus Buche furniert, nicht gerade formschön, fast schon hässlich, aus dem Möbelprogramm des Männerzuchthauses Bruchsal. Aus Kostengründen dürfen wir nur von dort Büromöbel beziehen.

Inzwischen habe ich, damit ich nichts Falsches sage, mir die Akte des Strafgefangenen Alfredo Reinhard aus der Registratur geholt, und beginne das Gespräch damit, dass die bestmögliche Entscheidung bereits getroffen worden ist: »Herr Reinhard soll in den offenen Vollzug der landwirtschaftlichen Außenstelle Hohrainhof verlegt werden. Schon am Dienstag nächster Woche. Ist bereits so entschieden.«

Der Jüngere, nach seiner Behauptung der Bürgermeister, ergreift das Wort und teilt in etwas gebrochenem Deutsch mit: »Der Alfredo muss halt immer weinen, es geht ihm ganz schlecht. Und deshalb möchten wir bitten, dass er auf den Bauernhof kommt.«

»Ja, der Hohrainhof ist unser Bauernhof. Mit Landwirtschaft, Viehzucht und Weinbau. Und dorthin wird er kommenden Dienstag verlegt. Das ist schon so beschlossen«, wiederhole ich.

Nacheinander ergreifen auch die beiden Älteren das Wort. Ihre Aussagen sind nicht ganz so gut verständlich, laufen aber ebenso darauf hinaus, dass es dem Alfredo sehr schlecht geht, dass er immer nur weinen muss und dass er unbedingt auf den Bauernhof kommen soll. Ich wiederhole, dass das bereits so entschieden ist und nächsten Dienstag erfolgen wird. Denn vorher findet kein Transport zum Hohrainhof statt. Zum Beweis zeige ich den drei Männern die unterschriebene amtliche Verfügung in der Akte. Dort steht in der Rubrik »Entscheidung der Konferenz«: »Verlegung Außenstelle Hohrainhof«.

Es hilft aber nichts. Kann vielleicht keiner gut genug lesen? Oder, wahrscheinlicher, sie trauen einfach einem Behördenvertreter nicht? Immer wieder beteuern sie, dass der Alfredo so viel weinen muss und ich doch bitte dafür sorgen soll, dass er auf den Bauernhof kommt. Irgendwie komme ich mit meiner wiederholten Erklärung nicht an, dass das bereits so entschieden ist und ich darüber hinaus folglich nichts mehr tun kann. Auch nach mehrfacher Wiederholung der Aussage sind sie nicht zufriedenzustellen.

»Danke, Sie sind ein guter Mann, danke. Aber hier können wir einfach nicht richtig mit Ihnen reden! Wir sind es nicht gewöhnt. Wir möchten in einem Lokal, in einer Gaststätte mit Ihnen sprechen. Mit genügend Zeit. Hier können wir uns nicht gut unterhalten. Wir möchten alles tun für unseren Alfredo.«

»Auch in einem Lokal könnte ich Ihnen nichts anderes sagen. Es ist ja schon die bestmögliche Entscheidung im Sinne Ihres Alfredo getroffen worden.«

»Aber in einer Gaststätte, wo es gemütlich ist, könnten wir das alles doch viel besser besprechen. Wir haben nicht alles verstanden. Hier im Gefängnis kann man nicht so gut reden.«

Ich bin einigermaßen verunsichert und antworte: »Na gut. Über Mittag trinke ich immer einen Kaffee im Café Blum am Berliner Platz. Wenn Sie meinen, können Sie mich dort normalerweise zwischen eins und zwei treffen. Aber etwas anderes als bisher werde ich Ihnen auch da nicht sagen können.« Erfreulicherweise erscheint aber sowohl an diesem wie auch am nächsten Tag niemand in meinem Stammcafé.

Am übernächsten Abend bin ich mit meinen beiden Kindern allein zu Hause. Meine Frau ist als Krankenschwester im Dienst. Wir haben gerade unser Abendbrot beendet, als das Telefon klingelt. Es ist einer der Herren Reinhard, der Stimme nach wohl der jüngere: »Herr Regierungsrat, wir sind hier ganz gemütlich im Insel-Hotel und würden Sie gerne bei unserem Abendessen dabeihaben. Um noch einmal alles ausführlich und in Ruhe mit Ihnen zu besprechen. Wir laden Sie natürlich ein. Sie kennen doch das Insel-Hotel?«

»Ja, schon«, antworte ich, »aber meine Kinder und ich haben gerade eben bereits zu Abend gegessen. Und ich kann hier auch gar nicht weg, denn meine Frau ist bei der Arbeit. Außerdem ist doch alles schon besprochen!«

»Aber wir warten hier auf Sie! Alles ist extra für das Gespräch mit Ihnen vorbereitet und wir möchten auf gar keinen Fall das Essen ohne Sie anfangen. Wie Sie sehen, wir kennen Ihre Telefonnummer und auch Ihre Adresse. Unser Fahrer holt Sie gleich ab mit dem Mercedes. Für so einen wichtigen Mann ist so ein Kleinwagen, wie Sie ihn fahren, sowieso nicht passend. Und nach dem Essen bringt er Sie auch wieder nach Hause. Es ist schon alles bereit. Wir warten auf Sie!«

Mir wird heiß und kalt. Ich denke sofort an die Anweisungen, die wir von den Sicherheitsleuten bekommen haben, weil für Vollzugsbeamte eine Gefahr durch die vielen noch auf freiem Fuß befindlichen RAF-Terroristen gesehen wird: »Niemals zu Unbekannten ins Auto einsteigen! Die Wohnadresse geheim halten! Nach der Arbeit unterschiedliche Wege nach Hause nehmen! Vor dem Wegfahren mit dem eigenen Auto dieses unauffällig untersuchen, auch drunterschauen! Im Stadtverkehr möglichst die mittlere Fahrspur wählen, nicht abdrängen lassen! Auf nachfolgende auffällige Fahrzeuge achten!«

Außerdem möchte ich auf gar keinen Fall, dass die hierher zu unserer Wohnung kommen und womöglich meine Kinder in Gefahr geraten. Das zu verhindern, ist mir in diesem Moment das Wichtigste.

»Gut«, sage ich kurz entschlossen, »ich komme. Aber nur zum Reden! Gegessen habe ich schon. Ich habe keinen Hunger.«

Nachdem ich meinen Kindern eingeschärft habe, auf keinen Fall jemanden ins Haus zu lassen, und auch noch die unter uns im Haus wohnende Frau informiert habe, setze ich mich ins Auto und brause so schnell wie möglich zum Insel-Hotel. Dort parke ich in der Tiefgarage und fahre mit dem Aufzug hinauf ins Restaurant. Das ist, wie in Heilbronn jeder weiß, das erste Haus am Platze. Sauteuer, in dem sonst der Bundespräsident oder Weltstars absteigen, wenn es sie mal nach Heilbronn verschlägt. Außer bei einer großen Hochzeitsfeier war ich im ganzen Leben noch nicht hier. Hoffentlich sieht mich keiner meiner Bekannten und wundert sich, was ich hier zu suchen habe, oder stellt mir Fragen.

An der Rezeption erkundige ich mich nach den Herren Reinhard und werde vom Oberkellner persönlich zu einem veritablen Chambre Separee geleitet. So etwas habe ich noch nie gesehen! Ein von den übrigen Räumen abgeschiedener, opulent ausgestatteter Nebenraum. Rundum verglast, aber zugezogene Brokatvorhänge. Alles in Mahagoni, viel Plüsch und viel Gold.

Die drei Reinhards, verstärkt durch einen bulligen Fahrer, warten schon auf mich. Sie sind nicht anders gekleidet als vorgestern bei dem Treffen in der JVA. Man begrüßt mich ehrerbietig und weist mir an der festlich für sechs Personen gedeckten Tafel einen guten Platz zu. Gedämpftes Licht, feinstes weißes Leinen, drei mehrarmige Kerzenleuchter auf dem Tisch. Jedes Gedeck besteht aus mehreren edlen Porzellantellern mit Goldrand, drei unterschiedlich großen Gläsern, Besteck aus schwerem Silber. Neben dem offenbar Ranghöchsten, dem Präsidenten, soll ich Platz nehmen. Auf sein Zeichen bringt der geschmeidig-servile Oberkellner, der aus Gründen, die ich erst später verstehen werde, die Bedienung persönlich übernommen hat und mehrere Gehilfen anleitet, das *Horsd'oeuvre*: überbackene Jakobsmuscheln, französisches Baguette und einen leichten Rheinwein, wenn ich mich recht erinnere. Mir ist schlecht vor lauter Aufregung und Anspannung, flau im Magen und schwummrig im Kopf.

Ich will nichts essen, sondern gleich auf das Thema zu sprechen kommen und sofort wieder gehen. »Aber Sie müssen uns doch die Ehre erweisen und etwas probieren, wenigstens einen Bissen«, insistiert der Präsident und erhebt das Glas auf mein Wohl. Mir bleibt nichts anderes übrig, als mein Glas ebenfalls zu erheben, einen Schluck zu trinken und ein bisschen von dem aufgetragenen köstlichen Entree zu probieren. Ich wiederhole abermals meine Erklärung, dass die Verlegung des Herrn Alfredo Reinhard auf den Hohrainhof bereits beschlossene Sache ist und in der kommenden Woche durchgeführt wird.

Als ich schon am Aufstehen bin und mich verabschieden möchte, serviert der Oberkellner, assistiert von seinen Untergebenen, die zweite Vorspeise. Ich werde genötigt, mich wieder zu setzen. Ich glaube mich an Fisch zu erinnern (Zander?) und einen anderen Weißwein. Ich probiere ein wenig, soweit mein Magen, der sich immer mehr verkrampft, das überhaupt zulässt. Zum x-ten Male versichere ich, dass der Verlegung des Alfredo Reinhard »auf den Bauernhof« nichts im Wege steht und diese in der kommenden Woche planmäßig erfolgen wird.

Es nützt mir nichts, auch den Hauptgang, gespickter Rehrücken in einer besonderen Zubereitung mit allen denkbaren Beilagen, muss ich noch über mich ergehen lassen. Allerdings bringe ich kaum einen Bissen hinunter, stochere nur auf meinem Teller herum. Ich simuliere essen. Dazu gibt es, daran erinnere ich mich noch, einen schweren Rotwein, Lemberger Spätlese, von dem Weingut des Grafen von Neipperg. Die beste Lage im nahen Zabergäu!

Schade natürlich, dass ich solche nie zuvor gekannten Köstlichkeiten nicht genießen kann. Aber was willst du machen, wenn der Magen streikt, der Kreislauf kurz vor dem Zusammenbrechen ist, es dir schon vor den Augen flimmert und das Gewissen rebelliert?

»Schmeckt es Ihnen denn nicht?«, fragt der Präsident.

»Doch, doch, alles sehr gut«, antworte ich gequält, »aber ich habe ja zuvor schon zu Abend gegessen. Ich kann nicht mehr! Bitte verstehen Sie das.«

Als nach etwa eineinhalb Stunden Folter das Dessert gereicht wird, Birne Helene mit diversen Saucen oder so etwas, atme ich auf. Bald wird die Qual ein Ende haben! Ob ich noch einen Espresso wünsche, werde ich gefragt, oder einen Digestiv?

»Um Himmels willen, nein! Ich muss jetzt wirklich gehen, meine Kinder sind alleine und warten auf mich! Die bekommen bestimmt Angst, wenn ich nicht bald wieder zu Hause bin. Und die Nachbarin, die informiert ist und weiß, wo ich bin, alarmiert dann wahrscheinlich die Polizei!«

Der Präsident scheint jetzt ein Einsehen zu haben und bittet den Oberkellner um die Rechnung. Die kommt diskret verdeckt auf einem Silbertablett. Zur Bezahlung zieht er seine abgegriffene lederne Brieftasche aus dem Anzugsjackett, die mit einem ansehnlichen Bündel 100-DM-Scheinen gefüllt ist. Er bezahlt eine stattliche Summe – und reicht dem devoten Oberkellner zwischen zwei Fingern und mit dickem Augenzwinkern einen Extrahunderter als Trinkgeld. Fürstlich! Jetzt verstehe ich dessen erstaunlichen Diensteifer.

Ich bedanke mich, stehe auf und will gehen. Da heißt es: »Halt, halt! Wir haben noch ein Präsent für Ihre Frau Gemahlin, die ja leider nicht teilnehmen konnte.«

Der Fahrer, ein großer schwarzhaariger Kerl, stiernackiger Schlägertyp, Boxernase und Narbe an der Wange, zaubert einen riesigen Strauß langstieliger roter Rosen hinter seinem Rücken hervor. Wo er den so plötzlich herhat? Den soll ich für meine Frau mitnehmen. »Das geht nicht«, wehre ich ab und schüttle den Kopf, »weil, weil ...«

»Ja denken Sie, dass die Blumen Ihrer Frau nicht gefallen?«, unterbricht der Präsident mein Gestammel.

»Doch, doch, sicher, aber ... was soll ich sagen ...« Ich bin schweißnass und total perplex. Mir ist speiübel. Ich weiß nicht, was ich machen soll.

»Dann muss eben der Tino«, er zeigt auf den Fahrer, »den Rosenstrauß Ihrer Frau Gemahlin mit den besten Empfehlungen von uns überreichen. Der fährt Sie ja sowieso.«

»Nein, dann mache ich das lieber selbst«, antworte ich mit dem letzten Rest verbliebener Selbstachtung. »Und nach Hause zu fahren braucht er mich auch nicht, weil ich in der Tiefgarage mein Auto geparkt habe. Das kann ja nicht dort bleiben!«

Ich greife geschwind den Rosenstrauß und verlasse fluchtartig das Lokal. Hoffentlich hat mich niemand gesehen! Ich fliege im Sturmschritt die Treppe neben dem Aufzug hinunter in die Tiefgarage, in die mir der Fahrer vorsichtshalber gefolgt ist, und verlasse diese im eigenen Auto und mit quietschenden Reifen. Noch ein Blick in den Rückspiegel: Gott sei Dank fährt er mir offenbar nicht hinterher!

Zu Hause angekommen, ist alles in Ordnung und meine Frau bereits wieder da. Stress, lass nach! Durchatmen! Ich erzähle ihr alles so, dass die Kinder nicht allzu viel mitbekommen. Sie immerhin freut sich über den wunderschönen Rosenstrauß.

»So einen schönen hast du mir noch nie mitgebracht!«, meint sie, die Betonung auf dem »du«!

Ich beruhige mich langsam und bin froh, halbwegs ohne Probleme aus der scheußlichen Situation herausgekommen zu sein. Sofort am nächsten Morgen melde ich den Vorgang in allen Einzelheiten meinem Chef, dem Direktor der Anstalt. Dass die Entscheidung über die Verlegung des Strafgefangenen Alfredo Reinhard in die Außenstelle Hohrainhof bereits vor der ganzen Affäre getroffen worden war, ist ihm ohnehin bekannt. Er hat es ja gegengezeichnet.

»Machen Sie mit mir, was Sie wollen. Ich weiß, dass ich Mist gebaut habe. Aber ich habe vor lauter Schiss und Scham einfach keine Alternative gesehen. Ich wollte nur so schnell wie möglich raus aus dieser entsetzlichen Lage«, gestehe ich kleinlaut.

Er reagiert zum Glück cool: »Absolut gar nichts werde ich machen!«, und fügt nach kurzer Pause achselzuckend noch hinzu: »Shit happens.«

In der Diskussion um die Reform des Strafvollzuges war zu Beginn der Siebzigerjahre der Gedanke aufgekommen, die Justizvollzugsanstalten nach der Haftdauer, der Tat und der Gefährlichkeit der dort untergebrachten Gefangenen zu differenzieren. Auf diese Weise sollten sie sich besser auf die unterschiedlichen Straftäter einstellen können und sich zugleich im Hinblick auf den notwendigen Sicherheitsgrad und die Behandlungsmöglichkeiten unterscheiden (zum Beispiel geschlossener, offener und halboffener Vollzug).

Dies setzte eine Klassifizierung der Gefangenen in solche mit günstiger beziehungsweise ungünstiger Kriminalprognose, hoher oder geringer Gefährlichkeit sowie hinsichtlich ihrer Gemeinschaftsfähigkeit voraus. Viele Bundesländer gründeten zu diesem Zweck Einweisungskommissionen, die mit Fachleuten aus Psychologie, Soziologie, Sozialarbeit und erfahrenen Vollzugsbediensteten besetzt waren und entsprechende Prognosen zu erstellen hatten. Inzwischen ist man von der Idee der Prognosestellung bereits zu Beginn des Strafvollzuges überwiegend abgekommen.

6. Ein Kindermörder

Wochenlang war das ganze württembergische Unterland in Aufruhr. Eltern ängstigten sich um ihre Kinder. Viele durften nicht mehr auf die Straße oder auch nur vor die Haustür, schon gar nicht bei Dunkelheit. Ein angsterregender Sexualmörder war unterwegs! Er hatte einen Buben im Alter von 12 Jahren mit einem schweren Gegenstand erschlagen, nachdem er ihn zuvor sexuell missbraucht hatte. Entsetzlich, grauenhaft! Ein anderer Junge, den er offenbar in derselben Absicht angreifen wollte, war ihm im letzten Moment entkommen. Die Lokalzeitung berichtete täglich, die polizeiliche Großfahndung lief, aber der »Kinderkiller«, wie er bald schon überall genannt wurde, war nicht zu fassen. Dann ergaben sich Hinweise, dass es sich um einen Mann aus dem Landstreichermilieu handeln dürfte, der in Gartenhäuschen oder Weinberghütten zu übernachten pflegte. Im Zuge einer größeren Polizeiaktion konnte er festgenommen werden. Nachdem er zunächst an einem anderen Ort in Untersuchungshaft gekommen war, wurde er zuständigkeitshalber zu uns in die JVA Heilbronn verlegt. Denn der Mordprozess war am hiesigen Landgericht anhängig.

Die Volksseele kochte. In Leserbriefen an die Lokalzeitung wurde die Wiedereinführung der Todesstrafe gefordert. Ein Heilbronner Richter schrieb sogar, dass »das Messer des Kastrators« wieder zum Einsatz kommen müsse, hier brauche es endgültige Lösungen!

Als ich den Untersuchungsgefangenen Dieter M. kennenlerne, ist er 26 Jahre alt. Von Gestalt deutlich größer als der Durchschnitt, etwas dicklich und aufgeschwemmt wirkend, vermutlich infolge hohem Alkoholkonsum. Blond, das schwitzende Gesicht mit roten Flecken übersät, die blauen Augen ständig in nervös-flackernder Bewegung, wie auch die Hände. Genau genommen schüttelt es den ganzen Menschen, er ist unverkennbar mit den Nerven total am Ende.

In meine Sprechstunde ist er gekommen, weil er unbedingt in einen anderen Haftraum, am besten in eine möglichst weit entfernte Anstalt, verlegt werden will. »Die machen mich fertig hier, die bedrohen mich mit dem Tod und machen mir das Leben zur Hölle«, klagt er, die Wörter wie Maschinengewehrsalven ausspuckend. »Jeder, der an meiner Zelle vorbeikommt, aber wirklich jeder, donnert mit der Faust gegen die Tür oder tritt mit dem Fuß dagegen. Und dann brüllen sie: ›Kinderficker, wenn du rauskommst, bringen wir dich um!‹ Mir geht es elend schlecht, ich habe grausige Angst!«

Sein Stockwerksbeamter, der ihn begleitet, bestätigt alles, meint aber mit gleichmütigem Schulterzucken in meine Richtung: »Das hat er sich doch selbst zuzuschreiben, das ist halt die Reaktion! Die anderen Gefangenen hassen Sexualstraftäter. Weiß man doch!« Wir vereinbaren, dass Herr M. in die letzte Zelle am Ende seines Flurs verlegt wird, sodass die anderen nicht mehr an seiner Türe vorbeikommen. Und dass der Stockwerksbeamte besonders auf ihn achtet.

Einige Tage später ist Großalarm: Der Gefangene M. – »ausgerechnet der Kinderkiller!«, wie der Vollzugsdienstleiter telefonisch meldet – ist verschwunden, vom Kirchgang nicht in seinen Haftraum zurückgekehrt. Wie immer in solchen Fällen wird die Anstalt sofort vollständig abgeriegelt. Niemand darf das Gefängnisgelände verlassen oder von außen hereinkommen; alle männlichen Mitarbeiter haben sich an der Suchaktion zu beteiligen, selbst die Sozialarbeiter und die Anstaltsgeistlichen.

Zuletzt hat man Herrn M. beim Abrücken zum Gottesdienst gesehen. Deshalb wird der Kirchensaal noch einmal genauestens abgesucht. Und da findet man hinter dem Altar, kaum wahrnehmbar, eine aufgebrochene Holztüre. Über diese und einige Stufen kann man auf das Dach des Gebäudekomplexes kommen. Also hinauf! Dort oben, auf dem heute witterungsbedingt mit einer glitzernden Schicht Raureif bedeckten Blechdach, läuft Dieter M. todesmutig am Rand des relativ flachen Daches, offenbar auf der Suche nach einer Möglichkeit abzusteigen. Dabei hat er immer wieder einen Fuß in der Dachrinne, die sich stellenweise bedenklich bewegt. Denn dafür ist sie nicht ausgelegt. Bei der Höhe des Gebäudes ist das absolut lebensgefährlich, aber auf diese Weise will er wohl die inzwischen zahlreich auf das Dach gekommenen Vollzugsbeamten – auch ich bin oben – auf Distanz halten. Es ist ihnen daher nicht möglich, seiner habhaft zu werden, ohne selbst in Lebensgefahr zu geraten. Auf Zurufe reagiert er abwehrend.

Daher bleibt uns nichts anderes übrig, als die Feuerwehr zu alarmieren. Sie erscheint in wenigen Minuten, Kommandofahrzeug vorneweg, dahinter zwei vollbesetzte Löschzüge. Einer davon ist mit einer langen Drehleiter ausgestattet, die alsbald ausgefahren wird. An ihrem oberen Ende ist ein Rettungskorb eingehängt, in dem mindestens zwei Personen Platz haben. Dieser wird in Richtung auf den Flüchtling dirigiert, der ihm aber immer wieder ausweicht. Die Zurufe des Feuerwehrmannes, einzusteigen, beantwortet er mit Kopfschütteln. Er läuft wie ein gehetztes, in die Enge getriebenes Tier im Zickzack auf dem Dach herum; planlos, ausweglos, hoffnungslos. Zuweilen erweckt er den Eindruck, in die Tiefe springen zu wollen, macht schnelle Schritte in Richtung Rand, zögert im letzten Moment aber doch.

Die vielen Gefängnisinsassen, die von ihren Zellenfenstern aus das Geschehen beobachten können, veranstalten einen ohrenbetäubenden Lärm. Sie sind außer Rand und Band, pfeifen, trampeln mit den Füßen, grölen und krakeelen. Einige schreien: »Spring doch, Kinderficker, spring doch!« Sie wollen Blut sehen! Wenn er dann am Rand des Daches erneut in ihr Gesichtsfeld kommt, steigert sich das Geschrei zum vielstimmigen Chor. Wie in der antiken Tragödie – im Unterschied zu dieser allerdings extrem laut, brutal, gehässig. Mit dem nächstbesten Gegenstand im Stakkato an das Zellengitter gehämmert, findet der abscheuliche Schlachtgesang dann seinen Rhythmus, und sie skandieren: »Spring – doch! – Spring – doch! – Spring – doch!«

Infolge eines einzigen Ausrutschers oder Fehltritts könnte Dieter M. abstürzen. Mit aufgespanntem Sprungtuch, gehalten von fünf bis sechs Mann, laufen deshalb die Feuerwehrleute unten am Fuß des hohen Gebäudes immer mit, um ihn aufzufangen, falls er herunterfällt. Nach einer sich ewig lange dehnenden Viertelstunde gelingt es dem hoch oben sich abmühenden Feuerwehrmann schließlich doch, den mittlerweile total erschöpften Herrn M. am Ärmel zu fassen und in den Korb zu bugsieren. Mit einer Hand an den inzwischen die Leiter hinaufgestiegenen Vollzugsbeamten gefesselt, wird er im Rettungskorb samt Drehleiter heruntergefahren. Alle Beteiligten haben wieder festen

Boden unter den Füßen und der Flüchtling ist wieder in sicherem Gewahrsam. Er kommt zunächst ins Krankenrevier zur medizinischen Untersuchung.

Wie meistens in solchen Fällen lässt der gerichtliche Hauptverhandlungstermin jedoch auf sich warten. Das steigert die Nervosität des Herrn M. nochmals, wenn es überhaupt möglich ist. Dazu dürften auch die häufigen polizeilichen Vernehmungen beitragen, bei denen er wohl nicht mit Samthandschuhen angefasst wird; und natürlich das weiterhin extrem aggressive Verhalten der Mitgefangenen. Zu seinem Schutz können wir ihn zum täglichen Hofgang auf keinen Fall mit den anderen gehen lassen. Obwohl es dringend nötig ist, dass er wenigstens einmal am Tag aus seiner Zelle herauskommt und sich Bewegung verschafft. Also wird sogenannter »Sonderhof« angeordnet. Das bedeutet, dass er nur mit zwei anderen, ebenfalls schutzbedürftigen Gefangenen an der frischen Luft sein darf, beaufsichtigt durch einen Vollzugsbeamten. Das geht eine ganze Zeit lang gut.

Doch eines Tages rennt Herr M. urplötzlich los in Richtung Zellenbau, ohne dass ihm der verdutzte und auch etwas korpulente Aufsichtsbeamte folgen kann. Mit Anlauf und einem mächtigen Sprung über die Stacheldrahtabsicherung eines Regelfallrohres hinaus schafft er es, an diesem emporzuklettern bis zu einem Zellengitter im ersten Stockwerk. Mit den Füßen über die Quersprossen des Gitters aufsteigend, beide Hände weiterhin am Regenrohr, gelingt es ihm, sich auch noch bis zum darüber liegenden, nächsthöheren Zellengitter hinaufzuziehen, sodass er jetzt an einem Zellenfenster im zweiten Stockwerk angelangt ist. Dort, wohl schon etwa zehn Meter über dem Boden, hängt er sich erst einmal mit dem linken Arm am Gitter ein; stehen kann er mit einem Fuß auf dem schrägen Fenstersims.

Der Aufsichtsbeamte hat sofort Alarm ausgelöst, viele Uniformierte sind bereits in den Hof gelaufen. Auch ich bin dabei, weil ich in der Anstaltsleitung für die U-Haft-Abteilung zuständig bin. Unterdessen haben die Gefangenen in den Zellen den Vorfall bemerkt und beginnen sofort wieder mit Radau und Randale. Auf einmal ruft jemand: »Der hat sich die Pulsadern aufgeschnitten!« Tatsächlich, es fließt Blut herunter. Der Untersuchungsgefangene M. hat offenbar eine Rasierklinge zum Hofgang mitgenommen, mit der er sich nun am Unterarm eine stark blutende Wunde zugefügt hat. Ob er die Schlagader getroffen hat?

Man kann es nicht beurteilen von hier unten. In jedem Fall fließt viel Blut auf den Fenstersims und die Außenwand herunter.

Ich rufe den zuständigen Abteilungsleiter U-Haft an. »Bitte sorgen Sie dafür, dass der Gefangene nicht abstürzt! Er könnte ja wegen des Blutverlustes ohnmächtig werden. Was können wir tun?«

»Ich denke, wir sollten ihn von innen mit Tüchern oder Ähnlichem mit dem gesunden Arm am Gitter festbinden, damit er nicht herunterfallen kann. Und halt wieder die Feuerwehr rufen. Den verletzten Arm kann der Sani durch das Gitter hindurch notdürftig versorgen, wenn er das zulässt. Der Mann, der in diesem Haftraum normalerweise untergebracht ist, ist glücklicherweise heute abwesend.«

Schon wieder rauschen wenig später die Feuerwehrautos mit Sirenengeheul in die Anstalt. Die an ihren Fenstern hängenden Gefangenen haben ihre Show. »Lasst ihn doch verrecken, um den ist es nicht schade«, brüllt einer und ein zweiter: »Ausbluten lassen wie eine Sau, das ist er ja auch!« Andere johlen, klatschen dem widerwärtigen Schreihals Beifall und werfen Gegenstände aus den Fenstern. Und wieder wird vielstimmig ein Sprechchor angestimmt und skandiert: »Kin – der – fic – ker! – Kin – der – fic – ker! – Kin – der – fic – ker!«

Dieses Mal dauerte es nicht lange, bis man den Gefangenen wieder unten im Hof hat. Er wird auf eine Trage gelegt und schnellstens ins Krankenrevier gebracht. Sein Blutverlust hält sich einigermaßen in Grenzen. Laut dem Sani ist trotz mehrerer Schnitte keine Schlagader getroffen; ein Notverband ist angelegt. Er ist ansprechbar und kann unter Bewachung in das örtliche Krankenhaus gebracht werden. Zum Versorgen und Nähen der klaffenden Schnittwunden. Die Blutspuren an der Außenfassade werden von der Feuerwehr sogleich mit dem starken Strahl des C-Rohres abgespritzt. »Wenn wir schon mal da sind …«, meint der Feuerwehrkommandant lakonisch.

Aus dem Krankenhaus, wo er rund um die Uhr bewacht werden musste, wird Herr K. nach zwei Tagen in die Anstalt zurückgebracht – immer noch leichenblass, ein Schatten seiner selbst.

Einige Wochen später findet vor dem Landgericht an mehreren Tagen die Hauptverhandlung statt. Lebenslange Freiheitsstrafe und anschließende Sicherungsverwahrung ist das vorhersehbare Ergebnis. »Rundlauf«, wie die Gefangenen sagen. Gemäß dem Vollstreckungsplan erfolgt danach seine Verlegung zur Einweisungskommission in Stuttgart. Dort soll entschieden werden, in welche Strafanstalt er kommt.

Wenn meine Informationen richtig sind, ist er nach langen Jahren Strafhaft in ein Behandlungsprogramm für Sexualstraftäter in der Sozialtherapeutischen Anstalt aufgenommen worden. Offenbar ist er dort, nach erfolgreicher Behandlung und mehrfachen Begutachtungen durch forensische Psychiater, nach insgesamt fast 25 Jahren mit einer günstigen Kriminalprognose zur Bewährung entlassen worden. Seitdem hat man – jedenfalls im Strafvollzug – nichts mehr von ihm gehört.

Die »Rote Armee Fraktion« (RAF), zu Beginn der 1970er-Jahre hervorgegangen aus der sogenannten »Baader-Meinhof-Gruppe«, war eine linksextreme Organisation in der Bundesrepublik Deutschland, die sich als antiimperialistische Stadtguerilla verstand. In ihrem bewaffneten Kampf gegen »das System« begingen ihre Mitglieder zahlreiche Straftaten, darunter Banküberfälle, Morde, Sprengstoffattentate und Entführungen.

Nach der Festnahme der Mitglieder der sogenannten ersten Generation (Baader, Meinhof, Raspe, Ensslin und andere) wurden diese in der JVA Stuttgart-Stammheim und anderen Gefängnissen mit hohem Sicherheitsgrad inhaftiert. Nach ihrem kollektiven Selbstmord in der Todesnacht von Stammheim 1977 und nach erfolgten Verhaftungen von Mitgliedern der zweiten RAF-Generation (Haag, Müller, Newerla, Croissant und andere) rückten diese auf die dortigen Haftplätze nach. Danach gab es noch eine dritte Generation, bis die RAF 1998 ihre Selbstauflösung bekannt gab.

7. Stammheim, Siebzigerjahre

I. Die Todesnacht und ihre Folgen für mich

Schon in den frühen Jahren meiner Tätigkeit im Strafvollzug war ich im Nebenamt Dozent an der Justizvollzugsschule Baden-Württemberg in Stuttgart-Stammheim. Diese Ausbildungseinrichtung liegt in einer Wohnsiedlung, die man speziell für die Beamten der Stammheimer Anstalt in den Sechzigerjahren errichtet hat; gerade mal eine Straßenecke weiter. Meine Aufgabe dort war, die Nachwuchsbeamten des baden-württembergischen Strafvollzugs in den rechtlichen Fächern wie Strafvollzugsgesetz, Untersuchungshaftvollzugsordnung und Grundgesetz zu unterrichten.

Eine solche Lehrtätigkeit ist nicht nur reizvoll, weil man auf diese Weise die jungen Mitarbeiterinnen und Mitarbeiter aus dem ganzen Land kennenlernt, sondern auch, weil man immer wieder gezwungen ist, das Recht und die Praxis des Strafvollzugs kritisch zu durchdenken. Zumal die jungen Leute häufig verblüffende Fragen stellen und Probleme aufwerfen, über die sich nachzudenken und zu diskutieren lohnt.

Auch am 19. Oktober 1977, am Tag nach der später sogenannten »Todesnacht von Stammheim«, hatte ich dort in einem der Abschlusslehrgänge des allgemeinen Vollzugsdienstes zu unterrichten. Schon vor Beginn der Stunde war einer der jungen Anwärter auf mich zugestürzt und hatte aufgeregt berichtet: »Die Terroristen drüben in der Anstalt haben sich mit eingeschmuggelten Pistolen erschossen, Selbstmord begangen!« Da ich schon öfter erlebt hatte, dass die Berufsanfänger auch mal unwahrscheinliche Gerüchte aus ihren Anstalten kolportierten, reagierte ich abweisend: »So etwas gibt es nicht. Glauben Sie doch nicht an solche unsinnigen Parolen!« – und begann meinen Unterricht.

In der ersten Pause bildete sich dann aber schnell eine Traube aufgeregt auf mich einredender Schüler, von denen einige ihre praktische Ausbildung in der Stammheimer Anstalt absolvierten. Sie bestätigten die Neuigkeit vom Tod der wegen des Verdachts terroristischer Straftaten inhaftierten Gefangenen. Einer wusste mehr als der andere, Genaueres aber keiner. Natürlich waren sie selbst keine Augenzeugen, die älteren Kollegen drüben hätten es ihnen erzählt!

Ich begab mich daher ins Büro des Schulleiters und fragte dort nach dessen Informationen. Und tatsächlich: Er bestätigte mir, dass es letzte Nacht drüben in der Anstalt mehrere Selbstmorde bei den terroristischen Gefangenen gegeben habe. Andreas Baader und Jan-Carl Raspe hätten sich mit Pistolen erschossen. Gudrun Ensslin hätte sich erhängt, Irmgard Möller hätte versucht, sich mit einem Messer zu erstechen. Sie sei schwer verletzt ins Krankenhaus gebracht worden.

Für mich war das alles unfassbar, unvorstellbar. Denn das Hochsicherheitsgefängnis in Stammheim galt als die am besten gesicherte Anstalt Deutschlands, wenn nicht Europas. So etwas konnte und durfte dort nicht passieren!

Ein Jahr zuvor, im August 1976, war ich selbst für wenige Wochen an die Justizvollzugsanstalt Stuttgart, wie die offizielle Bezeichnung lautet, als Urlaubsvertretung abgeordnet gewesen. Nachdem ich das Gefängnis zuvor nur von der Autobahn aus im Vorbeifahren gesehen hatte, konnte ich nun erstmals die ganze Anlage aus der Nähe und dann auch von innen kennenlernen. Welch ein Monstrum!

Zu Recht hatte man schon die großen Strafanstalten des 19. Jahrhunderts, beispielsweise in Bruchsal und Mannheim, als »Stein gewordene Riesenirrtümer« bezeichnet. Diese festungsartigen Gebäudekomplexe waren aber immerhin, auch wenn sie als Herrschaftsarchitektur die Macht des Staates demonstrieren sollten, noch aus schönem warmfarbenem Sandstein erbaut. Und die Architekten hatten sich bemüht, durch Türme, Zinnen und die Fassadengestaltung Stilelemente der Burgen und Schlösser aufzunehmen. Das Stammheimer Hochsicherheitsgefängnis dagegen, ganz und gar in grauem Stahlbeton errichtet, übertraf mit seiner aggressiven Sägezahnfassade diese alten Anlagen durch seine abstoßende Hässlichkeit bei Weitem. Es ist eine an Kälte, Einschüchterung und Abschreckung kaum zu überbietende Architektur. Betonbrutalismus in seiner reinsten Form.

Als dritter Vertreter des Anstaltsleiters hatte ich damals zwar mit den RAF-Gefangenen nichts zu tun, hatte keinen einzigen jemals zu Gesicht bekommen. Doch der unwahrscheinlich hohe Sicherheitsaufwand hatte mich tief beeindruckt. Es war überhaupt nicht zu vergleichen mit dem, was ich aus meiner Heimatanstalt Heilbronn kannte oder in anderen Gefängnissen wie der im schönsten Jugendstil erbauten JVA Karlsruhe gesehen hatte.

Mit sehr gemischten Gefühlen hatte ich auch wahrgenommen, dass in Stammheim der Anstaltsleiter und sein Vertreter, anders als andere Gefängnisleiter, Schusswaffen trugen und sich darauf auch etwas zugute hielten. Beim Betreten der Anstalt mussten sie ihre großkalibrigen Pistolen allerdings, wie das auch für Polizeibeamte geregelt ist, abgeben und in einen im Torwachraum befindlichen Tresor einschließen lassen. Denn die Gefahr, dass sie in die Hände von Gefangenen geraten könnten, wäre zu groß.

Überhaupt war es in diesen Zeiten unter Politikern wie in Justizkreisen zu einem wichtigen Statussymbol geworden, Schusswaffen zu tragen, möglichst auch Personenschutz durch Polizeibeamte in Anspruch zu nehmen. Wer keinen hatte, war offensichtlich nicht wichtig, kein VIP.

Legendär war die Show, die täglich zur Aufführung kam, wenn der Generalbundesanwalt Rebmann von Stuttgart, wo er wohnte, über die Autobahn zu seinem Amtssitz nach Karlsruhe gefahren wurde. Morgens hin, abends zurück. Immer auf der linken Fahrspur. Vorneweg ein weißer Polizeiporsche mit Blaulicht und Martinshorn, dahinter mehrere schwere und wohl gepanzerte schwarze Limousinen mit verdunkelten Scheiben. Und über der mit Höchstgeschwindigkeit dahinjagenden Kolonne ein den Luftraum absichernder Polizeihubschrauber. Die späten Siebzigerjahre hätten sich als Stoff für eine Kriminalgroteske geeignet. Oder sogar für eine Schauerposse?

Aber zurück zur JVA Stammheim. Die enormen Sicherheitsvorkehrungen begannen damit, dass schon weit vor der Anstalt und ihrem Eingangsbereich, den Personen- und Fahrzeugschleusen, ein Kontrollpunkt mit Schlagbaum und Wachhaus eingerichtet worden war. Der dortige Posten, mit Maschinenpistole ausgerüstet, hatte jeden Besucher oder Lieferanten anhand seiner Ausweispapiere genauestens zu überprüfen. In allen Fällen hatte er am Haupttor telefonisch oder per Funk nachzufragen, ob dort eine Voranmeldung und Genehmigung vorlag.

Weder Fahrzeuge noch Personen konnten somit auch nur in die Nähe des eigentlichen, selbstverständlich noch einmal besonders hoch gesicherten Eingangsbereichs des Gefängnisses gelangen, ohne vorher kontrolliert worden zu sein. Die Einfahrt von Privat-Pkws in den Anstaltsbereich war ohnehin nur dem Anstaltsleiter und seinem ersten Vertreter gestattet oder zuständigen Richtern, soweit sie oder ihre Fahrzeuge dieses besonderen Schutzes bedurften. Alle anderen Mitarbeiter und Besucher hatten ihre Autos auf einem großen Parkplatz weit vor dem Anstaltsgelände abzustellen.

Dass die gigantisch hohe Umfassungsmauer der Anstalt mit elektrischer Detektion ausgestattet war, bedarf kaum der Erwähnung. Im Vorfeld dieser Mauer war mit stählernen Masten zusätzlich ein hoher Zaun aufgestellt, im oberen Bereich doppelt mit NATO-S-Draht-Rollen gesichert, um jegliche Annäherung an die Mauer von außen unmöglich zu machen. Der befahrbare Raum zwischen Zaun und Mauer war zudem mit Videokameras überwacht und wurde in kurzen Zeitabständen von Doppelstreifen der Polizei kontrolliert, oft auch mit Hunden. Selbst Spaziergänger, die den Anlagen zu nahe kamen, riskierten, alsbald von Polizeibeamten zu Pferd oder im Geländewagen kontrolliert zu werden.

Hatte ein vorangemeldeter Besucher, in der Regel mit einer schriftlichen richterlichen Besuchserlaubnis ausgestattet, es geschafft, bis zum Haupttor und der Personenschleuse vorzudringen, musste er dort seinen Personalausweis oder Reisepass abgeben, der erst beim Verlassen der Anstalt wieder zurückgegeben wurde.

Danach erfolgte die eigentliche Personenkontrolle mittels Metallsuchrahmen, wie man ihn von Flughäfen kennt. Das Mitnehmen irgendwelcher Gegenstände einschließlich persönlichen Schmuckes war Besuchern grundsätzlich nicht gestattet und wurde immer zuverlässig unterbunden. Nach Durchschreiten des Metallsuchrahmens erfolgte eine weitere Kontrolle mittels Abtasten des ganzen Körpers durch männliche, bei Frauen weibliche Vollzugsbedienstete, danach durch Absonden mit einer Metallsuchsonde.

Und trotz dieses enormen Sicherheitsaufwandes konnte nicht verhindert werden, dass zwei Pistolen, Munition und vieles andere unbemerkt in die Zellen der RAF-Gefangenen gelangten? Eigentlich kaum vorstellbar! Auf welche Weise dies trotzdem geschehen konnte, ist inzwischen allgemein bekannt. Ich muss es daher hier nicht mehr im Einzelnen schildern, sondern kann mich auf das Wesentliche beschränken.

Zunächst muss man wissen, dass zu der Zeit in einem neben der Stammheimer Anstalt eigens zu diesem Zweck errichteten und ebenfalls hoch gesicherten Gebäude der Strafprozess gegen die RAF-Gefangenen lief. Selbstverständlich waren an den Verhandlungstagen zahlreiche Strafverteidiger anwesend. Im Gegensatz zu anderen Besuchern der Hauptverhandlung oder der Anstalt durften diese nach den gesetzlichen Vorschriften körperlich aber höchstens oberflächlich durchsucht werden. Erst recht nicht inhaltlich kontrolliert werden durften die zahlreichen schriftlichen Unterlagen, die sie mit sich führten. Verboten war den Kontrolleuren insbesondere, vom geschriebenen Inhalt ihrer Unterlagen Kenntnis zu nehmen. Zulässig war somit nur, die oft voluminösen Akten einer kurzen äußerlichen Sichtkontrolle ohne Kenntnisnahme vom Inhalt der Schriftstücke zu unterziehen.

In den dicken Papierblock eines großen Leitzordners hatte nun ein Mitarbeiter eines der Verteidiger einen Hohlraum eingeschnitten, gerade so groß, dass eine Pistole ohne Griffschalen hineinpasste. Dieser Aktenordner, als Verteidigungsunterlagen gekennzeichnet und vom Anwalt einem der Gefangenen am Ende der Hauptverhandlung direkt übergeben, durfte auch später im Haftraum vom Vollzugspersonal nicht inhaltlich kontrolliert werden. Auf diese Weise wurden bei mehreren solchen Schmuggelaktionen zwei in Einzelteile zerlegte Pistolen, Munition und eine kleinere Menge Sprengstoff in die Zellen der RAF-Gefangenen geschmuggelt. Dass dieser Missbrauch der Verteidigerstellung strafbar war und später auch zu Anklagen führte, steht auf einem anderen Blatt.

Der Tod der RAF-Gefangenen löste in ganz Deutschland heftige Reaktionen aus. Er führte zu Verschwörungserzählungen wie der Behauptung, der Staat oder ein Geheimdienst habe die Gefangenen hingerichtet. In Wahrheit hatten diese wohl ihre letzten Hoffnungen darauf gesetzt, mittels der Entführung einer deutschen Lufthansa-Maschine freizukommen. Diese wurden jedoch enttäuscht.

Die Boeing 737 »Landshut« der Deutschen Lufthansa war Anfang Oktober 1977 zum erklärten Zweck der Freipressung der RAF-Gefangenen von palästinensischen Gesinnungsgenossen gekapert worden. Alle Insassen des Flugzeugs wurden als Geiseln genommen. Als diese Entführung nach tagelangem Irrflug auf dem Flughafen der somalischen

Hauptstadt Mogadischu durch ein deutsches Spezialeinsatzkommando gewaltsam beendet worden war und die Gefangenen diese Nachricht über das Radio erhielten, mussten sie wohl alle Hoffnung auf ein Freikommen in absehbarer Zeit aufgeben. Vermutlich wollten sie aber mit ihrem kollektiven Selbstmord noch ein letztes Fanal entzünden.

In einer seit Jahren äußerst angespannten politischen Atmosphäre lagen nun die Nerven der Bundesregierung und der baden-württembergischen Landesregierung blank. Es herrschte eine regelrechte Hysterie. Die Massenmedien, in vorderster Front die *Bild-Zeitung*, überschlugen sich mit Forderungen nach politischen Konsequenzen und Gesetzesverschärfungen. Viele Politiker verlangten die Einschränkung von Grundrechten, einige schlugen sogar die Wiedereinführung der Todesstrafe vor.

Kurz nach den Selbstmorden war der baden-württembergische Justizminister Dr. Bender von seinem Amt zurückgetreten, zumal auch gleichzeitig als »Rache für den Tod der Gefangenen« der von anderen RAF-Terroristen einige Wochen zuvor entführte Arbeitgeberpräsident Hanns Martin Schleyer ermordet worden war.

Als Nächstes wurden der Leiter der Stammheimer Anstalt und sein Vertreter abgelöst, will heißen: auf andere Stellen versetzt. Die Boulevardzeitungen stellten es als »Strafversetzung« dar, obwohl beide wie fast alle anderen Mitarbeiter der Anstalt kein persönliches Verschulden traf. Sie hatten sich an die geltenden Gesetze und Dienstvorschriften gehalten. Es handelte sich offenkundig um ein Bauernopfer, wie man im Schachspiel zu sagen pflegt. Wenn überhaupt, so konnte man höchstens den Vorwurf erheben, die täglichen Zellenkontrollen seien nicht gründlich genug gewesen, um die in Mauerverstecken gebunkerten und in Einzelteile zerlegten Pistolen zu finden.

Diese als »Todesnacht von Stammheim« in die Geschichte eingegangenen Ereignisse hatten dann auch Auswirkungen auf meinen beruflichen Werdegang. Neuer Anstaltsleiter in Stammheim war ein früherer Staatsanwalt geworden, der leitende Regierungsdirektor Friedrich. Dieser hatte sich als energischer Strafverfolger seine Meriten verdient. Er verfügte freilich über keinerlei Erfahrung im Strafvollzug. Es war deshalb notwendig, ihm als Stellvertreter einen möglichst erfahrenen Vollzugsjuristen zur Seite zu stellen. Nachdem ein qualifizierter Kollege diese Rolle bis zum Herbst 1978 wahrgenommene hatte, aber nun eine andere Aufgabe übernehmen musste, fiel das Auge des Strafvollzugschefs im Justizministerium auf mich.

Bei einem Treffen in Stuttgart teilte er mir mit, dass ich in Stammheim als Stellvertreter des Anstaltsleiters fest eingeplant sei. Ich erhob alle möglichen Einwände, konnte damit aber nicht durchdringen. Auf keinen Fall mochte ich für die inzwischen auf die Stammheimer Haftplätze nachgerückte zweite Generation der RAF-Gefangenen zuständig sein. »Das machen Sie mit Herrn Friedrich aus«, war seine Antwort.

Schließlich gelang es mir, einen Kompromiss auszuhandeln. Der Strafvollzugschef fasste das Ergebnis so zusammen: »Sie unterstützen für die Dauer eines Jahres den Herrn Friedrich. Wenn Sie es gut machen, werden Sie sofort danach Anstaltsleiter in unserem neu umgebauten und personell bestens ausgestatteten Gefängnis für junge Gefangene in Pforzheim.« Zuckerbrot und Peitsche also. Auch die Diskussion mit Moni zu Hause ergab keine andere Lösung als »Da musst du durch!« und »Du schaffst das!«.

Bei meinem nächsten Unterrichtstermin an der Justizvollzugsschule in Stuttgart treffe ich mich deshalb mit dem neuen Stammheimer Anstaltsleiter, Herrn Friedrich, meinem zukünftigen Chef. Stellen Sie sich einen schon deutlich ergrauten, eher kleinen und untersetzten, aber sehr agilen Mann Ende vierzig vor. Fast schon kahlköpfig, gewollt aufrechte Haltung, mit flinken graublauen Augen, deren Lidränder immer etwas entzündet wirken. Mit seinem großen, die Spitzen nach oben gezwirbelten grauen Schnurrbart sieht er aus wie der Hauptmann von Köpenick, wie ihn Heinz Rühmann dargestellt hat. Und er spricht auch so: zackig-forsches Hochdeutsch mit Berliner Färbung. Jeder Satz, jedes Wort wird mit besonderer Betonung und Bedeutung ausdrucksvoll intoniert und das Ganze mit einem Schuss Ironie auf Kosten anderer garniert. Als wenn er, wie der Klassenprimus, rufen wollte: »Alle mal herhören!« Oder als ob er immer noch vor Gericht eines seiner flammenden Plädoyers halten würde. Entsprechend schneidig ist sein gesamtes Auftreten. Zwerghahn eben.

Ich trage meinen Wunsch vor, dass ich auf keinen Fall die Verantwortlichkeit für die terroristischen Gefangenen, er sagt immer »die Terries«, übernehmen möchte. »Das ist Chefsache«, argumentiere ich. Er lehnt rundweg ab, möchte das Thema gar nicht wirklich diskutieren. Nach einigen Minuten fruchtloser Diskussion begreife ich langsam, was dahintersteckt: Die Stammheimer Ereignisse waren in Politik und Medien als Justizskandal wahrgenommen worden, der politische Folgen haben müsse. Und mit den erfolgten Rücktritten waren zum Teil ja auch Konsequenzen gezogen worden. Seitdem werden auf mehreren Ebenen Posten ins Auge gefasst oder sogar extra geschaffen, die sich für einen zukünftig etwa nötig werdenden Rücktritt eignen, ohne dass größerer Schaden entsteht. Vorbeugend für den Fall also, dass wieder etwas schiefgeht.

So hat man im baden-württembergischen Justizministerium nach dem Minister erstmals auch noch einen Staatssekretär installiert, einmalig in ganz Deutschland. Der ist für keine andere der damals insgesamt sechs Abteilungen des Ministeriums zuständig als eben für die Strafvollzugsabteilung. Damit im Falle eines Falles nicht wieder der Minister gehen muss, sondern »nur« der Staatssekretär. So kolportieren es die Ministerialbeamten hinter vorgehaltener Hand, und so pfeifen es die journalistischen Spatzen von den Dächern. Entsprechendes soll wohl auch für den stellvertretenden Leiter der Vollzugsanstalt Stuttgart gelten. Also für mich.

Am 27.10.1978, ziemlich genau ein Jahr nach der Todesnacht, trete ich meinen Dienst in Stammheim an. Nach einer Vorstellungsrunde durch das ganze Haus und bei allen wichtigen Mitarbeiterinnen und Mitarbeitern rufe ich, wenige Tage später, die für den Hochsicherheitstrakt im siebten Stockwerk zuständigen Vollzugsbediensteten zusammen. Dort sind jetzt die Gefangenen untergebracht, die als zweite Generation der RAF gelten. Mein neues Arbeitsgebiet. Sie alle werden eines Verbrechens nach § 129a StGB (Bildung einer terroristischen Vereinigung) beschuldigt. Oft werden ihnen auch noch andere schwere Straftaten zur Last gelegt. Nicht weniger als vier von ihnen sind von Beruf Rechtsanwälte, nämlich Siegfried Haag, Arndt Müller, Armin Newerla und Dr. Klaus Croissant.

In meiner kurzen Ansprache an die Mitarbeiterinnen und Mitarbeiter mache ich deutlich, dass ich meine Aufgabe darin sehe zu garantieren, dass alle Rechtsvorschriften jederzeit eingehalten werden. Ich ergänze: »Meine Einstellung zu allen Gefangenen ist grundsätzlich positiv. Ich betone, zu *allen* Gefangenen. Aus dieser Grundhaltung heraus möchte ich versuchen, ihnen ihr schweres Los zu erleichtern. Durch das wenige, was uns immer zu Gebote steht: Höflichkeit, Fairness und Gerechtigkeit. Nach dem Leben ist bekanntlich das höchste Gut die

Freiheit. Nur die ist ihnen genommen, und zwar nicht von uns, sondern vom Gericht. Keinesfalls aber ihre Menschenwürde. Wir werden uns deshalb selbst durch renitentes Verhalten nicht provozieren lassen, sondern werden unbeirrbar korrekt bleiben. Auch dass die RAF-Gefangenen in den Massenmedien oft als Unmenschen dargestellt werden, sollte uns nicht davon abbringen. Und das Allerwichtigste für mich: In dem Jahr, in dem ich hier Verantwortung trage, wird keiner, weder Beamter noch Gefangener, im Blechsarg hinausgetragen. Dafür sollten wir alles in unserer Macht Stehende tun!«

So hatte offenbar bisher noch niemand zu den Leuten gesprochen. Das Echo darauf war eigentlich positiv. Vereinzelt und im Hintergrund gab es wohl auch Gegenstimmen, ein gewisses Murren. Ob dieses bis ins Justizministerium gedrungen ist? Spätere Ereignisse sprechen dafür. Gleichwohl muss ich sagen, dass alle Bediensteten sich während meiner Stammheimer Zeit an diese Vorgaben gehalten haben. Jedenfalls sind mir nie nennenswerte Klagen oder Beschwerden zu Ohren gekommen.

Ich habe nun also täglich von Heilbronn nach Stuttgart-Stammheim zu fahren – erfreulicherweise jedoch mit dem nur dem Anstaltsleiter und seinem Vertreter zustehenden Privileg, das Auto innerhalb der Anstaltsmauern parken zu dürfen. Das entbindet mich davon, vor dem abendlichen Einsteigen auch noch die ansonsten vorgeschriebene Untersuchung des Fahrzeugs auf Manipulationen durchführen zu müssen. Mir reicht schon die jeden Morgen stattfindende Kontrollprozedur. Am Schlagbaum, der die Zufahrtsstraße schon am Ortsausgang Stuttgart-Stammheim sperrt, führt der dortige Wachtposten immer dasselbe Ritual aus:

»Guten Morgen, Herr Walter. Den Ausweis bitte.«

Ich ziehe meinen Dienstausweis aus der Brusttasche und reiche ihn zum Fenster hinaus. Der Beamte, der mich natürlich längst kennt, wirft einen kurzen Blick darauf und gibt ihn zurück. Ich sage frotzelnd: »Der auf dem Bild hat eine gewisse Ähnlichkeit mit mir, nicht wahr?«

»Ja, sieht so aus«, sagt er betont sachlich, »nun bitte aussteigen und den Kofferraum öffnen.«

»Weshalb denn das?«, frage ich beim ersten Mal, später natürlich nicht mehr.

»Es könnte ja sein, dass da einer drin sitzt und Sie gar nicht freiwillig fahren. Oder Sie haben Sprengstoff oder Waffen geladen.«

»Aha. Und wenn nachher der Chef kommt, der Herr Friedrich, fragen Sie den auch nach seiner Pistole, die er hinten im Hosenbund zu tragen pflegt?«

»Ja, selbstverständlich. Und ich erinnere ihn daran, dass er die drinnen beim Torbeamten abgeben muss.«

»Na dann ...«

Mit Blick auf die RAF-Gefangenen gestaltet sich der Alltag im »Terroristenvollzug« einfacher, als ich es mir vorgestellt habe. Ihre Feindbilder sind in erster Linie die Bundesregierung, die Landesregierung und der Generalbundesanwalt. Wir Vollzugsbediensteten sind in ihren Augen lediglich deren Lakaien. Das befürchtete Bombardement mit Anträgen, Schriftsätzen und Beschwerden durch die vier Rechtsanwälte bleibt verkraftbar. Meistens geht es lediglich um ganz banale Dinge wie passende Hausschuhe, das Essen, Zigaretten, Gegenstände des täglichen Bedarfs. Trotz des irren Kontrollaufwandes – jeder noch so alltägliche Vorgang muss dokumentiert werden – sind das lösbare Probleme.

Das Gegenteil gilt leider für das Verhalten der Aufsichtsbehörde, des Justizministeriums. Wegen der nach wie vor hysterisch aufgeheizten Stimmung im Lande und des erfolgten Rücktritts des Ministers ist die dortige Gemütslage von extremer Nervosität geprägt. Man versucht, den Gefahren, die man überall wittert, durch weitreichende Überwachung und einander überlappende Sicherheitsmaßnahmen beizukommen. In gewisser Weise verständlich, weil es ja bis zum Selbstmord der Ulrike Meinhof im Jahr 1976 und wohl auch später noch genau daran, nämlich an Überwachung, manchmal auch an Übersicht, gefehlt hat. Vielmehr hatte man den im berühmten siebten Stock der Anstalt untergebrachten RAF-Gefangenen Haftbedingungen zugestanden, wie sie sonst niemand hatte: jeder im Einzelhaftraum, aber unbeschränkte Kontaktmöglichkeiten untereinander, Zusatznahrungs- und Genussmittel nach Bedarf, eigene Bibliothek, eine Menge Zeitungen, Radio und Plattenspieler, Privatkleidung nach Gusto und so weiter. Der siebte Stock war damals eine RAF-Wohngemeinschaft, in der Ausdrucksweise der Boulevardzeitungen eine »Kommune«.

Inzwischen war das Pendel jedoch zur anderen, nicht weniger extremen Seite ausgeschlagen. Die Gefangenen wurden rigoros voneinander getrennt. Jeder noch so kleine Außenkontakt, sei es durch Brief oder Besuch, ist nun in jeder Einzelheit schriftlich zu erfassen und dem

Justizministerium sowie zahlreichen anderen Behörden und den Gerichten mitzuteilen. Ein gewaltiger Papierkrieg, der schon wegen seines Umfangs sein Ziel wohl nie erreichen konnte, dafür aber einen riesigen Aufwand verursacht.

Hinzu kommen ausgedehnte Berichtspflichten an das Justizministerium über jedes auch noch so kleine Detail. Logischerweise bleibt es nicht aus, dass mit dem vorhandenen Personal die vielen Kontrollaufgaben kaum zu bewältigen sind. Das bedeutet noch weitere Berichte an das Justizministerium verfassen und Aufstockung des Personals beantragen.

II. Der Hungerstreik

»Richtiges Auffassen einer Sache und Missverstehen der gleichen Sache schließen einander nicht vollständig aus.«

Franz Kafka: Der Prozess

Eines Tages in der Frühbesprechung wird gemeldet, dass unsere RAF-Gefangenen, wie in der Vergangenheit schon mehrfach, in den Hungerstreik getreten sind. Sie möchten damit öffentlichen Druck aufbauen und erreichen, dass sie in größeren Gruppen zusammengelegt werden, dass ihre weitgehende Isolation beendet wird. Die Sache ist relativ aussichtslos, weil die zuständigen Landesjustizverwaltungen dies unter allen Umständen verhindern wollen. Inzwischen haben sich auch RAF-Gefangene in anderen deutschen Vollzugsanstalten dem Hungerstreik der Stammheimer angeschlossen, vermutlich koordiniert durch ihre Verteidiger.

Nach zwei Wochen zeigen sich die ersten gravierenden Folgen des Hungerstreiks, sodass ab sofort der zuständige Anstaltsarzt, Dr. Schreiner, sich die Gefangenen fast täglich anschaut. Zu wirklichen ärztlichen Untersuchungen sind sie allerdings nicht bereit. Ich bin in ständigem Kontakt mit ihm. Beide sind wir der Ansicht, dass negative gesundheitliche Folgen, wenn irgend möglich, vermieden werden sollten.

Die früher auch in Stammheim praktizierte künstliche Ernährung gegen den Willen der hungerstreikenden Gefangenen mittels einer zwangsweise eingeführten Nasensonde lehnt Dr. Schreiner ab, weil nicht mit dem ärztlichen Ethos zu vereinbaren. Zumal es bei dieser Prozedur auch schon zu einem Todesfall gekommen ist: Vor nicht allzu langer Zeit ist der Untersuchungsgefangene Holger Meins in der JVA Wittlich an den Folgen einer solchen Zwangsbehandlung gestorben. Ich bin aus juristischen und humanitären Gründen dagegen und mit Dr. Schreiner gemeinsam auf der Suche nach Lösungsmöglichkeiten.

Nach vier Wochen Hungerstreik ist der gesundheitliche Zustand fast aller unserer RAF-Gefangenen sehr bedenklich. Besonders Arndt Müller ist äußerst schwach, auch Croissant scheint völlig am Ende zu sein. Es besteht akute Lebensgefahr. Tag und Nacht sind deshalb jetzt Ärzte in Bereitschaft. Andererseits erhalten die ständig im Kontakt mit den Gefangenen stehenden Vollzugsbeamten neuerdings immer wieder Signale, dass der eine oder andere den Hungerstreik gerne abbrechen würde, sich aber nicht traut, aus der gemeinsamen Streikfront auszubrechen. Besonders Siegfried Haag, der als Anführer der Gruppe gilt, gibt eine solche Bereitschaft zu erkennen. Er möchte aber auf keinen Fall allein, sondern nur gemeinsam mit den anderen den Hungerstreik beenden. Der hat sich wegen der einheitlich ablehnenden Haltung der Landesjustizverwaltungen in Bezug auf die erstrebte Zusammenlegung ohnehin als sinnlos erwiesen.

Seine Absicht wird den anderen Gefangenen von den Vollzugsbeamten bekannt gemacht. Das Misstrauen unter ihnen ist aber sehr groß. Besonders Irmgard Möller, einzige Überlebende der ersten in Stammheim inhaftierten RAF-Generation, traut Haag nicht über den Weg, will auch seine Führungsrolle nicht anerkennen. Die Gefangenen befürchten eine List und verlangen einen Beweis dafür, dass Haag den Abbruch wirklich will. Dann würden sie mitmachen.

Was können wir tun, um dieses einzige noch bestehende Hindernis aus dem Weg zu räumen? Nach Besprechung mit dem zuständigen Abteilungsleiter für den siebten Stock suche ich gemeinsam mit ihm Siegfried Haag auf. Der wiederholt, er selbst würde den Hungerstreik sofort abbrechen – aber nur, wenn auch alle anderen mitmachen.

Ich hole ein Blatt gelbes Behördenpapier, wie es die Gefangenen nicht besitzen, munitioniere mich mit einem blauen Tintenstift, wie er ihnen ebenfalls nicht zur Verfügung stehen dürfte, und begebe mich wieder an die Zellentür des Herrn Haag. Ich händige ihm beides aus und diktiere ihm Folgendes: »Ich höre auf. Hört ihr bitte auch auf!« Er schreibt von Hand den von mir vorgegebenen Text und unterschreibt mit »Siggi«.

Mein Mitarbeiter zeigt dieses Dokument allen Hungerstreikenden. Die meisten nehmen noch am selben Tag wieder Essen an, die anderen am folgenden Morgen. Dr. Schreiner hat dafür gesorgt, dass die angebotene Nahrung so zusammengestellt ist, dass sie magenverträglich ist. Den gelben Zettel bekomme ich vom Abteilungsleiter zurück und deponiere ihn in meinem Schreibtisch.

Alle Beteiligten, die Vollzugsbeamten im siebten Stock, Dr. Schreiner und natürlich auch die RAF-Gefangenen sind erleichtert. Ich bin ganz besonders froh, denn ich möchte in der kommenden Woche endlich einen lange ersehnten einwöchigen Urlaub nach Frankreich antreten. Der kann nun stattfinden, ohne dass ich mir Sorgen machen muss. Das größte Problem ist erst mal gelöst.

Als ich einigermaßen erholt und entspannt nach gut einer Woche wieder an meinen Arbeitsplatz in Stammheim zurückkehre, ist das gelbe Blatt aus meiner Schreibtischschublade verschwunden. Ich frage im Vorzimmer, was es damit auf sich haben könnte. Darauf teilt mir eine unserer netten Sekretärinnen mit, dass ich heute Nachmittag um 14 Uhr durch einen vom Justizministerium beauftragten Oberstaatsanwalt verhört werden soll. »Ja aber warum denn?«, frage ich verwundert.

»Wissen wir auch nicht so genau. Irgendwas mit diesem gelben Zettel aus Ihrem Schreibtisch. Man hält Sie wohl für einen Sympathisanten der Terroristen.«

Ich erkundige mich natürlich sofort bei meinem Chef, Herrn Friedrich, was da läuft. »Was habe ich denn falsch gemacht? Welche Vorwürfe werden denn erhoben?«

Er weiß aber angeblich auch nichts. »Warten Sie eben ab, was die von Ihnen wollen. Die drehen ja immer gleich durch!« Mehr ist aus ihm nicht herauszubekommen.

Pünktlich zur angekündigten Zeit erscheint tatsächlich ein Staatsanwalt in meinem Büro, begleitet von einer Schreibkraft. Er ist etwa Mitte 40, relativ groß, dunkles volles Haar, Fassonschnitt, energisches glatt rasiertes Gesicht fast ohne Falten, im Verhältnis zur eher kleinen Nase ein kräftiges vorgerecktes Kinn, gut sichtbarer Bauchansatz. Selbstverständlich im dunklen Anzug, weißen Hemd und Krawatte. Diese allerdings geschmacklos: mittelbraun mit blauen Schrägstreifen.

Mit seinem geschniegelten Aussehen und seinem zielstrebig-alerten Auftreten macht er mir von Anfang an den Eindruck eines Karrieristen. Wahrscheinlich ein Vorurteil. Mit übertrieben festem Händedruck versucht er wohl, seinem Namen und seinem Amt – er nennt sich Oberstaatsanwalt Markig – im ursprünglichen Sinne des Wortes Nachdruck zu verleihen. Er stellt sich und die Schreibkraft auf solche Weise kurz und kernig vor und teilt dann ohne weitere Umschweife mit, das Justizministerium habe ihn beauftragt, die Ermittlungen gegen mich zu führen. Wer genau das angeordnet hat, möchte er auf Nachfrage nicht sagen. Auch nicht weshalb.

Ich frage weiter: »Was wird mir denn vorgeworfen?«, bekomme aber darauf keine Antwort. Stattdessen hält er mir mit vorwurfsvollem Gesichtsausdruck den aus seiner Akte gezogenen gelben Zettel vor die Nase, den Siegfried Haag auf meinen Wunsch geschrieben hat, und raunt etwas leiser, nun plötzlich in kumpelhafter Stimmlage, ich solle »halt einfach zu Protokoll geben, wie das gewesen ist«. Ich bilde mir ein, noch etwas wie »Kooperation mit Terroristen« gehört zu haben, bin mir aber nicht sicher. Habe ich mir das im Nachhinein so zusammengereimt?

»Keine Bezeichnung des Tatvorwurfs?«, frage ich, »keine Belehrung als Beschuldigter? Keine Mitteilung über die Eröffnung eines Disziplinarverfahrens? Bin ich festgenommen?«

»Nein, nein, nein ... Sie werden nur gebeten, mir hier ausführlich Rede und Antwort zu stehen. Damit wir im Ministerium den Vorgang beurteilen können. Alle weiteren Maßnahmen werden vom Ergebnis dieser heutigen Anhörung abhängen.«

»Welche Maßnahmen denn?«, frage ich. Lange Pause, beredtes Schweigen, angespanntes Pokerface, jedoch wieder keine Antwort.

Stattdessen fährt er nach dieser sich etwas dehnenden Unterbrechung wieder geschäftsmäßig fort: »Können wir nun beginnen? Wenn Sie einverstanden sind, diktiere ich Ihre Aussage direkt ins Protokoll.«

Ich schildere ihm »den Vorgang« ausführlich und genau so, wie er sich zugetragen hat. Allerdings muss ich nun bei jedem Satz höllisch aufpassen, den er der Schreibkraft direkt in die mitgebrachte Schreibmaschine diktiert. Denn schon in seinen Fragen, erst recht in den Formulierungen meiner Antworten scheint immer mitzuschwingen, dass ich mit den RAF-Gefangenen gemeinsame Sache gemacht hätte, mit ihnen unter einer Decke stecken würde, mit ihnen »kollusiv zusammengewirkt« hätte, wie der von ihm einmal gebrauchte juristische Fachausdruck lautet.

»Mit der auf Ihren Vorschlag von Siegfried Haag geschriebenen und den anderen Terroristen überbrachten Botschaft haben Sie der Kommunikation zwischen den RAF- Gefangenen wieder auf die Beine helfen, den Kontakt unter ihnen wieder im Gang bringen wollen?«

»Nein. Herr Oberstaatsanwalt, Sie wissen doch, dass die gesetzliche Kontaktsperre zwischen den Gefangenen schon seit geraumer Zeit aufgehoben ist. Auch habe ich gerade eben darauf hingewiesen, dass die Gefangenen bereits von den Vollzugsbediensteten mündlich mitgeteilt bekommen hatten, dass Siegfried Haag den Hungerstreik aufgeben wolle. Sie fürchteten aber, getäuscht zu werden, und verlangten deshalb einen Beweis dafür, bevor sie selbst den Streik aufgeben würden. Allein darum ist es gegangen.«

»Haben Sie nicht trotzdem eine Nachricht des Gefangenen Haag unter den terroristischen Gefangenen verbreitet?«

»Es war ein von mir vorgegebener sehr kurzer Text, also genau genommen eben nicht seine Botschaft. Um ganz sicherzugehen, dass keine anderen Nachrichten enthalten sind oder verdeckt transportiert werden, erfolgte dies handschriftlich auf unserem Papier und mit dem von mir zur Verfügung gestellten Schreibstift. Das Blatt wurde den anderen hungerstreikenden Gefangenen vorgezeigt, nicht etwa übergeben. Der einzige übermittelte Inhalt war somit eine schriftliche Bestätigung der allen bereits bekannten Information, nämlich dass Haag den Hungerstreik beenden wolle. Vorsichtshalber habe ich das Papier dann auch wieder an mich genommen.«

»Sie wollten somit durch Weitergabe der Botschaft des Siegfried Haag dessen Anführerstellung befestigen helfen?«

»Nein, wollte ich nicht und habe ich auch nicht. Ich wollte einen Beitrag dazu leisten, dass der lebensgefährliche Hungerstreik beendet wird; sonst nichts.«

»Das unter den Gefangenen bestehende Misstrauen war aus Ihrer Sicht der Grund, weshalb der Hungerstreik noch nicht beendet wurde?«

»Ja, das war unsere Einschätzung auf der Grundlage unserer Informationen. Ein weiterer Grund war wohl die Furcht vor einer Täuschung durch die Behörden.«

»Ihr Ziel war somit, das Misstrauen unter den Gefangenen zu beseitigen und den gestörten Zusammenhalt der Gruppe wiederherzustellen?«

»Nein. Mir ging es allein darum, das einzige erkennbare Hindernis für die offensichtlich von allen gewünschte Aufgabe des Hungerstreiks aus dem Weg zu räumen. Durch Bestätigung einer bereits allen bekannten Information. Um nicht weniger und nicht mehr.«

»Dann haben Sie folglich zumindest insoweit gemeinsame Sache mit den Terroristen gemacht? Gewünscht oder billigend in Kauf genommen, dass diese sich wieder besser miteinander verstehen. Geben Sie's endlich zu!«, faucht er mich an. »Ich lass mich nicht hinter die Fichten schicken!«

»Nein. Ich habe mit niemandem gemeinsame Sache gemacht außer mit meinen Mitarbeitern. Und im Übrigen das alleinige Ziel im Auge gehabt, einen nicht nur für die Gefangenen, sondern auch für das Land Baden-Württemberg und die Bundesrepublik Deutschland gefährlichen Hungerstreik beenden zu helfen. Hat es noch nicht genug Tote gegeben? Wollen wir Märtyrer schaffen?«

Und so ging das mehrere Stunden lang, immer im Kreis herum: Suggestivfragen, unsinnige Verdächtigungen, Bluffen, bewusstes Verdrehen meiner Aussagen, falsche Folgerungen. Protokollierungen, die ich nicht akzeptieren konnte und deren Korrektur ich deshalb immer wieder verlangen musste. Die gedrechselte Lüge besteht ja auch nur aus Worten; genauso wie ihr Gegenteil, die Wahrheit. Freilich mit ein paar zusätzlichen Umdrehungen.

Ich kam mir vor wie Josef K. in Kafkas »Der Prozess«. Dem war auch nie bekannt gegeben worden, welche faktischen Vorwürfe ihm gemacht wurden. Ich nahm mir fest vor, das Buch mal wieder zu lesen. Bei eintretender Dämmerung wies ich den Oberstaatsanwalt darauf hin, dass ich an diesem Abend mit meiner Frau und einer Freundin zu einem Theaterbesuch im Großen Haus in Stuttgart verabredet war. Treffpunkt 18 Uhr am Schlagbaum vor der Anstalt. Die Eintrittskarten hatten wir uns an der Abendkasse zurücklegen lassen, vorher wollten wir noch gemütlich in einem Restaurant essen gehen.

Hat dies dazu geführt, dass das sinnlose Verhör beendet wurde? Nein, der unverwüstliche Oberstaatsanwalt ließ sich dadurch nicht beirren und setzte sein bisheriges Spiel fort. Allerdings ohne durch noch so raffinierte Fragen irgendetwas Unerlaubtes oder gar Strafbares herausfinden zu können.

Inzwischen waren meine Frau und unsere gemeinsame Freundin längst am Schlagbaum eingetroffen, um mich abzuholen. Weil ich nicht kam, versuchte Moni immer wieder, über den Posten im Wachhaus telefonisch Kontakt mit mir aufzunehmen. Keine Verbindung. Die Vernehmung durfte nicht unterbrochen werden. Niemand durfte in mein Büro. Mein Telefon war auf das Vorzimmer umgeleitet worden. Und selbstverständlich wurde ihr auch kein Grund genannt, weshalb sie nicht mit mir sprechen durfte.

Das Protokoll war mittlerweile wohl mehr als zehn Maschinenseiten lang, wobei ich Wert darauf legte, jede Seite durchzulesen und einzeln abzuzeichnen. Schließlich, nach vielen Stunden Verhör, blieb dem Oberstaatsanwalt nichts anderes übrig, als aufzugeben und das Feld zu räumen. Ich war am Ende mit den Nerven und beeilte mich, meine Damen am Schlagbaum zu treffen.

Als ich endlich gegen 19:30 Uhr dort eintraf, war an einen Restaurantbesuch nicht mehr zu denken. Vielmehr hieß es, auf schnellstem Wege in die Innenstadt zum Schauspielhaus zu fahren, dort in die Tiefgarage und hinauf in das Foyer, die an der Kasse hinterlegten Eintrittskarten abholen. Mit dem dritten Läuten, als die Türen des Zuschauerraums eben geschlossen wurden, erreichten wir gerade noch rechtzeitig unsere Plätze, bevor der Vorhang aufging. Welch ein Theater!

Über das Ergebnis der ganzen Affäre hat mich das Justizministerium übrigens weder damals noch später informiert. Eine Kopie des Protokolls habe ich niemals zu Gesicht bekommen, eine Entscheidung in der Sache nie erfahren. Erst recht gab es keine Entschuldigung. Wie ich später aus einer beiläufigen Bemerkung des Staatssekretärs schließen konnte, dürfte er hinter der Aktion gesteckt haben. Jener Staatssekretär, dessen lukrativer Posten nur geschaffen worden war, damit im Falle eines Falles nicht wieder der Minister zurücktreten musste, und der ansonsten eigentlich nie mit irgendwelchen nützlichen Aktivitäten aufgefallen ist.

Was wurde denn im Theater gespielt? Eine Politkomödie des italienischen Nobelpreisträgers Dario Fo mit dem Titel »Bezahlt wird nicht!«. Wie sangen im Schlusschor die Schauspieler ins Publikum? »Eine Welt, in der man merkt, dass es noch einen Himmel gibt und Pflanzen, die blühn, dass es sogar einen Frühling gibt und Mädchen, die lachen und singen ...« Irgendwie dann doch passend zu der soeben im Gefängnis aufgeführten Tragikkomödie sogar mit einem versöhnlichen Ende. Oder?

Gewaltsame Übergriffe gegenüber Justizvollzugsbediensteten sind eher selten, wenn man von verbalen Angriffen und Beleidigungen sowie von Verletzungen absieht, welche sich die Bediensteten zuziehen, wenn sie rechtmäßig unmittelbaren Zwang gegen Gefangene ausüben. Wegen der für erforderlich gehaltenen Anerkennung als Dienstunfall sieht sich das Personal jedoch zuweilen gehalten, auch geringfügige Ereignisse amtlich zur Anzeige zu bringen.

8. Hände hoch!

Nachdem ich im Jahre 1979 zum Leiter der Jugendstrafanstalt Pforzheim bestellt worden war, wurde der Umzug der ganzen Familie dorthin erforderlich. Es bestand zu dieser Zeit nämlich für Gefängnisdirektoren noch die Pflicht, am Ort der Anstalt zu wohnen beziehungsweise zu »domizilieren«, wie der Fachausdruck lautete.

Natürlich war es nicht leicht, für unsere vierköpfige Familie mit Hund eine geeignete Wohnung in Pforzheim zu finden, sodass ich die 70 Kilometer zwischen Heilbronn und meinem neuen Dienstort einige Monate lang täglich zweimal mit dem Auto zurücklegen musste. Das war zusätzlich belastend, da ich mich ja ohnehin erst in die neue Aufgabe einarbeiten musste. Immerhin gab es neben der Hauptanstalt in Pforzheim noch ihre beiden Außenstellen Sachsenheim und Calw, die einmal in der Woche aufgesucht werden mussten. Und auch alle meine neuen Mitarbeiterinnen und Mitarbeiter, 120 an der Zahl, musste ich ja erst kennenlernen, von den rund 220 Gefangenen ganz zu schweigen. Alle wollten so bald wie möglich den neuen Chef kennenlernen und ihm ihre persönlichen Sorgen und Anliegen vortragen. Denn vielleicht kann man ja bei dem Neuen besser landen als bei seinem routinierten Vorgänger ...

Für unsere beiden Söhne, die gerade ins Gymnasium gekommen waren, war der bevorstehende Ortswechsel eine leidige Bedrohung, wurden sie dadurch doch aus ihrem gewohnten Umfeld herausgerissen: der Schulklasse, den Freundschaftsbeziehungen, dem Sportverein. Auch die Oma, zu der es bisher gerade einmal fünf Minuten waren und bei der man manchen Frust ablassen, aber auch mal etwas Kleingeld tanken konnte, drohte nun fast unerreichbar zu werden.

Aber dann klappte es nach einigen Monaten Suche, und wir fanden ein schönes Haus in einem Vorort, das allen unseren Ansprüchen genügte: geräumig mit großem Garten, hoch über dem Enztal gelegen, mit einer wunderbaren Aussicht. Der Mietpreis war zwar happig, aber ich verdiente ja nun auch mehr. Nur einen Haken hatte die Sache. Das Haus musste von oben bis unten renoviert werden. Alle Wände waren neu zu streichen. Türen, Türrahmen, Treppengeländer und so weiter mussten abgeschliffen, gespachtelt und neu lackiert werden. Laut Mietvertrag alles auf unsere Kosten.

Nun gibt es in den meisten Gefängnissen einen Malerbetrieb oder jedenfalls ein Baukommando, das die häufigen Renovierungsarbeiten innerhalb der Anstalt erledigt. Und wenn dort Gefangene eingeteilt sind, die Vollzugslockerungen genießen, können diese zu marktüblichen Konditionen, notfalls mit einem Aufsichtsbeamten, auch außerhalb der Anstalt zu Renovierungsarbeiten eingesetzt werden. So war es auch in der JVA Pforzheim.

Also schildere ich dem Chef des Baukommandos mein Problem. »Haben Sie jemanden in Ihrer Truppe, der solche Arbeiten ordentlich machen kann?«, frage ich ihn.

»Ja, der Ralf Böhm und der Siegfried Schill haben das schon einmal bei einem anderen Außenauftrag zuverlässig erledigt«, meint er. »Aber besser wäre es, wir hätten drei Mann, damit wir innerhalb einer Woche fertig werden. Der Stefan Nickel könnte auch noch als Helfer dabei sein. Es muss aber ein Aufsichtsbeamter mit.«

Wegen der Kosten bespreche ich die Angelegenheit mit dem Leiter der Arbeitsverwaltung, wegen des Begleitbeamten mit dem Vollzugsdienstleiter. Übernächste Woche wollen wir anfangen. Ich selbst werde mich an den Arbeiten beteiligen, soweit es mein Dienst zulässt. Denn manchmal übernachte ich schon im Haus, sozusagen als Vorausabteilung. Auch meine Frau Moni und meine Söhne wollen kommen und helfen. Endgültig einziehen wollen wir dann nach Ende der Renovierung.

Am Montagmorgen kurz nach acht fährt der grüne vergitterte VW-Bus vor. Ein junger uniformierter Beamter, Herr Kunz, ein rotblonder Riese, über 1,90 Meter groß, massig, breitschultrig, sportlich, militärischer Kurzhaarschnitt, steigt aus und hilft den drei Gefangenen, diese in blauer Arbeitskleidung, ihr Material auszuladen. Die Nachbarschaft ist am Gaffen. So etwas hat man hier im sonst so beschaulichen Vorort noch nicht gesehen: Grüne Minna, Polizeibeamter, Strafgefangene! Dass ich der neue Pforzheimer Gefängnisdirektor bin, weiß man aus der Zeitung.

Unseren Familienhund, ein normalerweise sehr gutmütiger, allerdings riesiger Rottweiler, befremdet der ungewöhnliche Aufmarsch, den er wohl als den Versuch einer Invasion ansieht. Er meint, pflichtgemäß eingreifen zu müssen. Mit einem gewaltigen Satz überwindet er das kleine, unten an der Treppe zur Straße hinauf angebrachte Holztürchen, stürmt wüst bellend und knurrend die Stufen hinauf und prallt aus vollem Lauf gegen die zweite obere Gittertür, wo Herr Kunz gerade den Finger vom Klingelknopf nimmt. Erschrocken springt der Beamte ein paar Schritte zurück. Aber keine Sorge, die obere große Gartentür lässt sich nur nach innen öffnen, sodass nichts passieren kann. Den aufgebrachten Hund sperre ich weg. Die Gefangenen, die noch auf der anderen Straßenseite am VW-Bus stehen, freuen sich darüber, wie der Aufsichtsbeamte Reißaus nehmen musste.

Noch mal den Hund beruhigen und an die Arbeit! Die drei Gefangenen sind zwar keine gelernten Maler, aber mit solchen Arbeiten durchaus vertraut. Einer beginnt im Erdgeschoss damit, Fenster und Türen abzuschleifen. Die anderen beiden sollen im Obergeschoss anfangen.

Dort steht im größten Zimmer noch eine dieser voluminösen Musiktruhen, wie sie Ende der Fünfzigerjahre in Mode waren. Der Vermieter hat sie bei der Räumung nicht entfernt, weil er sie nicht mehr haben will und der Transport über das Treppenhaus nach unten nur mit mehreren Helfern möglich ist.

Ein missgestaltetes Monstrum, größer und schwerer als ein Schreibtisch. Dunkles Holz, hochglanzlackiert. Im Mittelteil des sperrigen Möbels prangt der große, mit viel Gold verzierte Radioapparat. Mit gewaltigen Drehknöpfen für Sendersuche, Lautstärke, Feinabstimmung, Höhen und Bässe; einer Unzahl von großen Wahltasten in Elfenbeinoptik, große beleuchtete Skala, magisches Auge in Grün. Und mit allem Schnickschnack, der damals sonst noch dazugehörte. Rechts und links daneben je ein Lautsprecher, die Front mit schwerem Goldbrokatstoff verkleidet. Hinter der Seitentür rechts befindet sich der Plattenspieler, genauer ein Zehn-Platten-Wechsler. Ein Gerät, dem man bis zu zehn große Vinyl-Langspielplatten aufladen kann, die dann automatisch nacheinander abgespielt werden. Hinter der linken Seitentür kann auf zwei Ebenen eine große Anzahl dieser Schallplatten in entsprechenden Ständern aufrecht stehend aufbewahrt werden. Mit einem Wort: ein beeindruckend protziges Möbel, nach meinem Geschmack ziemlich hässlich, außerdem technisch überholt.

Die Gefangenen und besonders auch Herr Kunz sind von dem Ungetüm freilich hellauf begeistert. Er möchte mir das Gerät unbedingt abkaufen. »Das ist gar nicht meins. Das stammt noch von dem verstorbenen früheren Eigentümer des Hauses und gehört jetzt seinem Erben, unserem Vermieter«, kläre ich ihn auf. Auf seinen Wunsch rufe ich den Hausherrn an und frage nach, was mit der Musiktruhe geschehen soll. »Hier kann sie nicht bleiben«, füge ich hinzu. »Machen Sie mit ihr, was Sie wollen. Ich brauche sie nicht. Weg damit!«, ist seine Antwort.

Also werde ich die Musiktruhe Herrn Kunz kostenlos abgeben. Der freut sich riesig. Das unförmige Möbel steht den Renovierungsarbeiten ohnehin im Weg. Es soll deshalb noch heute in den vor dem Haus geparkten VW-Bus eingeladen werden. Auf dem abendlichen Rückweg zur Anstalt kann man dann bei Herrn Kunz vorbeifahren und es dort ausladen.

Weil es sehr schwer ist, sollen die beiden im oberen Stockwerk eingesetzten Gefangenen die Fächer in den Seitentüren mit den Schallplatten und vielem anderem Krimskrams erst noch komplett ausräumen. Sie sitzen strümpfig auf dem Teppichboden vor dem monumentalen Möbel und zeigen sich gegenseitig die gemachten Funde. Plötzlich hält Böhm einen Trommelrevolver in der Hand, richtet ihn auf den Aufsichtsbeamten Kunz und ruft im Befehlston: »Hände hoch!« Der Beamte wird kreidebleich und schreit entsetzt: »Mensch, mach keinen Scheiß! Runter damit! Leg das Ding weg!«

Ich habe den Vorgang zunächst nur aus den Augenwinkeln gesehen und nehme erst infolge des Geschreis richtig wahr, was geschieht: Mit ausgestrecktem Arm, ein Auge zugekniffen, zielt Böhm in aller Gemütsruhe auf Herrn Kunz, übergibt ihm dann aber grinsend und mit gespieltem Zögern die Waffe. Jedoch nicht ohne vorher einmal abzudrücken. Das gut hörbare Klicken habe ich noch heute im Ohr! Der geschockte Beamte ist sichtlich erleichtert, dass auf das Abdrücken des Revolvers kein Schuss folgt: »Oh Mann, hast du mich erschreckt. Das gibt's doch gar nicht!«

»War doch gar nicht geladen«, antwortet der Gefangene munter, dessen Kollege schon die zugehörigen Schachteln mit Munition gefunden hat und diese ebenfalls Herrn Kunz aushändigt.

»Da ist Ihnen der Arsch auf Grundeis gegangen, was, Herr Kunz!«, lacht Böhm und kann sich, ebenso wie sein Kollege, nicht mehr einkriegen mit Gelächter und Grinsen. »Wahnsinn, was war denn das, wie kann das sein«, fragen wir uns, alle aufgewühlt durcheinander redend. Nicht nur Herr Kunz und ich sind fassungslos, auch die Gefangenen sind verblüfft. Der dritte aus dem Erdgeschoss ist natürlich auch schon heraufgekommen.

Eine genauere Besichtigung der Fundstücke ergibt, dass es sich bei der Waffe um einen kleinen, schön gearbeiteten silbernen Trommelrevolver handelt, mit hübschen Gravuren, wohl aus spanischer Produktion. Jedenfalls lässt die Munition darauf schließen, die sich in zwei kleinen roten Pappschachteln mit spanischer Aufschrift befindet, Kaliber 5,6 mm. Es scheint sich um eine Art Damen-Revolver zu handeln. Denn der ist so klein, dass er gut in eine Handtasche passt. Das legt auch die Illustration auf den roten Munitionspackungen nahe: eine schwarzhaarige Dame in wilder Abwehrbewegung und mit blitzenden Augen, die auf einen sie bedrängenden Unhold feuert. Wie aus einer Werbung für die Oper Carmen.

Ich rufe erneut den Vermieter an und berichte ihm von dem Fund. »Ja klar«, sagt er, »der Onkel Willi hat mit dem Revolver immer im Bekanntenkreis angegeben. In angeheitertem Zustand mit Freunden hat er auch mal Russisch-Roulette damit gespielt. War natürlich gar keine Patrone in der Trommel.«

»Und was machen wir jetzt? Da Sie Alleinerbe sind, wie ich weiß, gehört die Waffe selbstverständlich Ihnen. Aber als Jurist muss ich Sie darauf aufmerksam machen, dass Sie vermutlich einen Waffenschein oder zumindest eine Waffenbesitzkarte benötigen.«

»Danke für den Hinweis. Wenn Sie das nächste Mal bei mir vorbeikommen, bringen Sie das alte Schießeisen bitte mit.« Ich erledige das nur wenig später. Schließlich habe ich zwei pubertierende Buben im Haus und will das Ding loswerden.

Die Renovierungsarbeiten gehen derweil voran, und für Gesprächsstoff ist durch das aufregende Ereignis gesorgt. Und zwar sowohl bei uns wie auch in der Anstalt, wo die Geschichte schnell die Runde macht. Alle finden's lustig, Gefangene wie Vollzugsbeamte, nur nicht Herr Kunz.

Kurz vor Abschluss der Arbeiten schlägt Moni vor, die drei mitarbeitenden Gefangenen zum Dank für ihre Hilfe nach unserem Einzug zu einem schönen Abendessen einzuladen. »Die sollen mal was anderes bekommen als den üblichen Kantinenfraß. Ich mache ein richtiges französisches Vier-Gänge-Menü mit allem Drum und Dran. Und dann feiern wir gemeinsam den Einzug in das renovierte Haus.«

»Ja, das machen wir, zusammen mit den Knackis«, begeistern sich meine Söhne. Ich kündige das den drei Arbeitern an, die die Idee mit freudiger Überraschung aufnehmen.

Wenige Tage nach dem erfolgten Umzug von Heilbronn nach Pforzheim soll die Fete steigen. Moni hat einiges an Vorbereitungen investiert, unsere beiden Jungs und ich haben geholfen. Wir haben einen zweiten Tisch an unseren normalen Esstisch angebaut. Die so entstandene lange Tafel ist festlich hergerichtet: zwei weiße Bettlaken als Tischtuch, mit dem Rosenthal-Service eingedeckt, an jedem Platz ein Glas für Wasser und eines für Wein, mehrere Kerzenleuchter auf dem Tisch.

Ich hole die Gefangenen in der JVA mit dem Auto ab. Alle drei haben sich ordentlich herausgeputzt: bunte Hemden, modische Hosen – einer hat sogar ein schickes Jackett an. Wir kennen sie bisher nur in Arbeitskleidung. Meine Söhne stellen fest, dass die drei Gefangenen ja ganz normal aussehen. »Nie würden wir auf die Idee kommen, dass das Kriminelle sind«, bedeuten sie mir nebenbei – sodass es kein anderer hört. Alle außer mir sind sofort per du miteinander. Für mich gilt freilich: »Der Gefangene wird mit ›Sie‹ angesprochen«, wie es in der einschlägigen Dienstvorschrift heißt.

Als ersten Gang gibt es eine große Platte mit buntem Salat in den Farben grün, rot und gelb. Verschiedene Blattsalate, Paprikastreifen in allen Farben, geschnitzelte Zucchini, in Scheiben geschnittene, gedünstete Auberginen, schwarze und grüne Oliven und grob geschnittene Zwiebeln; die von der süßen Sorte. Obendrauf mit Sardellenstreifen garniert und mit einer köstlichen Salatsauce auf Basis des groben Senfs aus Dijon übergossen.

Bevor wir mit der Vorspeise beginnen, begrüße ich die Gäste, bedanke mich nochmals für die geleistete Arbeit, erhebe mein Glas mit einem Schluck Wein und wünsche allen einen guten Appetit und einen schönen Abend.

Der Hauptgang besteht aus Nasi Kebuli. Das ist ein indonesisches Reisgericht, kräftig gewürzt, mit zunächst gesottenen und danach im Ofen gebratenen Hähnchenschenkeln und mit kross gebratenen Zwiebelringen garniert. Alle sind begeistert und loben Monis Kreationen in den höchsten Tönen.

Ralf Böhm ist der Wortführer bei den Gefangenen. Er erzählt zur Begeisterung meiner Söhne, die bewundernd an seinen Lippen hängen, wie er vor seiner Inhaftierung einen gebrauchten Opel Kapitän zu einem Luxusauto ausgebaut hat. »Das Wichtigste war mir eine extrem leistungsfähige Stereoanlage mit überdimensionierten Lautsprechern im Kofferraum. Wenn ich die aufgedreht habe, sind alle Leute auf der Straße stehen geblieben und haben sich die Hälse verdreht. Das war ein Sound! ›Doom Doom Doom, Doom Doom Do Doom, Doom Doom Doom, Ta Ta!‹ Die Bässe hast du bis um die nächste Hausecke gehört und im Bauch gespürt. Und den Innenraum habe ich von vorn bis hinten mit rosarotem Plüsch ausgekleidet. Die Mädels waren hin und weg!« Meine beiden Buben sind es nach dieser Schilderung auch.

Die Stimmung am Tisch hat schon einen Höhepunkt erreicht, der Lautstärkepegel ebenfalls. Das macht aber nichts, denn zu unseren Nachbarn haben wir großen Abstand. Da flüstert mir mein jüngerer Sohn ins Ohr: »Die zwei Flaschen Wein sind schon leer. Soll ich neue aus dem Keller holen?«

»Nein, um Himmels willen! Ab sofort gibt es nur noch Wasser!« Ich habe überhaupt nicht bemerkt, dass sich die Gefangenen so schnell und ausgiebig bedient haben. Wo hatte ich bloß meine Augen? Denn auch zu diesem Punkt gibt es im Strafvollzug eine klare Vorschrift, die da lautet: »Geistige Getränke sind dem Gefangenen versagt.«

Als Dessert hat Moni eine riesige Glasschüssel auf den Tisch gebracht, darin eine weiße Masse mit roten und blauen Früchten. Süßer Quark mit untergezogener Schlagsahne, darin verteilt weiße Merinkenstückchen, Himbeeren und Blaubeeren. Das sieht unfassbar gut aus, schmeckt betörend und ist genau das richtige für unsere fünf jungen Männer. Es bleibt rein gar nichts übrig.

Zum Schluss wird noch die französische Käseplatte herumgereicht, für die wir uns im nahe gelegenen Elsass versorgt haben: Camembert aus der Normandie, Comte aus dem Jura, Bleu de Bresse, Munster aus den Vogesen, Baguette im Körbchen. Da sind die Jungs recht zurückhaltend. Vom Blauschimmelkäse nimmt keiner, den halten sie für verdorben. Eigentlich sollte man dazu einen Schluck guten Rotwein haben, aber ich getraue mich nicht, noch eine Flasche auf den Tisch zu stellen. Zu schnell waren die beiden vorigen leer.

Nach drei Stunden muss ich zum Aufbruch mahnen. Die unwilligen Gefangenen muss ich auch etwas antreiben. Im Auto sind sie weiterhin ausgesprochen gut gestimmt. Bevor wir in die Gefängnisschleuse einfahren, bitte ich alle, nun innerhalb der Anstalt nicht allzu sehr auf die Pauke zu hauen. »Das wäre mir peinlich. Und nun eine gute Nacht!«

Am Tag darauf berichtet mir der Vollzugsdienstleiter, dass die drei Rückkehrer trotz der merklichen Alkoholfahne – bei deren Erwähnung er missbilligend die Augenbrauen hochzieht – keinerlei Probleme gemacht hätten. Nur ein wohl neidischer Mitgefangener, der aber in der anstaltsinternen Hierarchie einen hohen Rang einnimmt, habe die Parole ausgegeben: »Dem Alten die Hütte streichen, das geht gar nicht! Hätte ich niemals gemacht.«

Zwei Jahre später treffe ich Ralf Böhm, der inzwischen längst vorzeitig zur Bewährung entlassen ist, bei einem Vortrag, den ich auf Wunsch einer evangelischen Kirchengemeinde in Pforzheim zu halten habe, wieder. Es geht um Möglichkeiten der Resozialisierung bei jungen Straftätern und die Frage: Was kann man realistischerweise erwarten und was nicht?

In der Pause vor der anschließenden Diskussion stehe ich zum Luftschnappen auf der Dachterrasse des Gemeindehauses. Herr Böhm, den ich schon zuvor im Publikum wiedererkannt habe, tritt zu mir und erzählt, dass es ihm gut gehe. »Haben Sie denn Arbeit gefunden?«, frage ich.

»Ja«, sagt er, »ich bin Autoverkäufer und verdiene ganz gut. Sehen Sie da unten den Sportwagen? Das ist meiner.« Weil viele Autos um das Gemeindezentrum herum geparkt sind, ist mir nicht sofort klar, auf welches sein Zeigefinger deutet. »Na, die rote Corvette Sting Ray, der Amischlitten mit dem offenen Verdeck.«

Ich staune nicht schlecht: »Das kostet doch ein Vermögen, so ein Auto! Und hat einen riesigen Motor!«

»Ja klar, die Karre hat einen V8-Motor mit über 300 PS. Sie sollten mal sehen, wie die abgeht! Die heißt bei den Amerikanern nicht umsonst ›Der rauchende Colt‹.«

»Mhm, und wie viel Sprit verbraucht so ein Geschoß? Doch wohl einiges.«

»Keine Ahnung, interessiert mich nicht. Ich mach halt immer voll an der Tankstelle!«

Eine kleine Gruppe von jugendlichen Tatverdächtigen fällt dadurch auf, dass sie innerhalb eines Jahres mehrere Straftaten begehen, sogenannte »Intensivtäter«. Über das quantitative und qualitative Ausmaß dieser Gruppe liegen nur wenig genaue Angaben vor, da es keine eindeutige Definition dieses aus der Polizeiarbeit stammenden Begriffes gibt. So wurden Personen als Intensiv- oder Mehrfachtäter erfasst, die mindestens zweimal im Jahr mit insgesamt mindestens fünf Straftaten registriert wurden. In anderen polizeilichen Projekten wurde das Kriterium teils weiter gefasst, teils enger.

Dass psychisch kranke Menschen nicht in ein Gefängnis gehören, liegt eigentlich auf der Hand. Sie befinden sich trotzdem häufig im Justizvollzug, weil keine oder eine fehlerhafte psychiatrische Begutachtung im Strafverfahren erfolgt ist; insbesondere, wenn nur verminderte Schuldfähigkeit festgestellt wurde. Denn selbst bei Vorliegen einer schweren dissozialen Persönlichkeitsstörung gehen die meisten Gutachter und Gutachterinnen davon aus, dass die Fähigkeit des Täters zur Unrechtseinsicht und seine Fähigkeit, dieser Einsicht gemäß zu handeln, nicht wesentlich beeinträchtigt gewesen ist. Dazu beitragen mag, dass viele von ihnen selbst an psychiatrischen Kliniken tätig und vielleicht auch deshalb nicht daran interessiert sind, als gefährlich angesehene Straftäter dorthin eingeliefert zu erhalten.

In jedem Fall haben diese Gefangenen Anspruch auf entsprechende psychiatrische Behandlung, im akuten Fall auch auf Verlegung in ein psychiatrisches Krankenhaus.

9. Heiko Holzbruck

Kann man schon vor der eigenen Geburt Opfer sein? Gewiss kann man das: Das gilt für Millionen von Menschen weltweit. Gemeint ist damit aber zumeist, dass sie von Beginn ihres Lebens an Opfer schlechter wirtschaftlicher oder sozialer Verhältnisse sind und deshalb geminderte Entwicklungschancen haben. Aber Opfer einer vorsätzlich zugefügten Körperverletzung noch vor der Geburt? Das ist doch eher selten.

Ich bin erst seit wenigen Monaten Leiter der Justizvollzugsanstalt Pforzheim, als eines Tages in der Frühbesprechung der Vollzugsdienstleiter mit besorgter Miene seinen Bericht beginnt: »Der Heiko Holzbruck ist wieder da!«

Alle außer mir wissen sofort Bescheid und reagieren wenig erfreut. »Holzbruck ist der schwierigste Mensch, den Sie sich vorstellen können«, erklärt mir der geschäftsführende Sozialarbeiter. »Der problematischste junge Mann, den wir je hatten. Er greift ständig ohne jeden Grund andere Gefangene an, klaut wie ein Rabe und terrorisiert die ganze Anstalt.« Sarkastisch fügt er noch hinzu: »Der frisst hier keinen Sack Salz. Das ist sicher!«

»Ich bringe ihn gleich nachher zu Ihnen zum Aufnahmegespräch«, kündigt der Vollzugsdienstleiter an. Er erscheint dann auch wenig später mit dem Gefangenen in meinem Büro – gemeinsam mit einem weiteren Vollzugsbeamten, der sich im Hintergrund postiert. Offensichtlich befürchtet man, dass ein Eingreifen nötig werden könnte.

Vor meinem Schreibtisch sitzt ein – laut Akte – 20-jähriger junger Mann, eher klein und schlank, rotblonder Lockenkopf mit vielen Sommersprossen, blauäugig, mit einem schief wirkenden Gesicht. Auf einem Auge scheint er etwas zu schielen. Oder meine ich das nur, weil das Lid etwas herunterhängt? Die Nase dürfte auch einmal gebrochen gewesen sein. Ansonsten macht er einen ganz normalen, aufgeweckten Eindruck, spricht hiesigen Dialekt. Und dieses Leichtgewicht soll der schlimmste Schläger in unserem Gefängnis gewesen sein?

Vom Schöffengericht wurde er wegen vielfachen Diebstahls verurteilt, zuletzt zur Einheitsjugendstrafe von drei Jahren. Davon hat er bis vor einigen Monaten hier in der JVA Pforzheim nicht ganz zwei Jahre verbüßt, wurde dann aber zur Bewährung entlassen. Weil es inzwischen wieder zu Diebstählen gekommen ist, wurde seine Bewährung widerrufen und Herr Holzbruck erneut inhaftiert. Zu verbüßen hat er somit einen Strafrest von einem Jahr plus Nachschlag in noch unbekannter Höhe wegen der neuen Taten.

Ungewöhnlich ist, dass sich in der Akte mehrere Ausschnitte aus der hiesigen Lokalzeitung befinden, inklusive Bilder, die sich mit dem Wohngebiet »Unteres Enztal« befassen. Hört man diesen Landschaftsnamen zum ersten Mal, könnte man an ein Naturidyll denken. In Wahrheit handelt es sich aber um einen sozialen Brennpunkt, den hässlichen Wurmfortsatz eines Pforzheimer Industriegebiets. Dort, fernab von allen anderen Wohnquartieren, hat die Stadt behelfsmäßige Behausungen für Obdachlose errichtet. Im Volksmund wird das Viertel »Mau-Mau« genannt – ein Bezug auf den sogenannten »Mau-Mau-Krieg« in Kenia in den 1950er-Jahren, der sich in Deutschland als Begriff für Armutsviertel verbreitet hat. Auf den Zeitungsbildern zu sehen sind eine vermüllte Straße, ungepflegte und baufällige Häuschen, ein beschmierter Wohnwagen mit platten Reifen, ausgeschlachtete Autowracks, schmutzige Kinder. Ein ziemlich trostloser Anblick.

Mit argwöhnischer Aufmerksamkeit hat Holzbruck die Zeitungsausschnitte in seiner Akte bereits erspäht. Er deutet mit dem Zeigefinger darauf und fragt: »Was soll das in meiner Akte? Bloß weil ich aus dem unteren Enztal stamme, müssen solche Berichte doch nicht da reingeklebt werden!«

»Ich weiß auch nicht, wie die da hineinkommen«, sage ich wahrheitsgemäß, »ich werde das überprüfen.«

Ich habe den Satz noch nicht beendet, da haut Heiko derart mit der Faust auf den Tisch, dass Schreibzeug und Büroklammern einen kleinen Satz nach oben machen. »Ich protestiere!«, brüllt er. »Das ist übelste Diskriminierung, das geht gar nicht!«

Ich versuche, möglichst beschwichtigend zu wirken, und verspreche nochmals, mich der Sache anzunehmen. Aber am besten das Thema wechseln: »Wenn klar ist, wie viel Sie für die neuen Straftaten bekommen und wir die gesamte Strafzeit berechnen können, sollten Sie beim Richter nach einem Termin für eine erneute vorzeitige Entlassung nachfragen. Wie ich den kenne, ist der da aufgeschlossen. Hängt aber natürlich auch von Ihrem Verhalten hier in der Haft ab.« Das wirkt erst einmal beruhigend. Ich atme auf.

Der Gefangene wird in seine Zelle zurückgeführt. Ich mache wieder Ordnung auf dem Schreibtisch. Jetzt bin ich freilich neugierig geworden auf den Inhalt der Zeitungsausschnitte, das Strafurteil und die Berichte der Jugendhilfe. Ich beginne also, die Akte zu studieren. Weil sie auch alle früheren Unterlagen enthält, ist sie ziemlich dick.

In der Tat, die Zeitungsartikel betreffen eigentlich weniger den Gefangenen Holzbruck als die Verhältnisse im Problemwohngebiet »Unteres Enztal«. Nach Ansicht der Polizeibeamten, die in der Berichterstattung ausführlich zu Wort kommen, sei das eine »Brutstätte der Kriminalität«. Weshalb man dort bei jeder Razzia, die man vorsichtshalber immer mit einer größeren Anzahl von Einsatzkräften durchführe, meistens erfolgreich sei und Festnahmen verzeichnen könne.

Auch wenn sie als Hintergrundinformationen durchaus interessant sind: In einer Gefangenenpersonalakte haben diese Zeitungsausschnitte nichts zu suchen und müssen deshalb dort raus. Da hat Holzbruck recht und bekommt dies über seinen Stationsbeamten auch ausgerichtet.

Was ich dann im Urteil und den im Strafverfahren erstatteten Berichten des Jugendamtes über die Kindheit des Heiko Holzbruck zu lesen bekomme, verschlägt mir freilich, obwohl ich einiges gewöhnt bin, die Sprache: Seine Mutter ist bei seiner Geburt bereits seit Längerem arbeitslos, obdachlos und Alkoholikerin. Sie lebt folglich von Sozialhilfe und fristet ihr Dasein im unteren Enztal. Während der Schwangerschaft wird sie im Verlauf eines gemeinschaftlichen Besäufnisses mit ihrem damaligen Lebensgefährten von diesem so fürchterlich verprügelt, dass das Kind vorzeitig und mit einem angebrochenen Bein zur Welt kommt. Heiko, der nach seinem Vater benannt wird, hat von diesem noch im Mutterleib seine ersten Prügel erhalten und dabei eine schwere Verletzung erlitten! Mehrere Krankenhausaufenthalte und Operationen des Kleinkindes sind die Folge. Man muss sich das vorstellen!

Nach einigen Monaten Trennung – auch bedingt durch einen Gefängnisaufenthalt des Vaters wegen der brutalen Körperverletzungen – ziehen seine Eltern trotz allem erneut zusammen und heiraten sogar. Heiko wächst also im unteren Enztal bei seinen alkoholabhängigen Eltern auf. Alles Elend der Welt lernt er dort kennen: üble Wohnverhältnisse, materielle Not, Hunger, Schläge von beiden Eltern und auf der Straße von den älteren Kindern und Jugendlichen, von denen er zudem als Hinkefuß gehänselt wird.

Wie kaum anders zu erwarten, kommt er frühzeitig in Kontakt mit Alkohol und Drogen. Schnell lernt er sich durchzusetzen: mit List und Tücke, notfalls auch mit Gewalt. Denn wo das Elend herrscht, findet sich immer Anlass zum Streit. Bei den Gleichaltrigen im Kiez gilt er bald als hinterhältig und verschlagen. Letzteres ist er ja auch, im wahrsten Sinne des Wortes. Mit der Schule hat Heiko nichts im Sinn, geht oft nicht hin. Wie soll er denn auch Kopf dafür haben, bei dem Kampf ums Überleben? Er haut häufiger von zu Hause ab und treibt sich in der Stadt herum – meistens in den Kaufhäusern, zum Gucken und Rolltreppe Fahren.

Im Alter von neun Jahren wird er erstmals vom Kaufhausdetektiv beim Klauen erwischt und der Polizei übergeben. Das wiederholt sich danach in immer kürzeren Zeitabständen. Bei den Festnahmen wehrt er sich wie ein in die Falle geratenes wildes Tier, stößt animalische Schreie aus, tritt und schlägt um sich, kratzt und beißt.

Aber was stiehlt er da? Was sind die Objekte seiner Begierde? Es sind Plüschtiere – in jeder Gestalt und in allen Größen! Teddybären und Hunde, Häschen und Kätzchen. Alles, was weich ist und was man knuddeln und liebhaben kann. Seine Beutestücke sammelt er außerhalb der elterlichen Wohnung in einem Versteck. Er wird regelrecht berühmt in der Stadt und im ganzen Land. »Der Plüschtierdieb«, heißt er in den Zeitungen.

Einweisungen in die Kinder- und Jugendpsychiatrie folgen, ebenso Heimaufenthalte. Heiko läuft aber immer wieder weg, geht zurück ins untere Enztal. Mit zwölf Jahren hat er sich dort ein eigenes kleines Zuhause gebaut: einen Bretterverschlag aus alten Paletten, mit Tisch und Stühlen vom Sperrmüll. »Meine Ranch«, wie er der Sozialarbeiterin des Jugendamts stolz erzählt, »wo ich gut lebe.« Wovon, sagt er nicht.

Bei der Polizei, wo ihn als »Intensivtäter« fast jeder kennt, fiebert man dem Zeitpunkt entgegen, zu dem Heiko das 14. Lebensjahr vollendet, also strafmündig wird. Nun kann er angeklagt und vor das Jugendgericht gestellt werden. Endlich! Die ersten Verurteilungen – fast ausschließlich wegen Diebstahls, manchmal auch wegen Körperverletzung und Widerstand – führen zunächst nur zu Heimerziehung und sozialpädagogischer Einzelbetreuung. Aber keine Maßnahme hat Erfolg. In keinem der Heime kann er dauerhaft Fuß fassen, nirgendwo bleibt er länger. Immer wieder wird er wegen seiner Aggressionen nach einiger Zeit als untragbar abgeschoben, ab in das nächste Heim.

Und immer wieder führt sein Weg zurück ins untere Enztal, ins geliebte und zugleich gehasste »Mau-Mau«. Er hat diesen Schimpfnamen inzwischen ins eigene Vokabular übernommen, protzt beim Jugendamt und der Polizei mit seiner Herkunft und will sich damit von vornherein Respekt verschaffen. Nachdem es weiterhin zu Straftaten kommt, folgen aber, gemäß der üblichen Eskalationslogik, schließlich auch Jugendarrest und Jugendstrafe.

Schon während seiner ersten Strafverbüßung in der JVA Pforzheim, erzählt man mir, zeigt sich von Anfang an ein schwerwiegendes, wohl paranoid zu nennendes Störungsbild. Heiko stiehlt immer wieder seinen Mitgefangenen Sachen, die zwar fast wertlos, diesen aber subjektiv sehr wichtig sind. Stark gefühlsbesetzte Dinge wie Bilder der Mutter, der Freundin oder ähnliche Erinnerungsstücke, meistens liebevoll auf dem Zellenregal arrangiert. Plüschtiere sind ja im Jugendknast normalerweise nicht zu finden. Will er die anderen in ihren persönlichen Beziehungen so tief wie möglich treffen oder ihnen diese streitig machen? Steckt krankhafter Neid dahinter? Versucht er so, seine eigenen Beziehungsdefizite zu kompensieren?

Seine persönliche Problematik besteht außerdem darin, dass er zu niemandem Vertrauen aufbauen oder behalten kann. Die Sozialarbeiterin und den Psychologen, die um ihn besonders bemüht sind, beschimpft er vorsätzlich und stößt sie zurück, ihm entgegengebrachtes Vertrauen missbraucht er mehr oder weniger absichtlich.

Immer wieder greift er andere jählings an. Nachdem die meisten Mitgefangenen seine plötzlichen und unvorhersehbaren Attacken bereits erlebt haben und sich deshalb vor ihm in Acht nehmen, entwickelt er die folgende Masche: Kommt einer neu ins Gefängnis und sucht Anschluss, nimmt er den beim Hofgang ganz freundschaftlich in den Arm, geht mit ihm vertraulich plaudernd einige Runden – und schlägt ihm auf einmal mit der anderen Faust mitten ins Gesicht!

Unser Psychologe beißt sich an diesem Jungen die Zähne aus. Mag die Diagnose auch halbwegs klar sein – es sind ja schon mehrere psychiatrische und psychologische Gutachten über ihn erstattet worden: Eine für die Situation hinter den Mauern geeignete und wirksame Therapie zu finden, erscheint unmöglich. Wie und zu wem soll Heiko ausgerechnet hier – erstmals in seinem Leben – ein belastbares Vertrauen aufbauen? Selbst unter unseren zahlreichen ehrenamtlichen Mitarbeiterinnen und Mitarbeitern, alle gestandene Männer und Frauen, finden wir niemanden, der sich dieser Aufgabe gewachsen fühlen würde.

Als es wieder und wieder zu gewalttätigen Übergriffen gegenüber Mitgefangenen kommt, was bei erheblichen Verletzungsfolgen als besonderes Vorkommnis der Aufsichtsbehörde und der Staatsanwaltschaft mitgeteilt werden muss, bleibt auch uns keine andere Wahl, als eine Verlegung in eine andere Anstalt ins Auge zu fassen. »Das gebietet der Schutz der Ihnen anvertrauten Gefangenen«, werde ich vom Justizministerium in einem Erlass belehrt. Man hat von dort aus eine Vollzugsanstalt in einem anderen Bundesland ausfindig gemacht, die bereit ist, ihn zu übernehmen. Die dürfen dann im Austausch auch einen Problemgefangenen nach Baden-Württemberg verlegen.

Für Heiko Holzbruck bedeutet dies die erneute und ihm sattsam bekannte Erfahrung der Abschiebung, den wiederholten Abbruch aller persönlichen Bindungen, seien sie auch noch so rudimentär und zerbrechlich. Denn selbst überwiegend belastete persönliche Beziehungen wie die zu seinem Psychologen und zu seiner Sozialarbeiterin sind doch immerhin Beziehungen zu Mitmenschen. Zumal ihm diese wohlgesonnen sind. Wahrscheinlich bieten sie trotz aller Spannungen doch ein bisschen psychischen Halt – ähnlich wie die oft stark belasteten Beziehungen pubertierender Jugendlicher zu ihren erwachsenen Betreuern. Andere Bezugspersonen hat er ja nicht, seit ihn vor längerer Zeit seine Eltern aus dem Haus geworfen und jeden Kontakt zu ihm abgebrochen haben. Eine neue Erschütterung seiner selbstunsicheren, labilen Persönlichkeit und ein weiterer Bruch in seiner Biografie!

»Ein Tapetenwechsel kann manchmal auch einen Neuanfang bedeuten«, trösten sich die beteiligten Vollzugspraktiker. Dabei wissen sie ganz genau, dass ein solches Wunder nur äußerst selten geschieht. Sonst hätten sie es ja selbst schon erlebt: bei den Gefangen, die hierher aus anderen Anstalten abgeschoben wurden.

Eine der häufigsten Arten von Haftreaktionen sind Selbstverletzungen von Gefangenen. Sie sind im geschlossenen Justizvollzug relativ häufig und können nicht immer von Suizidhandlungen unterschieden werden. Ursachen für solche Auto-Aggressionen werden vermutet in frustrierenden Einzelerlebnissen oder der allgemein als ausweglos empfundenen Haftsituation. Häufig bringen sich die Gefangenen Schnittverletzungen bei (»Schnipfeln«), schlucken Gegenstände wie Nadeln, Löffel, Messer, Glasscherben. Manchmal geschieht dies mit dem Ziel, eine Unterbringung in einem Krankenhaus außerhalb des Justizvollzugs zu erreichen. In der Genese können auch Vorerkrankungen, Suchtprobleme oder Entzugserscheinungen eine Rolle spielen.

Die medizinische Behandlung von kranken oder verletzten Gefangenen geschieht innerhalb der JVA durch Fachpersonal im Krankenrevier. Soweit erforderlich, erfolgt eine Verlegung in das Vollzugskrankenhaus. In akuten und gravierenden Fällen werden die Gefangenen im nächstgelegenen allgemeinen Krankenhaus behandelt. Die Kosten trägt in jedem Fall der Staat.

10. BleicherMax

August 2008, Hochsommer. Ich sitze im Büro und schwitze. Es ist heiß, schwül und stickig, wohl über 35 Grad. Zwar ist das Dienstzimmer des Leiters der Jugendstrafanstalt Adelsheim im ersten Stock des Verwaltungsgebäudes sehr geräumig. Durch seine großen, unvergitterten Fenster rundum ist es schön hell. Aus Sicherheitsgründen lassen die sich aber nur einen kleinen Spalt weit öffnen. Der Blick geht von oben auf das große Gelände der Anstalt mit ihren vielen Hafthäusern, Werkstätten, der Schule und Sporthalle, dem zentralen Wirtschaftsgebäude, dem Heizkraftwerk und mehreren Sportplätzen. Wirklich schön, zumindest von hier oben!

Allerdings hat mir das Hochbauamt angekündigt, dass bei der anstehenden Generalsanierung des Verwaltungsgebäudes die Größe des Zimmers des Direktors halbiert werden müsse. Die Landesvorschriften sähen für einen Beamten dieser Besoldungsgruppe nur ein deutlich kleineres Büro vor. »Kommt überhaupt nicht infrage«, habe ich gesagt.

Leider ist der ganze Bau schlecht isoliert, besonders das Flachdach. Das Glas der Fenster ist ausbruchssicher, folglich extrem dick und schwer. Die Fensterrahmen aus dunkelblau lackiertem Metall müssen deshalb entsprechend stabil sein. An die Rahmen sind ringsum große Fensterbänke aus blankem Aluminium angeschraubt, die im Sommer dank bester Leitfähigkeit die Hitze der aufgeheizten Fensterrahmen direkt in den Raum hereinleiten. Genauso wie im Winter die Kälte.

Ich schwitze dermaßen, dass meine nackten Unterarme an der Schreibunterlage kleben. Im Kopf ist mir ganz flau. Aktenberge stapeln sich vor mir. Mit einem der vielen schriftlichen Anträge wünscht ein Untersuchungsgefangener Besuch durch seine Eltern. Unproblematisch zu genehmigen, weil der Haftrichter in diesem Fall die Besuchsüberwachung an die Anstalt übertragen hat. Die dem Jungen zur Last gelegten Straftaten sind ohnehin nicht allzu schwer. Er wird mit einer kurzen Jugendstrafe davonkommen.

Aber der Name lässt mich aufhorchen: Louis Bleicher. Ob der wohl etwas mit dem BleicherMax zu tun hat, der uns vor mehr als zwei Jahrzehnten in der JVA Pforzheim solche Probleme gemacht hat? Ein Blick auf den Personalbogen zeigt: geboren vor 18 Jahren in Mannheim, will Besuch vom Vater Max Bleicher und der Mutter. Treffer! Unser BleicherMax ist der Vater.

Ich rufe die Besuchsabteilung an und frage, wann die Eltern kommen wollen. »Dienstag nächster Woche.«

»Bitte machen Sie einen Vermerk, dass die Eltern gebeten werden, nach dem Besuch bei mir hereinzuschauen. Ich schreibe es mir in den Kalender.«

Die Erinnerung setzt ein. Meine Frau Monika und ich waren Ende der Siebzigerjahre nach Pforzheim umgezogen, wo ich mit der Leitung eines Gefängnisses für junge Gefangene betraut worden war. Unsere beiden Söhne besuchten schon das Gymnasium, und wir stürzten uns in das kulturelle Leben der Stadt: Theater, Musik, Friedensbewegung. Moni engagierte sich ehrenamtlich in der von jungen Künstlern gegründeten gemeinnützigen »Galerie Brötzinger Art«, die auf diese Weise ihre Bilder und Objekte vermarkten wollten. Ich nutzte diese Kontakte, um in der Anstalt eine Malgruppe unter Anleitung von Studenten der Hochschule für Gestaltung zu gründen. Erstes Ziel war, Bilder für eine Ausstellung in der Brötzinger Art zu erstellen, die im Herbst stattfinden sollte.

Bereits im Verlauf des Sommers wollte die Gruppe aber die betongraue Umfassungsmauer der Anstalt von innen farbig und künstlerisch gestalten. Das gemeinsam von Gefangenen und Studenten mit großer Begeisterung entwickelte Projekt: Der tägliche Hofgang findet in Zukunft im Urwald statt! Denn, als Soziotop betrachtet, sei der Knast genau genommen nichts anderes als ein Dschungel: Hier wie dort gebe es alle Arten von Gewächsen, genauso wie Raubtiere und Oberaffen.

Die benötigten Farben spendierten nach einem Aufruf in der Tageszeitung einige örtliche Malerbetriebe. Zum Entsetzen der altgedienten Vollzugsbeamten entsteht allmählich auf dem tristen Stahlbeton eine riesige wilde Urwaldlandschaft mit bunten exotischen Pflanzen und allerlei Tieren: Affen und bunte Vögel auf Bäumen, im Dickicht ein lauernder Leopard. Aber, oh Schreck: Ist da nicht eine halb offene Tür in der Mauer, daneben an einem Haken der passende Schlüssel und, gerade noch zu sehen, der Fuß eines verschwindenden Gefangenen?

»Wollen die Knackis und ihre studentischen Anstifter uns etwa veräppeln?«, fragt mich der Personalratsvorsitzende.

Im Herbst kam der traditionelle »Brötzinger Samstag«, ein Ereignis in Pforzheim. Im ganzen Stadtteil Brötzingen stehen überall auf den Straßen Tische und Bänke, Verkaufsbuden, Schausteller, Gaukler, Zauberer, Flohmarkt, zahllose Musikbands und szenische Darstellungen von Theatergruppen aus dem In- und Ausland. Einigen Gefangenen, deren Entlassung bald bevorstand und die von den zuständigen Gremien als geeignet vorgeschlagen worden waren, hatte ich zur Teilnahme an dem Event einen halben Tag Ausgang gewährt. Als Zehrgeld gab es 10 DM vom eigenen Konto. Mit dabei auch der Gefangene Max Bleicher.

Er war eine Berühmtheit in der JVA Pforzheim. Alle Vollzugsbeamten nannten ihn den BleicherMax – in einem Wort gesprochen –, und alle erzählten sie von seinen riesigen Körperkräften, die sie bei verschiedenen Auseinandersetzungen kennengelernt hätten. Er galt als großer Raufbold, der häufig Ärger machte und dann unter Einsatz zahlreicher Beamter zur Vernunft gebracht werden musste.

Rein äußerlich war er nur etwas größer als der Durchschnitt, aber athletisch und bärenstark. Ein Muskelpaket und Kraftbolzen! Kantiges gebräuntes Gesicht, durchaus ebenmäßig und sympathisch, braune Augen, sehr dichtes dunkles, gewelltes, nach hinten gekämmtes Haar, der Haaransatz oberhalb der Stirn fast wie quer mit dem Lineal gezogen. Obwohl er erst um die 20 war, sah er schon sehr erwachsen aus. Ein Bild von einem Mann, Typ Tarzan, der Mann aus dem Urwald.

»Isch bin, in meina Sproch, an echte Monnema«, sagte er mit Stolz von sich, nach Art des Mannheimer Dialekts die letzte Wortsilbe melodiös in die Länge ziehend.

Bei strahlend warmem Herbstwetter war selbstverständlich auch ich beim Brötzinger Samstag unter den Besuchern. Ich war durchaus angetan, als ich den BleicherMax in der Galerie Brötzinger Art antraf, zumal dort auch die Bilder von unserer Malgruppe ausgestellt waren. Mit weiteren Helferinnen und Helfern bemühte sich meine Frau Moni gerade, dem Besucheransturm standzuhalten. Aber was macht er denn da, der BleicherMax? Er nimmt Moni in den Arm, weil er längst herausgekriegt hat, dass sie die Frau des Anstaltsleiters ist, und posiert mit breitem, gewinnendem Lächeln Wange an Wange mit ihr. Für mich, den Ehemann! Ich soll ein Foto machen, was ich auch tue. Danach ist er schnell weg.

Weil solche Ausgangsaktionen aus der Haft trotz sorgfältiger Vorauswahl doch mit einem gewissen Restrisiko verbunden sind, schaue ich gegen Abend auf dem Nachhauseweg in der Anstalt vorbei, um zu fragen, ob alle Ausgänger ordnungsgemäß zurückgekehrt sind. Ja, heißt es, alle. »Aber der BleicherMax ist voll wie eine Haubitze und spinnt im Flur seines Stockwerks herum«, berichtet man mir. Nach seinen Angaben habe er trotz ausdrücklichem Verbot sowohl Alkohol konsumiert als auch Speed in Form von Tabletten eingeworfen. Die habe er beim Brötzinger Samstag »von Unbekannten spendiert bekommen«. Worum es sich genau gehandelt habe, könne er nicht sagen.

Ich suche ihn in seinem Haftraum auf und drehe ihm sogar eine Zigarette, weil er das mit seinen zittrigen Fingern nicht mehr hinkriegt. Der Rest, nämlich die Anhörung zum Missbrauch des Ausgangs, soll auf Montag verschoben werden. Danach beruhigt er sich, und ich kann einigermaßen gelassen nach Hause fahren.

Etwa eine Stunde später ruft der Nachtdienst-Wachthabende an und teilt mit: »Der BleicherMax dreht völlig durch. Er hat damit angefangen, Colaflaschen zu zerbeißen und sich mit einer Rasierklinge mehrere klaffende Schnittwunden an beiden Armen zugefügt. Der Anstaltsarzt ist informiert, meint aber, dass er da mit seinen Mitteln nicht mehr helfen kann. Er schlägt vor, ihn in die Notaufnahme des städtischen Krankenhauses zu bringen. Wegen der verschluckten Glassplitter sollen wir ihm Sauerkraut geben.«

Ich steige also wieder ins Auto und fahre in die Anstalt. Weil die anderen Gefangenen Freizeit hatten, ist auch beim BleicherMax die Zellentür zunächst noch offen gewesen. Seit er randaliert, wurden aber alle anderen eingeschlossen und er ist nun allein auf dem Flur. Als ich ankomme, hängt er wüst brüllend und rüttelnd wie ein Affe am Gitter der Stockwerksabschlusstür, blutigen Schaum vor dem Mund. Er knirscht mit den Zähnen auf den Glassplittern herum und ist gerade dabei, einer neuen Colaflasche den Hals abzubeißen. Wie in einem Horrorfilm!

Hier hilft nur Abstand halten und Zeit gewinnen, zumal die Personalbesetzung es im Moment – es ist Wochenende – nicht zulässt, die Vorstellung im Krankenhaus sofort durchzuführen. Also versuche ich, ihm gut zuzureden und ihn dazu zu bringen, in seinen Haftraum zu gehen. Das macht er auch, verlangt aber, dass ich mich dort zu ihm setze und »die ganze Scheiße« mit ihm bespreche. Ich rede auf seinem Bett sitzend weiter auf ihn ein, drehe ihm wieder eine Zigarette. Nach vielem gutem Zureden verspricht er, sich in der Notaufnahme vorstellen zu lassen. Seine Bedingungen: »Keine Bullen, keine Anzeige!« Ich gebe ihm mein Versprechen.

Also rufen wir einen Krankenwagen zum Liegendtransport, weil er schon viel Blut verloren hat. Das dauert natürlich, schließlich ist es jetzt schon spät am Brötzinger Samstag, an dem auch sonst einige Unfälle passiert sind.

Der Krankenwagen kommt – endlich! – verabredungsgemäß ohne Blaulicht und Tatütata. Ein Fahrer und ein Sanitäter. Mir bleibt mangels Personal – die Nachtdienste sind am Wochenende immer besonders knapp besetzt – nichts anderes übrig, als zusammen mit dem einzigen entbehrlichen Vollzugsbeamten und dem Sanitäter den BleicherMax auf die Trage zu legen, ins Auto zu hieven und selbst hinten mitzufahren. Er wird schon nach kurzer Zeit ohnmächtig und rutscht uns in der zweiten Kurve vom Schragen. Sehr eng ist es in einem solchen Auto, sodass es eine ganze Zeit dauert, bis wir ihn wieder oben haben. Wir sind schweißgebadet, mein guter Anzug ist hin. Alles ist voller Blut und Schmutz.

Im Krankenhaus ist man telefonisch vorgewarnt. Diese Leute haben Routine mit Notfällen. Aber sie haben auch Angst, weil es sich um einen Verbrecher aus dem Gefängnis handelt, und haben deshalb ohne unser Wissen die Polizei alarmiert. Als der BleicherMax die beiden uniformierten Polizisten sieht, dreht er völlig durch. Er tobt, brüllt und mimt den blutüberströmt verletzt angreifenden Gorilla. Erschrocken weichen die Polizisten zurück, einer zieht die Pistole. Erst als ich die beiden dazu überredet habe, sich in einem Nebenraum zu postieren, unsichtbar für den BleicherMax, gibt er wieder Ruhe. Und kann auf die Behandlungsliege gelegt werden.

Eine junge und bildhübsche Ärztin, schlank, dunkelblond, blaue Augen, soll die Akutversorgung durchführen. Sie trägt eine eng anliegende, blendend weiße Arzthose, jedoch nicht den obligatorischen Kittel, sondern, der immer noch herrschenden Wärme wegen, lediglich ein knapp geschnittenes, modisch bunt gemustertes Oberteil mit Spaghettiträgern. Ihre Kleidung lässt eher auf einen Tag am Strand als auf Nachtdienst im Krankenhaus schließen.

Sie hat nun die diversen klaffenden Schnittwunden an den Armen zu versorgen. Erst mal äußerliche Desinfektion. Zwei oder drei davon müssen mit mehreren Stichen genäht werden. Drainagen müssen eingelegt werden. Dafür sei eine örtliche Betäubung zwingend notwendig. Eine Vollnarkose sei nicht möglich, weil unbekannt ist, wie viel Alkohol, Medikamente und Betäubungsmittel der Gefangene im Blut hat. Immerhin weiß er es ja selbst nicht.

»Örtliche Betäubung kommt nicht infrage«, brüllt der BleicherMax. »Auf keinen Fall, ich bin schließlich ein Mann!« Die schöne Ärztin geht nach kurzem Wortwechsel mit ihm darauf ein. »Er will's ja nicht anders«, sagt sie zu mir und beginnt zu meinem Entsetzen, die dicke Nadel durch die verkrusteten und bereits entzündeten Wundränder zu stechen. Ich will es nicht glauben. Ich höre, wie die Nadel knackend durch das Fleisch fährt, aber kann es nicht mit ansehen. Ich bin fassungslos. Damit habe ich nicht gerechnet! Sie aber bleibt dabei, dann eben ohne Betäubung zu nähen, »wenn er das alles besser weiß«. Wir beiden Vollzugsbeamten sollen ihn auf die Liege niederdrücken, wenn er sich vor Schmerzen krümmt und aufbäumt. Und das tut er bei jedem neuen Stich. Der Wilde Westen lässt grüßen. Es fehlt nur noch das Stück Holz zwischen seinen knirschenden Zähnen!

Nach einer guten halben Stunde schweren Kampfes ist es geschafft. Der BleicherMax ist jetzt völlig erschöpft und daher ruhiger. Wir fahren schweißgebadet und mit blutverschmierter Kleidung mit ihm in die Anstalt zurück. Dort will er eigentlich nur noch eines: eine Zigarette und dann ins Bett. Das will ich auch! Also nach Hause ...

Doch zurück in die Gegenwart, in mein heißes Dienstzimmer in der Adelsheimer Jugendstrafanstalt. Nach dem Besuch bei ihrem Sohn klopft das Ehepaar Bleicher an der Tür meines Büros und tritt ein. Max Bleicher hat noch die alten Gesichtszüge und das maliziöse Lächeln, macht aber ansonsten, mit einigen Silberfäden im nach wie vor vollen Haar, einen gereiften und gesetzten Eindruck.

Schulterklopfende Begrüßung unter zwei alten Bekannten, die sich auf Anhieb wiedererkennen und sofort beginnen, von den alten Zeiten zu quatschen und zu schwärmen. Was da alles war, damals ... Er betont, dass er »heute nichts mehr macht«, aber aufpassen müsse, dass sein »Junge keinen Scheiß baut«. Und wir beide müssen achtgeben, dass wir seine attraktive Frau, die Mutter des hier einsitzenden Jungen, beim Schwelgen in den alten Geschichten nicht völlig außen vor lassen.

Zu Hause habe ich aus einer Kiste mit alten Fotos das großformatige Doppelportrait des BleicherMax mit meiner Frau vom Brötzinger Samstag herausgekramt und mitgebracht. Ein hübsches Bild, beide im Glanz der Jugend! Ich schenke ihm eine Kopie zur Erinnerung an alte Zeiten. Er freut sich riesig und revanchiert sich mit einem Geheimnis: »Heute, nach so vielen Jahren, kann ich es ja zugeben. Damals musste ich mehrfach zu Ihnen zum Rapport, weil einige Beamte behauptet hatten, ich hätte ein sexuelles Verhältnis mit der Sozialarbeiterin. Natürlich haben wir beide das damals in all den Anhörungen immer strikt geleugnet und abgestritten. Hätte sie ja auch ihren Job gekostet. Aber es stimmt, ich hatte was mit ihr! Während meiner Freigängerzeit waren wir sogar mehrfach zum Bumsen in einem Stuttgarter Hotel. Im Bett war sie eine Wucht! Keiner konnte uns was nachweisen damals.«

Ich bin sprachlos, muss schlucken, habe aber wegen der Hitze keinen Speichel. Ungeheuerlich, nicht zu fassen! Dann hatten wir damals doch recht mit unserem Verdacht.

Frau Bleicher hat mit diesem Geständnis ihres Mannes offenbar kein Problem. Sie sagt nichts dazu, sieht ihn aber voller Bewunderung von der Seite an und scheint zu denken: Was für ein Teufelskerl!

Wenn Jugendstrafvollzug in erster Linie auf soziales Lernen mit dem Ziel eines künftigen Lebens ohne Straftaten gerichtet sein soll, muss schon aus Alters- und Gesundheitsgründen dem Sport dabei eine wichtige Rolle zukommen. Neben schulischer und beruflicher Ausbildung stellt er ein wichtiges Lernfeld dar, in dem soziales Verhalten eingeübt werden kann, meistens sogar ohne besondere sprachliche Kompetenzen.

Die Gefangenen dürfen regelmäßig Besuch von ihren Angehörigen empfangen; die Besuchsdauer beträgt mindestens zwei Stunden im Monat. Die Besuche können überwacht werden.

Im geschlossenen Vollzug haben die Gefangenen grundsätzlich das Recht, in einem Einzelhaftraum untergebracht zu werden.

Die Rückfallrate nach Jugendstrafvollzug ist wie folgt (Baden-Württemberg, Zugangsjahrgang 2012, gemessen drei Jahre nach Entlassung):

- keinerlei erneute Verurteilung: 26 Prozent
- erneut verurteilt, jedoch nicht zu unbedingter Jugend- oder Freiheitsstrafe: 35 Prozent
- erneut zu Jugend- oder Freiheitsstrafe ohne Bewährung verurteilt: 39 Prozent.

Differenziert man danach, welche Vollzugsmaßnahmen in der Haft erfolgreich durchgeführt wurden, so zeigt sich, dass Berufsausbildung und Vollzugslockerungen rückfallsenkende Wirkungen haben.

11. Extrawürste

I. Markus Hahn

Bei meiner Sekretärin ruft die Kripo Heidelberg an, Herr Kriminaloberkommissar Steinhilper. Er bittet um einen Gesprächstermin. Worum es geht, möchte er ihr nicht sagen. Sie stellt das Gespräch zu mir durch.

»Walter, was kann ich für Sie tun?«, melde ich mich.

Herr Steinhilper stellt sich mit Namen und Dienstbezeichnung vor: »Es geht um einen jungen Mann, Markus Hahn, gegen den ich ein Ermittlungsverfahren wegen einer Serie von Banküberfällen zu führen hatte. Er ist nun zu drei Jahren und sechs Monaten Jugendstrafe verurteilt worden, befindet sich aber nach einigen Wochen U-Haft jetzt wieder auf freiem Fuß. Kommenden Montag muss er sich bei Ihnen zum Strafantritt stellen. Ich werde ihn begleiten und sozusagen in der JVA Adelsheim abliefern. Wäre es möglich, dass ich im Anschluss ein Gespräch mit Ihnen führe? Es soll um die Vollzugsgestaltung bei ihm gehen. Über die Einzelheiten möchte ich gerne mit Ihnen persönlich reden.«

Ich stimme zu, da der Kripomann offensichtlich jetzt nichts Näheres sagen möchte.

»Gut, Sie liefern den Gefangenen hier ab und haben am Montag um 10:30 Uhr einen Termin bei mir. So notiert.«

Jetzt bin ich natürlich neugierig geworden und lasse mir von der Geschäftsstelle schon mal die Akten geben. Daraus ergibt sich Folgendes: Das Landgericht hat den inzwischen 19-jährigen Markus Hahn wegen insgesamt vier Banküberfällen zu einer Gesamtjugendstrafe von drei Jahren und sechs Monaten verurteilt. Die Taten erstreckten sich über einen Zeitraum von insgesamt 14 Monaten. In Untersuchungshaft war er nur wenige Wochen. Nachdem er ein umfassendes Geständnis abgelegt hatte und das noch vorhandene Geld aus den Überfällen sichergestellt werden konnte, sah das Gericht keine Fluchtgefahr mehr, sodass er bis zur Hauptverhandlung im vergangenen Jahr und bis zum jetzt anstehenden Strafantritt auf freiem Fuß belassen werden konnte. Die Haftverschonung stand unter der Bedingung, dass Markus Hahn sich in kurzen Abständen bei dem Polizeibeamten Steinhilper zu melden hatte.

Als der »Bankräuber mit dem Rennrad« ist Hahn in der ganzen Kurpfalz bekannt geworden. Immer wieder gab es im dortigen ländlichen Bereich Banküberfälle auf kleinere Filialen der Sparkasse und der Volksbank, die sich stets nach demselben Muster abspielten: Ein maskierter Rennradfahrer stürmt in seiner Sportkleidung in den Schalterraum, fordert das Personal mit vorgehaltener Pistole auf, alles Bargeld in eine mitgebrachte Plastiktüte zu packen, schwingt sich draußen auf sein Rennrad und verschwindet blitzschnell. Der ganze Vorgang spielt sich innerhalb weniger Minuten ab. Da er für seine Flucht mit dem Rad offenbar auch kleine Nebenstraßen benutzt, kann er trotz sofort ausgelöster Fahndung nie festgenommen werden. Jedes Mal ist der Rennradfahrer spurlos verschwunden.

Alles, was die Polizei weiß, ist, dass es sich um einen jüngeren Mann handeln muss, der nach den Überfällen mit der Plastiktüte auf dem Rennrad flüchtet. Man ist sich nicht einmal sicher, ob es sich um ein und denselben oder um mehrere Täter handelt, die nach derselben Methode vorgehen. Aber einmal wird Markus nach einem solchen Banküberfall von einem Ehepaar dabei beobachtet, wie er auf einem Wanderparkplatz das Rennrad im Kofferraum seines Autos verstaut und eilig davonfährt. Die Leute schöpfen Verdacht und informieren die Polizei. Beim nächsten Banküberfall kontrolliert diese alle Wanderparkplätze im näheren Umkreis und alle verdächtigen Fahrzeuge. Es gelingt, Markus festzunehmen und das bei dem soeben durchgeführten Überfall erbeutete Geld sicherzustellen. Körperlich verletzt wurde bei den Überfällen nie jemand. Trotzdem wurden natürlich die Bankangestellten in Angst und Schrecken versetzt, teilweise traumatisiert.

Seine Masche war also, in einigen Kilometern Entfernung vom Ort des Banküberfalls seinen BMW auf einem der in diesen Gegenden nicht seltenen Wanderparkplätze abzustellen, von dort aus in Sportkleidung mit dem Rennrad zu der Bankfiliale zu fahren und nach erfolgten Überfall wieder zurück zum Parkplatz. Dank seiner guten Kondition brauchte er dafür nur wenige Minuten. Dort das Rennrad in den Kofferraum, zivile Kleidung überziehen und nach Hause fahren, unbehelligt von Kontrollen der Polizei. Die sucht in ihrer Ringfahndung ja nach einem Rennradfahrer mit Plastiktüte und kontrolliert entsprechend alle Radler, aber nur wenige Autos.

Markus' Eltern sind geschieden, er lebt seit einigen Jahren bei seinem Großvater, der ihn wohl etwas verhätschelt. Er macht eine kaufmännische Lehre, verdient dort natürlich nicht allzu viel. Vom Opa bekommt er fast alles, was er will: ein Auto, ein tolles Rennrad, Markenkleidung, eine teure Musikanlage. Sein Hobby ist der Radsport, den er im örtlichen Radsportverein mit Erfolg betreibt. Er ist badischer Jugendmeister geworden, wird von den Sportskameraden und den Mädels bewundert.

Aber er kommt mit seinem Geld nicht aus, lebt auf zu großem Fuß. So kommt er auf die Idee mit den Banküberfällen, und hat zunächst Erfolg. Aber wie so oft wachsen die Ansprüche mit steigendem Lebensstandard – und der Krug geht so lange zum Brunnen, bis er bricht. Markus kann froh sein, dass er bei so vielen schweren Straftaten über einen erheblichen Zeitraum nur kurz in Untersuchungshaft musste. Weil er Ersttäter ist und ein rückhaltloses Geständnis geliefert hat, ist er mit den verhängten drei Jahren und sechs Monaten Jugendstrafe, von denen auch noch einige Wochen U-Haft abgehen, nicht einmal schlecht bedient. Geholfen hat sicherlich auch die Fürsprache von Kriminaloberkommissar Steinhilper.

Am Montag erscheint Herr Steinhilper wie vereinbart in meinem Büro. Den Markus Hahn hat er zuvor ordnungsgemäß bei uns abgeliefert. Weil der sich dem Vollzug freiwillig gestellt hat, wird er als sogenannter Selbststeller geführt. Das kann im Hinblick auf eine vorzeitige Entlassung und für Vollzugslockerungen von Vorteil sein.

»Sie haben also den jungen Mann festgenommen und ihm die Straftaten nachgewiesen?«, frage ich den Kommissar zu Beginn unserer Unterhaltung.

»Selbst festgenommen habe ich ihn nicht, aber danach habe ich die Ermittlungen geleitet. Und ich habe ihn auch zu seinem Geständnis gebracht, was sich vor Gericht günstig für ihn ausgewirkt hat.«

»Wie Sie natürlich wissen, ist es schon sehr ungewöhnlich, dass der ermittelnde Kriminalbeamte einen verurteilten Jugendlichen höchstpersönlich in die JVA bringt. Erst recht dann, wenn dieser auf freiem Fuß ist und sich auch alleine hätte stellen können. Warum machen Sie das?«

»Es ist nicht nur so, dass ich mit Markus als Kripobeamter zu tun hatte; ich kenne ihn auch aus unserem Radsportverein und bin einer seiner Trainer. Er ist ein wirklich talentierter junger Radsportler und badischer Meister im Straßenrennfahren geworden. Bei uns im Verein ist er gut integriert. Alle mögen ihn, hier hat er seinen Halt. Diesen sollte er nicht verlieren, auch wenn er schlimme Dinge angestellt hat. Das haben wir alles im Verein ausführlich besprochen und beschlossen, ihn weiter zu unterstützen. Deshalb bin ich heute hier bei Ihnen. Es geht uns darum, dass das Training nicht längere Zeit unterbrochen sein darf, weil er sonst schnell seine gute Kondition verliert, womöglich auch seine tragfähigen Kontakte zu den Sportskameraden, die ihn unterstützen. Das erfordert ständiges Training, da dürfen keine Lücken entstehen. Deshalb brauchen wir dringend Ihre Hilfe.«

Aha, jetzt ist die Katze aus dem Sack, denke ich und erkläre: »Das wird schwierig bei einer so langen Strafe. Denn ohne Vollzugslockerungen, also zumindest Ausgänge, wird es ja nichts mit dem Radtraining. Aber solche Vollzugslockerungen dürfen nach den Rechtsvorschriften erst 18 Monate vor dem voraussichtlichen Entlassungstermin gewährt werden. Wann der sein wird, wissen wir noch nicht. Den setzt der Jugendrichter erst in den nächsten Wochen fest, und das auch nur als Richtmaß für unsere Vollzugsplanung. Und 18 Monate vor voraussichtlicher Entlassung ist der allerfrüheste Termin. In den meisten Fällen wird deutlich später gelockert. Ob dann die vorzeitige Entlassung zur Bewährung auch tatsächlich zu dem vom Jugendrichter in Aussicht genommenen Zeitpunkt gewährt wird, hängt von der weiteren Entwicklung Ihres Schützlings ab. Diese muss während der ganzen Haftzeit positiv sein. Außerdem hat auch die Staatsanwaltschaft noch ein Wörtchen mitzureden. Und zum Schluss entscheidet der Jugendrichter. Wenn ich jetzt einmal von dem frühestmöglichen Entlassungstermin ausgehe, dann ist der, von heute an gerechnet, in etwa 20 Monaten. Dann sind wir immer noch nicht so weit, dass nach den Vorschriften Ausgänge gewährt werden dürfen. Außerdem müsste sich der Markus überhaupt erst einmal als geeignet für solche Lockerungen erwiesen haben. Dadurch, dass er das in ihn gesetzte Vertrauen nicht missbraucht.«

»Herr Dr. Walter, ich habe gehört, dass Sie selbst Radsportler sind. Da wissen Sie doch, dass man ohne ständiges Training sehr schnell die Form verliert. Wenn man immer trainiert hat und plötzlich gezwungen ist, dies einzustellen, drohen sogar gesundheitliche Schäden; in jedem Fall aber Gewichtszunahme, nicht selten Herzprobleme.«

Ja, da hat er mich am Portepee! Ich bin selbst radsportbegeistert und habe sogar zusammen mit einem Sozialarbeiter und einem Vollzugsbeamten eine Radsportgruppe im Gefängnis gegründet. Mit finanzieller Hilfe eines Unterstützungsvereins hatten wir zunächst mehrere nagelneue Rennräder angeschafft und auch Spenden vom Bund Deutscher Radfahrer in Frankfurt erhalten. Die hatten uns eine Menge neue Sportkleidung und das Trainingsrad des amtierenden Weltmeisters, Mike Kluge, überlassen. Eine besondere Motivation für unsere Jungs!

Fünf Jahre lang wurden Ausfahrten der Radsportgruppe mit Gefangenen organisiert, die für Vollzugslockerungen zugelassen waren; einige Male sogar Trainingslager auf der Schwäbischen Alb. Auch die Teilnahme an kleineren Radrennen war dabei. Alles war immer in bester Ordnung, außer der brennenden Muskulatur gab es keinerlei Probleme. Einmal freilich war die Sache doch aus dem Ruder gelaufen.

Der Sozialarbeiter und ich waren mit fünf Gefangenen mit den Rennrädern unterwegs. Nach etwa 20 Kilometern zeigte sich, dass die drei besten Fahrer einfach nicht zu halten waren; die wollten mal so richtig Tempo bolzen. Also blieb der Sozialarbeiter mit den zwei Langsameren zurück, und ich fuhr mit den Cracks vorne. Nach weiteren 20 Kilometern konnte auch ich dem Tempo nicht mehr folgen. Nun ja, ich war auch nicht mehr der Jüngste. Ich machte mit der Spitzengruppe aber vorher noch aus, dass sie dann im nächsten Ort rechts abbiegen und über das Kessachtal, Merchingen, Osterburken und Adelsheim zur Anstalt zurückfahren. Bloß kamen die an diesem Abend dort nicht an. Nochmaliges Abfahren der Strecke mit dem Auto brachte auch keinen Erfolg. Die drei blieben unauffindbar. Sind sie wohl abgehauen?

Also musste ich schweren Herzens die polizeiliche Fahndung einleiten. »Das hat der Chef nun von seinen blöden Faxen«, ätzten die Kollegen, die schon immer etwas gegen solche Experimente hatten.

Am nächsten Morgen allerdings erschienen die drei fahnenflüchtigen Radsportler schuldbewusst an der Torwache. Die Räder hätten sie schwer keuchend den steilen Berg hinaufgeschoben, der sinnigerweise von alters her »Siechsteige« genannt wird, berichteten die Torbeamten. »Dazu reichte wohl die Puste nach der langen Nacht nicht mehr. Eine deutliche Alkoholfahne hatten die ja auch noch«, lästerten sie bei der Meldung des Vorgangs an mich.

In der Anhörung machen die drei die folgenden Angaben: »Wir rasen also das Kessachtal hinauf, fahren wegen dem starken Westwind Windstaffel und belgischen Kreisel, als wir rechts auf einer Wiese eine Gruppe Biker sehen, Kutten mit der Aufschrift ›Bandidos Mannheim‹. Die Stadt, aus der zwei von uns kommen! Die hatten Zelte aufgeschlagen und waren dabei, ein Lagerfeuer zu machen. ›Hola, Freunde von der Mafia, warum so eilig?‹ riefen die, fast im Chor. Jubelten uns zu und salutierten mit ihren Bierflaschen. Da konnten wir einfach nicht grußlos weiterstrampeln! Wir hielten an und ließen uns auf ein Bierchen einladen. Durst hatten wir ja sowieso. Und bei einem Bier ist es dann halt leider nicht geblieben. Erst als der Morgen graute, haben wir den Absprung geschafft. Den letzten Berg zur Anstalt hinauf haben wir dann nicht mehr gepackt, wir waren fix und fertig.«

Was will man da sagen? Alles absolut glaubhaft! Natürlich erst mal Ausschluss aus der Radsportgruppe und vorerst auch keine weiteren Vollzugslockerungen. Andererseits: Die polizeiliche Fahndung kann zurückgenommen werden. Alle drei sind wieder in sicherem Gewahrsam, letztlich ist nichts wirklich Schlimmes passiert. Da bin ich natürlich erleichtert. Ich teile den Ausreißern aber doch noch mit, dass der eine Fehltag nachgedient werden muss. »Um den verlängert sich die Haftzeit. So steht es im Gesetz!«

»Ich wäre auch bereit«, reißt mich Herr Steinhilper aus meinen Erinnerungen heraus, »den Markus bei seinen Trainingsfahrten jedes Mal selbst auf dem Rad zu begleiten und als Polizeibeamter persönlich dafür zu garantieren, dass er ordnungsgemäß in die Anstalt zurückkehrt. Es muss doch eine Lösung geben!«

»Gut, ich mache Ihnen einen Vorschlag: Schauen Sie hier aus dem Fenster. Das Gelände unserer Anstalt ist recht weitläufig. Deshalb haben wir innerhalb der Mauern ein mehr als einen Kilometer langes Straßennetz. Ich könnte Herrn Hahn ausnahmsweise erlauben, am

Abend, wenn hier kaum noch Verkehr ist, auf diesen Anstaltsstraßen mit dem Rennrad zu trainieren, natürlich mit der gebotenen Vorsicht. Sobald dann der Jugendrichter einen Termin für die vorzeitige Entlassung festgesetzt hat, können wir planen, ab wann Ausfahrten in Ihrer Begleitung und unter Ihrer Aufsicht genehmigt werden können. Ich werde mit dem Jugendrichter sprechen und ihn bitten, einen möglichst baldigen Termin für die vorzeitige Entlassung festzusetzen. Das sollte innerhalb der nächsten 14 Tage möglich sein.«

»Das heißt, ich kann dem Markus sein Rennrad in die Anstalt bringen?«

»Ja. Das wird zwar viel Ärger mit dem Personal geben, denn so etwas ist hier noch nie erlaubt worden, und das stört natürlich auch die Anstaltsroutine. Außerdem müssen wir dafür sorgen, dass das teure Rad sicher aufbewahrt wird. Am besten, er nimmt es mit in seine Zelle. Aber wir probieren es.«

Im Anschluss fachsimpeln wir noch ein bisschen über Radsport und Rennräder, dann verabschiedet sich Herr Steinhilper. Wir hoffen, dass wir eine gute Lösung gefunden haben, wissen aber auch, dass es für jeden von uns, erst recht für den Gefangenen, anstrengend werden wird: Auf den Polizeibeamten kommen zahlreiche zeitraubende Einsätze in der Freizeit zu, wahrscheinlich auch Kritik seiner Kollegen. Auf mich Proteste der Mitarbeiter, vom allgemeinen Vollzugsdienst bis zu den Sozialarbeitern. Die haben alle keine Freude an »Extrawürsten für Gefangene«, die zum Teil auch noch eine Mehrbelastung mit sich bringen. Und der Gefangene Hahn wird es mit Häme und Missgunst der anderen Häftlinge zu tun bekommen. Bald nachdem sich die Sonderregelung in der Anstalt herumgesprochen hat, warnt ihn ein Mitgefangener mit den Worten: »Achtung auf dem Flur zum Chef! Auf der Schleimspur dort sind schon viele ausgerutscht und böse gefallen!«

Prompt steht bereits am folgenden Tag der Personalratsvorsitzende bei mir im Zimmer. »Was passiert denn, wenn es mit dem rasenden Rennradler auf unseren schmalen Sträßchen einen Unfall gibt? Wenn einer unserer Kollegen dabei verletzt wird? Und dürfen dann zukünftig auch wir innerhalb der Anstalt mit dem Fahrrad fahren? Gleiches Recht für alle!«

Ich zucke irritiert und etwas ratlos die Schultern. »Solche Gefahren halte ich für unwahrscheinlich. In diesem besonderen Fall möchte ich eine Ausnahme machen, weil ich es für wichtig halte, dass der Gefangene die Unterstützung des ihn betreuenden Kriminalbeamten auch in Zukunft behält. So etwas kommt selten genug vor und kann für seine Wiedereingliederung von großer Bedeutung sein. Warum das Engagement von Mitbürgern zurückweisen?«

Was ist aus der ganzen Sache geworden? Ich lasse der Kürze halber die diversen, während der vielen Monate bis zur Entlassung aufgetretenen Probleme beiseite und beleuchte nur einige Stationen: Tatsächlich kann ich zu Beginn der Haftzeit des Markus Hahn von den Fenstern meines Büros aus fast jeden Abend das ungewohnte Bild genießen, wie er in Rennfahrermontur mit dem Rad auf unseren schmalen Straßen herumflitzt. Ich freue mich, wenn er im Wiegetritt die teils steilen kurzen Anstiege packt und im Gefälle gekonnt die Kurven nimmt. Unser Sportbeamter, einer der wenigen, die das Projekt gerne unterstützen, betreut ihn, zählt die Runden, stoppt die Zeit und feuert ihn an. Nach einigen unproblematisch verlaufenen Wochen des Trainings innerhalb der Mauern kann ich die ersten Ausfahrten in Begleitung von Herrn Steinhilper genehmigen. Der bürokratische Fachausdruck dafür lautet »Ausantwortung an einen Polizeibeamten«. Auch das klappt längere Zeit gut, sodass danach die Trainingsfahrten endlich als Ausgänge genehmigt werden können. Das heißt auch ohne Aufsicht.

Inzwischen ist Herr Steinhilper auch als ehrenamtlicher Betreuer zugelassen. Er kümmert sich regelmäßig um Markus, absolviert die meisten Trainingseinheiten gemeinsam mit ihm. Auch auf die Entfernung scheint die Integration in den Radsportverein immer noch wirksam und hilfreich zu sein, zumal Herr Steinhilper den Verbindungsmann spielt. Als es dann nur noch einige Monate bis zur wahrscheinlichen vorzeitigen Entlassung sind, werden auch Urlaube von einigen Tagen gewährt.

Markus hat inzwischen eine feste Beziehung zu einer jungen Frau, natürlich vermittelt durch den Radsportverein, mit der er zusammen seine Zukunft plant. Außerdem hat er für die Zeit nach der Entlassung einen neuen Arbeitsplatz bei einem bedeutenden Unternehmen der chemischen Industrie gefunden. Auch hier hat der Radsportverein mitgeholfen. Nach 20 Monaten Haft sind alle, Vollzugsanstalt, Staatsanwaltschaft und der Jugendrichter, davon überzeugt, dass eine günstige Kriminalprognose gestellt werden kann. Es erfolgt die Entlassung zur Bewährung.

Danach habe ich mehr als ein Jahr nichts von Markus Hahn gehört. Aber in dem auf seine Entlassung folgenden Jahr, beim Weihnachtsbasar der JVA Adelsheim, der traditionell in den Räumen der Außengärtnerei stattfindet, kommt er plötzlich auf mich zu. Er ist im Gesicht gereift, wie mir scheint, und zusammen mit seiner Frau, die er mir später als solche vorstellt, und mit einem süßen Baby im Tragegestell unterwegs.

»Hallo, Herr Dr. Walter. Ich wollte unbedingt wieder einmal nach Adelsheim kommen, und der alljährliche Weihnachtsbasar hat mich gereizt. Ich habe lange gebraucht, um meine Frau für diese Idee zu gewinnen. Sie war sehr skeptisch, wollte nichts mit meiner ›kriminellen Vergangenheit‹ zu tun haben. Aber jetzt gefällt es ihr hier doch. Das ist sie!«, sagt er und schiebt die verständlicherweise etwas schüchterne junge Frau zur Vorstellung zu mir hin. »Der in dem Tragetuch ist unser Wonneproppen, der Lukas. Sieben Monate alt. Süß, nicht wahr?«

Auf meine neugierigen Fragen, wie es ihm geht und was er macht, wie es mit dem Radsport aussieht, berichtet er voll Stolz: »Wir haben letztes Jahr geheiratet, haben eine schöne Wohnung in Ludwigshafen gefunden, wo ich bei meiner Firma weiterhin tätig bin. Und stellen Sie sich vor, kürzlich bin ich sogar aufgestiegen! Ich gehöre jetzt zum mittleren Management! Radfahren mache ich nur noch als Hobby, keine Rennen mehr. Aber im Verein bin ich natürlich noch.«

Ich freue mich und mache einige andere Mitarbeiterinnen und Mitarbeiter auf den unerwarteten Besuch aufmerksam. Wir finden alle, das ist eine Sternstunde des Jugendstrafvollzugs!

Was waren die wichtigsten Bedingungen für diese erfreuliche Integration in ein bürgerliches Leben? Das kann man im Nachhinein natürlich nie genau wissen. Aber einige günstige Voraussetzungen scheinen hier eine Rolle gespielt zu haben, die es in anderen Fällen so nicht gibt. Denkt man sich diese hinweg, so schmilzt die Wahrscheinlichkeit einer erfolgreichen Wiedereingliederung in die Gesellschaft dahin wie Butter in der Sonne.

Zunächst einmal gab es einen wohlwollenden Kriminalbeamten, der den Täter nicht einfach nur überführen und einbuchten wollte. Sondern der ihn auch in seiner zukünftigen Entwicklung fördern wollte, der sogar Verantwortung für ihn übernahm. Das ist ungewöhnlich, entspricht gewiss nicht dem Klischee, das wir aus zahllosen Kriminalfilmen kennen. Sodann die Verankerung des Verurteilten in einem Sportverein, dessen maßgebliche Mitglieder trotz schwerer Straftaten zu ihrem Kameraden standen und die Verbindung auch im Gefängnis aufrechterhielten. Schließlich die Tatsache, dass man im Jugendstrafvollzug von der üblichen Routine abgewichen ist und eine Ausnahmeregelung gefunden hat. Und zum Schluss, vielleicht das Wichtigste, dass eine junge Frau bereit war, mit einem verurteilten Bankräuber ihr zukünftiges Leben zu teilen.

Alle Beteiligten haben Mut bewiesen, neue Wege zu beschreiten. Wäre die Sache schiefgegangen, wäre uns die Häme der Anhänger der Maxime »keine Experimente« sicher gewesen. Mir hätte der Personalrat, der strikt gegen die Sonderbehandlung war, vermutlich ins Stammbuch geschrieben: »Das hat der Alte davon, den Spitzbuben auch noch Extrawürste zu braten. Haben wir ja gleich gesagt!«

Wahrscheinlich ist es ein besonderes Kennzeichen des Strafvollzugs, dass die Ausnahme von einer Regel vom Personal fast immer abgelehnt wird, sie mag noch so gut begründet sein. Das gilt eigentlich für alle Berufsgruppen im Gefängnis, nicht nur für den uniformierten Dienst. Die Mitarbeiterinnen und Mitarbeiter tragen den Gleichbehandlungsgrundsatz, so wie sie ihn verstehen, wie eine geheiligte Monstranz vor sich her: Alle Gefangenen müssen genau gleich behandelt werden. So lautet das bis zum Überdruss geleierte Mantra. Dass man damit den ganz unterschiedlichen Menschen, Schicksalen und Bedürfnissen selten gerecht werden kann, zeigen auch die folgenden Geschichten.

II. Bernd Fröhlich

Der zwanzigjährige Bernd Fröhlich war ein Autonarr. Ein junger Mann aus einem Dorf zwischen Heilbronn und Pforzheim; ein kräftiger, kerngesund aussehender Blondschopf mit einer kessen Tolle über der Stirn. Bauernrotes Gesicht mit Pausbacken, die so ausgeprägt waren, dass die blauen Augen schon fast keinen Platz mehr darin fanden. Ein etwas einfach gestricktes Gemüt, nicht gerade gebildet, aber ehrlich und an schwere Arbeit im landwirtschaftlichen Betrieb der Familie gewöhnt.

Eine Freundin hatte Bernd bisher nicht; seine einzige Leidenschaft waren Autos. Deshalb hatte seine Mutter – der Vater war ausgezogen, kümmerte sich nicht um ihn – ein großes Problem mit ihm: Denn Bernd hatte keinen Führerschein, war mehrfach durch die theoretische Führerscheinprüfung gerasselt. Er fuhr aber trotzdem fortwährend, ohne Erlaubnis der Mutter, mit dem Familienauto. Das hatte sich zu einer regelrechten Sucht entwickelt. Dabei wurde er mehrfach erwischt, denn der Dorfpolizist hatte bald heraus, wie er ihn immer wieder kriegen konnte. In keinem Fall war Alkohol im Spiel, noch verursachte er jemals einen Unfall oder verstieß gegen Verkehrsvorschriften, aber immer wieder Fahren ohne Fahrerlaubnis. Ein notorischer Schwarzfahrer!

Die erste dieser Taten führte zu einer jugendrichterlichen Ermahnung, die zweite zu einer Geldbuße. Zusätzlich wurde eine Sperre für die Erteilung einer Fahrerlaubnis von einem Jahr verhängt. Es folgte eine weitere Verurteilung, zehn Monate Jugendstrafe zur Bewährung. Weil er auch während der Bewährungszeit nicht von seiner Leidenschaft lassen konnte und wieder erwischt wurde, sah der Jugendrichter keine andere Möglichkeit, als eine Jugendstrafe ohne Bewährung zu verhängen: ein Jahr und vier Monate. Die Sperrfrist für die Erteilung einer Fahrerlaubnis war inzwischen schon auf eineinhalb Jahre angewachsen.

Schon bevor er seine Strafe anzutreten hat, erscheint – nach Voranmeldung durch den Ortspfarrer und begleitet von diesem – im September 1984 seine Mutter samt dem jungen Tunichtgut bei mir in der JVA Pforzheim. Seine Mutter ist eine sehr liebevoll wirkende, kräftig-füllige Bauersfrau Ende 40, mit vollem blonden Haar und blauen Augen. Sie ist am Boden zerstört, seit Bernd vor einigen Tagen von der Staatsanwaltschaft zum Strafantritt geladen worden ist und somit demnächst hier einrücken muss.

»Mein Bernd ist ein herzensguter Junge, er hilft mir, wo er kann, aber er hat eben diese verfluchte Begeisterung fürs Autofahren. Ich weiß nicht, wie es weitergehen soll. Er ist mein einziger Halt, ich brauche ihn doch!«

Sie bricht in Tränen aus. Ich versuche sie zu beruhigen und trotz allem eine Zukunftsperspektive für den jungen Mann zu entwickeln.

»Am wichtigsten ist, dass er sich zur Verbüßung seiner Haftstrafe freiwillig stellt. Wenn er dann hier ist, können wir nach einer gewissen

Probezeit sehen, ob er sich für Außenlockerungen eignet. Wie Sie ihn schildern und wie er sich heute gibt, habe ich daran eigentlich keine Zweifel. Wenn man dann noch eine vorzeitige Entlassung mit einrechnet, ist die reale Strafzeit wahrscheinlich bedeutend kürzer, weniger als ein Jahr. Aber wir müssen versuchen, an sein eigentliches Problem heranzukommen, nämlich die Autoleidenschaft. Genau genommen nur an das Fahren ohne Führerschein. Das wird nicht ganz leicht. Denn wenn er damit weitermacht, steht die nächste Inhaftierung schon am Horizont.«

Die Mutter schluchzt, Bernd schweigt betreten. Ihm ist das alles peinlich. Der Pfarrer schaltet sich ein und schlägt vor:

»Ich wäre bereit, den Bernd einmal die Woche hier in der Anstalt zu besuchen und mit ihm über sein Problem zu reden. Und darüber, was er sich alles verbaut, wenn er später wieder ohne Fahrerlaubnis fährt. Gibt es denn da gar kein Mittel dagegen?«

»Doch, das gibt es. Er muss eben sobald wie möglich den Führerschein machen. Dann kann er nicht mehr ohne fahren. Aber wahrscheinlich gibt es da psychologische Hürden und Prüfungsängste; die müssen wir angehen und versuchen abzubauen. Das wäre Ihre erste Aufgabe. Und noch eine Idee: Wenn es gelingt, das Geld für die Fahrschule und die Prüfung zusammenzubekommen, würde ich versuchen, einen Fahrlehrer zu finden, der ihn schon während der Haft auf die Führerscheinprüfung vorbereitet, sowohl theoretisch als auch praktisch. Dafür brauchen wir einige Sondererlaubnisse; nämlich, dass ihm gestattet wird, obwohl noch Strafgefangener, im Wege des Ausgangs eine Fahrschule zu besuchen und die Führerscheinprüfung abzulegen. Aber das lassen Sie meine Sorge sein.«

Es bedarf einiger Überzeugungsarbeit, beim Justizministerium, bei der Straßenverkehrsbehörde, beim zuständigen Jugendrichter. Fast alle verschanzen sich zunächst hinter dem alten behördlichen Grundsatz: »Das haben wir noch nie so gemacht, da kann ja jeder kommen!«

Nach zahlreichen Telefonaten und schriftlichen Berichten ist es geschafft: Trotz immer wieder auftauchender bürokratischer Hindernisse und hörbarem Murren des eigenen Personals gelingt es, dass Bernd noch während der Haft regelmäßig eine Fahrschule besucht und endlich die theoretische Prüfung besteht. Mit der praktischen hat er als geübter Schwarzfahrer sowieso kein Problem. Das Geld für die Fahrschule kommt teils von der Mutter, teils von der Kirchengemeinde. Er wird vorzeitig zur Bewährung entlassen; wegen der Sperrfrist für die Wiedererteilung der Fahrerlaubnis erhält er einen Gnadenakt. Er kann jetzt gar nicht mehr schwarzfahren, er hat ja den Führerschein. Dieses Kriminalitätsrisiko ist beseitigt. Hoffentlich für immer.

Vom Pfarrer bekomme ich einen sehr netten Dankesbrief.

III. Baldur Breit

Der Jugendstrafgefangene Baldur Breit ist erst 18 Jahre alt, ein eher kleiner, sehr schlanker, fast durchsichtig wirkender, flachsblonder Typ mit ungewöhnlich langem Hals, eigentlich noch nicht einmal vollständig ausgewachsen. Ein Leichtgewicht. Sein schmales und spitzes Gesicht hat – ich kann es nicht anders sagen – etwas von einer Maus. Vielleicht steht sein zerbrechliches Aussehen aber auch mit seiner frühen Alkoholabhängigkeit im Zusammenhang.

Strafrechtlich hat er es trotz seines geringen Alters faustdick hinter den Ohren: Diebstähle ohne Ende, fast immer unter Alkohol. Er trinkt nach eigenen Angaben seit dem zwölften Lebensjahr regelmäßig. Erst Bier, so habe es angefangen, dann später Whisky, Jack Daniels musste es sein. Als er zum vierten Mal vor dem Jugendrichter steht, gibt es keine Bewährung mehr, sondern 18 Monate ohne. In dieser sogenannten Einheitsjugendstrafe sind die früheren Verurteilungen zu 8 und 15 Monaten schon enthalten.

Er kommt in meine Sprechstunde und berichtet, dass seine Angehörigen – Vater, Mutter und Geschwister – ihn regelmäßig alle 14 Tage in der Anstalt besuchen. Häufiger ist nach den Landesvorschriften nicht erlaubt. Und sie nutzen die gesamte Besuchszeit, eine Stunde, jedes Mal vollständig aus, obgleich sie von Ravensburg nach Pforzheim eine weite Anreise haben. Das kann ich nachprüfen, denn es wird auf der Besuchskarte vermerkt. Stimmt alles. Aber, und das ist sein Problem, sein Hund muss immer draußen bleiben, muss im Auto warten.

»Der darf nicht mit in die Anstalt«, klagt er, »denn das ist nicht erlaubt. Ich habe die Besuchsbeamten alle gefragt, und die sagen, das ist völlig ausgeschlossen. Gibt es nirgendwo.«

»Das stimmt, die Auskunft ist richtig«, bestätige ich.

»Aber das ist mein Hund, den habe ich ganz allein aufgezogen. Den Harro habe ich als Welpen mit zehn Wochen bekommen, vor drei Jahren. Er ist mein Ein und Alles, außer ihm habe ich nichts Eigenes. Den habe ich mehr lieb als meine Mutter und meine Geschwister! Er fehlt mir so sehr und ich ihm sicher auch. Der ist ganz brav und auch nicht besonders groß. Kann ich den nicht wenigstens ein einziges Mal fünf Minuten lang haben, in den Arm nehmen und streicheln? Bitte, bitte!«

»Wie stellen Sie sich das vor? Hunde in der voll betonierten JVA Pforzheim, wo es keinen Baum oder Strauch gibt, noch nicht einmal ein kleines Stück Rasen! Wie viele Mitgefangene werden auch Hunde haben? Sollen die dann auch alle zum Besuch kommen dürfen? Wo sollten denn solche Besuche stattfinden, in den engen Besuchsräumen etwa? Da ist weder Platz noch Auslauf. Und was ist mit den etwaigen Hinterlassenschaften?«

»Das seh' ich ja alles ein. Aber eine einzige Ausnahme, nur fünf Minuten, müsste doch möglich sein. Wo mir doch der Harro so viel bedeutet. Er ist mein Ein und Alles! Ich bitte Sie, auch sonst wird doch mal eine Ausnahme gemacht. Danach werde ich nie wieder fragen. Das verspreche ich!«

»Gut«, sage ich, »ich will mal mit den Besuchsbeamten reden. Vielleicht ist doch eine einmalige Ausnahme drin.«

Als ich das am Tag darauf mache, bricht ein Sturm der Entrüstung los. Die Besuchsbeamten bringen die bereits von mir gegenüber dem Gefangenen angeführten Argumente vor und noch sehr viele mehr: Sicherheitsgefahren werden an die Wand gemalt, dem Einschmuggeln von Drogen und Sägeblättern, Waffen und Sprengstoff werde Tür und Tor geöffnet; Verletzungen durch Bisse, Ruhestörung durch Gebell, Pinkeln und Kacken, Einschleppen von Ungeziefer, Keimen, Krankheiten und Allergien drohe. Sogar der tollwütige Hund als durch die Anstalt rasende Bestie darf in dem Horrorgemälde nicht fehlen! Und überhaupt: Wo soll das alles enden? Kommt auf gar keinen Fall infrage!

Notfalls würden sie sich über den Personalrat an das Justizministerium wenden und ein Verbot erwirken, kündigen die Beamten an. Als dann auch noch vom Gesundheitsamt und der Gewerkschaft die Rede ist, die sie einschalten wollen, winke ich ab und überlasse ihnen das Feld. Sinnlos!

Die Woche darauf erscheint Baldur Breit wieder in meiner Sprechstunde. Ich teile ihm das Ergebnis meines Gesprächs mit den Beamten der Besuchsabteilung mit. Er ist natürlich bitter enttäuscht. Aber irgendwie finde ich, man sollte ihm vielleicht doch ein klein wenig entgegenkommen und Verständnis für seine Situation zeigen. Also einmal »pro homine« entscheiden.

»Wann kommen Ihre Leute wieder?«, frage ich.

»Donnerstag kommende Woche um 16 Uhr ist der nächste Besuch.«

»Okay, sie sollen den Hund mitbringen. Und im Anschluss an den Besuch, um 17 Uhr, sorge ich dafür, dass Sie ihn für ein paar Minuten sehen und mit ihm kuscheln können. Ich werde das dann eben persönlich beaufsichtigen.«

Er kann es kaum glauben, es reißt ihn vom Stuhl, er freut sich wie ein Schneekönig: »Wahnsinn, der Harro kommt, mein Harro, mein Harro!«

Am Donnerstag, nach Beendigung des Besuches, begebe ich mich wie abgesprochen vor das große Außentor und erwarte die Angehörigen mit dem angeleinten Hund. Ich will ihn durch die Schleuse in den Wirtschaftshof hineinführen, wo der Gefangene hinter dem zweiten Schleusentor schon wartet, und werde alles selbst beaufsichtigen.

Sie kommen um die Ecke. Harro ist zwar in der Tat gerade einmal mittelgroß, aber er ist ein braun-weißer American Pitbull. Ein Kampfhund also! Damit habe ich nicht gerechnet. Über diese Rasse waren die Zeitungen damals voll mit schaurigen Geschichten. Sie seien extrem aggressiv. Hätten sie einmal zugepackt, würden sie nicht wieder loslassen. Aber nun ist es einmal so. Versprochen ist versprochen.

Ich übernehme die Leine und gebe dem Torbeamten hinter seiner Panzerglasscheibe das Zeichen, das erste Tor zu öffnen. Es fährt auf, ich gehe mit dem Hund, der ganz brav bei Fuß läuft, in die Schleuse und warte, bis das zweite Tor auffährt. Sobald das Fahrtor einen Spalt offen ist, löse ich den Karabinerhaken am Halsband. Harro sieht und hört sein Herrchen, der in dem gepflasterten Hof bereitsteht, in die Hocke gegangen ist und ihn ruft. Mit einem Jaulen rast er los wie der Blitz, springt ihm aus vollem Lauf in die Arme und schleckt ihm wild das Gesicht ab. Was für ein Wiedersehen, welche Freude bei Mensch und Tier! Beide kriegen sich kaum wieder ein. Bei Harro fließt ein bisschen Pipi, bei Baldur Breit sind es die Tränen. Auch ich bin gerührt.

Ich habe für den Hund einen alten Tennisball mitgebracht, zum Spielen. Nachdem die erste Aufregung sich gelegt hat, werfen wir, der Gefangene und ich, den Ball hin und her und spielen mit dem Hund im betonierten Wirtschaftshof. Mit Sicherheit sehr viel länger als die vereinbarten fünf Minuten. Keiner merkt, wie die Zeit vergeht – schon gar nicht der Hund, der sich vollständig verausgabt. Aber irgendwann muss natürlich Schluss gemacht werden. Tränenreicher Abschied. Harro und ich verlassen zusammen den Hof und gehen durch die Schleusenstore wieder hinaus zu den wartenden Angehörigen. Der Gefangene bleibt drinnen.

Ich habe mich an meine Zusage gehalten, genauso wie Baldur Breit: Er hat danach kein einziges Mal mehr nach einer Ausnahme gefragt. Aber er hat, wie er mir später bei seiner Entlassungsverhandlung gesteht, sehr lange von diesem Besuch gezehrt.

IV. Die indischen Zwillinge

Als ich im Jahre 1973 im Strafvollzug angefangen habe, galt noch die eiserne Regel, dass zwei Gefangene auf gar keinen Fall zusammen in einem Haftraum untergebracht werden dürfen. »Drei oder mehr geht«, sagten mir die altgedienten Beamten, »aber zwei nie.«

»Ja, aber warum denn? Bei der katastrophalen Überbelegung in unserer Anstalt!«

»Wegen der Homosexualität. Das wollen wir nicht, und das ist ja auch strafbar! Wir könnten uns sogar selbst strafbar machen, wegen Beihilfe zur Unzucht, wenn wir so etwas erlauben. Zwei Männer in einer Zelle, das geht gar nicht! Sollten Sie aber wissen, Herr Assessor!«

Allerdings hatte in der Gesellschaft damals bereits ein Umdenken begonnen. Auch hatte es in der Justizpraxis in den letzten Jahren deutlich weniger Verurteilungen wegen »Unzucht zwischen Männern« gegeben, wie der damalige Fachausdruck lautete. Deshalb fand ich das alles doch einigermaßen weltfremd, ja sogar reaktionär.

Aber es stimmte, der einschlägige § 175 des Strafgesetzbuches war noch in Kraft. Zwar war die Strafvorschrift 1969 und 1973 etwas entschärft worden, vollständig gestrichen wurde sie aber erst viel später, im Jahre 1994. Bis 1968 sind nach dieser Vorschrift – kaum anders als zuvor unter der Naziherrschaft – Jahr für Jahr mehr als 1000 Männer, oft auch noch Jugendliche, verurteilt worden. Manchmal sogar von denselben Richtern, die schon im »Dritten Reich« die Urteile sprachen. Bis Mitte der 80er-Jahre waren es immer noch mehr als 100 Verurteilungen im Jahr. Einige wenige dieser meist auch von ihren Mitgefangenen abgelehnten, oft auch drangsalierten Insassen habe ich noch persönlich kennengelernt. Sie erlitten Diskriminierung und unsägliches Leid. Und zwar nicht bloß durch die eigene Verurteilung und im Verlauf der Haft. Vielmehr waren fast immer auch ihre Familien von der Diskriminierung mitbetroffen.

Und heute? Heute sieht man diese Verurteilungen zu Recht als einen Skandal und als einen Verstoß gegen die Menschenrechte an. Man hat die Betroffenen zum Teil sogar entschädigt. Doch bis der Gesetzgeber und die Justizpraxis etwas dazulernen, das kann dauern!

Es wird in den ersten Jahren des 21. Jahrhunderts in der JVA Adelsheim gewesen sein, dass mir dieses längst überwunden geglaubte, vorurteilsbehaftete Denken noch einmal in Erinnerung gebracht wurde. Zwei angeblich fünfzehnjährige Zwillingsbrüder, aus Indien stammend, waren wegen des Verdachts des Drogenhandels in unserer Jugend-U-Haft gelandet.

»Jetzt sperren die schon Kinder ein!, sagt mir der zuständige Abteilungsleiter empört am Telefon. »Die zwei müssen Sie sich anschauen, die sind höchstens 1,30 Meter groß. Und sie weinen den ganzen Tag. Wir haben allergrößte Zweifel, ob die überhaupt schon 14 Jahre alt sind, also strafmündig. Aber immerhin hat die Staatsanwaltschaft nun ein medizinisches Gutachten zur Altersbestimmung in Auftrag gegeben. Die beiden wollen ohnehin mit Ihnen reden, Sie sprechen ja Englisch.«

Der Abteilungsleiter bringt die Zwillinge am Nachmittag zu mir. Zwei kleine Buben, die einen sehr verängstigten Eindruck machen. Ob sie zum Hofgang gehen und ob es dort Probleme mit anderen Gefangenen gibt, will ich von dem Beamten wissen.

»Nein, nein, überhaupt nicht. Da achten wir schon darauf. Aber die beiden sind so klein, dass sie von den anderen Gefangenen sogar beschützt werden. Und zwar von allen! Die haben Welpenschutz. Die darf keiner anfassen.«

Als ich die zwei auf Englisch frage, wie es ihnen geht und welche Wünsche sie haben, scheint es mit der Angst schon ein bisschen besser zu werden. Um Vertrauen zu gewinnen, erwähne ich, dass ich die indische Küche liebe. Das sehen sie natürlich als ihr Stichwort: Sie klagen über das Essen hier im Gefängnis und erkundigen sich freundlich, ob sie nicht anderes Essen bekommen könnten.

Das geht nun freilich nicht, so etwas ist leider nicht vorgesehen. Im Gefängnis gibt es grundsätzlich für alle dasselbe Essen, solange die medizinische Abteilung oder religiöse Speisegebote nichts anderes vorschreiben. Allerdings bitte ich den Beamten, mit den beiden nach unserem Gespräch beim katholischen Pfarrer vorbeizugehen. »Der soll mit ihnen einen Sondereinkauf machen und schauen, ob er aus den Mitteln der Kirche etwas nach ihrem Geschmack kaufen kann«, rege ich an.

Aber nun kommt die Hauptsache. Die beiden beklagen sich, dass sie nicht zusammen in einem Haftraum untergebracht werden. Die Beamten lehnen das ab, obwohl sie Brüder sind. »So was geht schon aus Prinzip nicht«, sagt der Abteilungsleiter.

»Welches Prinzip denn?«, frage ich den Mann verständnislos.

»Ja, das ist eine alte Regel. Homosexualität wird nicht geduldet und erst recht nicht gefördert. Das ist das eine. Außerdem könnten Brüder, zu zweit, also mit vereinten Kräften, leicht schwächere Mitgefangene unterdrücken. Deswegen bringen wir die grundsätzlich getrennt unter, meistens sogar in verschiedenen Hafthäusern. Und im selben Bett schlafen, das gibt's schon überhaupt nicht.«

Die beiden Inder klagen, sie würden schon ihr ganzes Leben lang zusammen in einem Bett schlafen und seien es anders nicht gewöhnt, erst recht nicht in zwei verschiedenen Räumen. So könnten sie nicht schlafen.

Ich kann nur den Kopf schütteln. Zwillingsbrüder im Kindesalter trennen? Unfassbar! Man glaubt es kaum!

Was die beiden sagen, ist absolut glaubhaft und verständlich. »Dann müssen wir in diesem Fall von eurer alten Regel eben abweichen«, sage ich zu dem Beamten. »Also ab sofort bitte eine Zelle und ein Bett. Und über die grundsätzliche Frage der Unterbringung von Brüdern reden wir noch gesondert und grundsätzlich, in der Anstaltskonferenz.«

In diesem Fall sieht der Beamte die Ausnahmeregelung sogar ein. Seinen Kollegen muss er sie allerdings noch versuchen schmackhaft zu machen.

Ich bin froh, dass die beiden kurz darauf aus der Untersuchungshaft entlassen werden. Das Sachverständigengutachten hat ergeben, dass sie sehr wahrscheinlich noch keine 14 Jahre alt sind, also hier wirklich fehl am Platze. Sie werden von einem unserer Sozialarbeiter in ein Kinder- und Jugendheim gebracht. Hoffentlich geht es ihnen dort besser, und man lässt sie zusammen in einem Bett schlafen!

Ein gelungener Ausbruch aus einer geschlossenen Justizvollzugsanstalt ist äußerst selten. Er hat immer zusätzliche bauliche oder organisatorische Sicherheitsmaßnahmen zur Folge, oft auch eine zusätzliche Bestrafung wegen Delikten, die im Zusammenhang mit der Flucht begangen wurden. Die außerhalb des Justizvollzuges verbrachte Zeit muss nachgesessen werden. Auch misslungene Ausbruchsversuche ziehen Disziplinarstrafen nach sich.

12. Ausbruch

Ende 1982 war in Pforzheim eine aufsehenerregende Bluttat geschehen: Ein junger Italiener, genauer gesagt Sizilianer, hatte aus Eifersucht seinen Schwager erschossen. Der geständige Täter wurde noch am selben Tage in die JVA Pforzheim in die Untersuchungshaft eingeliefert. Die beiden lokalen Zeitungen berichteten tagelang und ausführlich, auf der Grundlage des Polizeiberichts und sogar unter Namensnennung – das war damals noch üblich. Die Aufregung in der Stadt war groß und schwoll wieder an, als wenige Monate später die Staatsanwaltschaft Anklage wegen Mordes erhob.

Das zugrunde liegende Geschehen ist schnell erzählt: Giuseppe Sullaponte, alle nannten ihn »Beppo«, wohnte in der kleinen italienischen Kolonie, die sich im Pforzheimer Vorort Eutingen gebildet hatte, wo die Mieten etwas günstiger waren. Sein inzwischen verstorbener Vater war in den Sechzigerjahren als Gastarbeiter nach Deutschland gekommen und hatte bei einem großen Autozulieferer Arbeit gefunden. Frau und Kinder hatte er einige Zeit später nach Deutschland nachgeholt, mit dabei der kleine Beppo.

Nach dem Schulabschluss erhielt auch Beppo eine Anstellung in dem Betrieb, in dem bereits sein Vater tätig gewesen war. Als fleißiger Arbeiter, der auch Überstunden nicht scheute, verdiente er gutes Geld. Das Haus in Eutlingen, in dem er mit seiner Mutter und mehreren Brüdern und Schwestern wohnte, hatten sie inzwischen sogar erworben.

Bei einem Fest unter Nachbarn hatte er drei Jahre vor der Tat die reizende Concetta, ebenfalls eine Sizilianerin, kennengelernt. Die beiden wurden ein Paar, heirateten bald und bezogen eine eigene Wohnung in einem älteren Dreifamilienhaus im selben Stadtteil. Das hatten sie mithilfe der Familie gekauft, aber natürlich noch nicht abbezahlt. Kinder waren auch nach einigen Jahren Ehe noch keine da.

Eines Tages erzählte ihm einer seiner Brüder, dass ihr gemeinsamer Schwager, der schöne Luigi Cataneo, der ebenfalls in diesem Haus wohnte, ein Verhältnis mit seiner Frau Concetta angefangen habe. Beppo und seine Brüder sind sich einig: »Das besudelt die Ehre unserer Familie, und das kann nur mit Blut abgewaschen werden.« Er besorgt sich am Stuttgarter Hauptbahnhof, wo man Landsleute mit Kontakten zur Mafia treffen kann, eine Pistole und Munition. Er will den Schwager zur Rede stellen und töten.

Wieder zu Hause, lässt er Luigi von einem seiner Brüder herunter auf die Straße holen und konfrontiert ihn mit dem Vorwurf, den dieser nicht bestreitet. Es folgt ein erregter Wortwechsel. Beppo stellt es später so dar, dass sich der Verführer sogar noch mit seiner Eroberung gebrüstet und ihn damit provoziert habe. Angeblich sollen dessen letzten Worte gewesen sein: »Concetta liebt mich, und ich liebe sie.« Danach schießt Beppo mit seiner Beretta sechsmal auf seinen Schwager, leert das ganze Magazin. Fünf Schüsse treffen den armen Luigi, mindestens zwei davon sind tödlich.

Von der Polizei, die wenige Minuten später am Ort des Geschehens eintrifft, lässt Beppo sich widerstandslos festnehmen. Er gesteht die Tat sozusagen noch am Tatort, wo sich inzwischen die ganze hitzig diskutierende italienische Comunita versammelt hat. Weil Beppo beste Verbindungen nach Italien und Sizilien hat, geht der Haftrichter trotz seines Geständnisses von Fluchtgefahr aus. Also Untersuchungshaft. Sein italienischer Pass wird Beppo abgenommen.

Einige Tage nach seiner Einlieferung in die JVA Pforzheim bringt man mir den U-Gefangenen Sullaponte zum Zugangsgespräch. Ich bin natürlich neugierig nach all den Zeitungsberichten. Er ist etwa Ende 20, also ein paar Jahre jünger als ich, nur etwa 1,60 Meter groß, schlank, aber doch recht kräftig. Gebräuntes, glatt rasiertes Gesicht, pechschwarzes, widerspenstiges Kraushaar, das aber trotzdem, soweit das geht, sorgfältig in der Mitte gescheitelt ist. Braune Augen, eine fast schon klassisch zu nennende gerade Nase und auffällig tiefe Stirnfalten. Vom Haaransatz bis fast zur linken Augenbraue hinunter zieht sich eine schmale, silbrig glänzende Narbe. Beppo spricht recht ordentlich Deutsch, allerdings mit vielen eingefügten italienischen Wörtern und ausgeprägtem Akzent. Eigentlich wirkt er auf mich recht sympathisch.

»Meine *Famiglia* steht hinter mir«, sagt Beppo überzeugt und hat auch gleich eine Bitte: »*La Mamma* möchte mir bringen eine Panettone, weil bald *Natale*, Weihnachten.«

»Das geht nicht«, sage ich scherzend. »Sie wissen schon, wegen dem Sägeblatt im Kuchen. Aber kleine Plätzchen, die darf sie mitbringen. Die müssen natürlich kontrolliert werden und sind deshalb danach oft zerbrochen. Hat Ihre Mutter denn schon eine Besuchserlaubnis vom Haftrichter?«

»Ja, weil alles gestanden, darf *la Mamma* kommen und eine Schwester.«

Der Chef der Untersuchungshaftabteilung, Amtsinspektor Motter, der den Gefangenen in mein Büro gebracht hat, schaut bereits recht kritisch und steht abrupt von seinem Stuhl auf. Die Sache mit den Weihnachtsplätzchen gefällt ihm gar nicht, weil die erforderliche sorgfältige Kontrolle – Stück für Stück – aufwendig ist. Er bringt den Gefangenen in die Abteilung zurück und kommt dann noch mal bei mir vorbei. »Das kann aber nicht die Regel werden«, sagt er, »bei unserer knappen Personalausstattung. Die bekommen doch alle vom evangelischen Pfarrer zu Weihnachten ein Päckchen mit Weihnachtsgebäck, das sollte reichen!«

»Ist aber vom Ministerium so allgemein gestattet«, beharre ich, verspreche aber, mit derlei Genehmigungen zurückhaltend zu sein.

Herr Motter ist ein Vollzugsbeamter alter Schule von geradezu unglaublicher, fast schon beängstigender Korrektheit. Er ist weit über 50, geht in wenigen Monaten in den Ruhestand. Obwohl recht groß gewachsen, ist er immer noch aufrecht, schlank, sportlich und adrett. Graues, ehemals blondes volles Haar, immer kurz und modisch geschnitten, unter der korrekt aufgesetzten Uniformmütze. Blaue Augen in einem ebenmäßigen Gesicht, das frisch, gepflegt und wenig gealtert wirkt, mit einem exakt gestutzten schmalen Oberlippenbart über dem energischen Mund. Seine Uniform ist so tadellos wie sein Verhalten und seine Ausdrucksweise – immer vorbildlich. Vielleicht hat er überdies einen kleinen Sauberkeitsfimmel.

Bevor er in Pforzheim Chef der Untersuchungshaftabteilung wurde, war er im altehrwürdigen württembergischen Landesgefängnis Ludwigsburg, im Volksmund der »Rote Ochsen« genannt, Leiter des größten Arbeitsbetriebes. Schon dort wusste jeder, dass bei ihm Anerkennung allein über sorgfältige und gute Arbeit zu erlangen ist. Dementsprechend sind auch die mit Linoleum ausgelegten Flure in seiner Pforzheimer Untersuchungshaftabteilung blitzblank, ebenso die Fenster und Türen und was sonst noch alles sauber gehalten werden kann.

Unter seiner Aufsicht wird täglich geputzt. Dafür ist der Stockwerksreiniger zuständig: ein Gefangener, der damit einen Vertrauensposten hat, weil er ständig außerhalb seiner Zelle tätig ist und auch Zugang zur Putzkammer hat. Dort werden alle notwendigen Geräte – Besen, Kehrichtschaufel, Eimer sowie die Putzmittel – aufbewahrt, aber aus Sicherheitsgründen natürlich immer unter Verschluss gehalten. Wenn der Reiniger etwas davon benötigt, wird extra für ihn aufgeschlossen. In manchen anderen Abteilungen der Anstalt machen die »Schänzer«, wie man hier im Badischen meistens sagt, auch einmal kleine Geschäfte mit den weniger privilegierten Mitgefangenen, stellen die Nachrichtenbörse dar oder schmuggeln unerlaubte Gegenstände. Doch so etwas gibt es bei Herrn Motter nicht. Der hat immer alles im Griff!

Ebenso wie seine Angehörigen, die ihn regelmäßig besuchen, ist Beppo genau genommen sogar froh, dass er im Gefängnis sitzt. Da ist er nämlich in Sicherheit. Denn von der Familie des Getöteten befürchtet man die »Vendetta«, die damals durchaus noch geübte sizilianische Blutrache. Ein entsprechender Racheschwur der weit verzweigten und in Deutschland sehr präsenten Verwandtschaft von Luigi ist schon ausgesprochen worden; das sagt auch die Kripo.

Beppo wird von der Staatsanwaltschaft wegen Mordes angeklagt. In der Hauptverhandlung vor dem Schwurgericht wenige Wochen später wird er verurteilt, denn alle erforderlichen Beweise und sein Geständnis liegen ja vor. Aber entgegen dem Antrag des Staatsanwalts, der eine lebenslange Freiheitsstrafe wegen Mordes gefordert hat, nur wegen Totschlags. Zwölf Jahre Freiheitsstrafe.

Damit ist die Staatsanwaltschaft freilich nicht einverstanden und legt Revision zum Bundesgerichtshof ein. Juristen und gerade auch Staatsanwälte wollen eben oft nicht nur Recht finden, sondern möglichst auch Recht behalten. Man ist der Meinung, eine Tötung wegen gekränkter Familienehre erfülle das Mordmerkmal des »niederen Beweggrundes«. Auch wenn der Täter noch mit den Moralvorstellungen seines Herkunftslandes verbunden sei, seien ausschließlich die Vorstellungen der Rechtsgemeinschaft in der Bundesrepublik ausschlaggebend. Und eine Tötung aus Rachsucht steht nach Auffassung der Staatsanwaltschaft »auf niedrigster sittlicher Stufe«. Somit handele es sich um Mord. Das Landgericht hätte eine lebenslange Freiheitsstrafe aussprechen müssen, wird gerügt.

In der Vollzugspraxis kann ein Untersuchungsgefangener, der zwar schon verurteilt ist, bei dem aber noch eine Revision anhängig ist, mit Zustimmung des Gerichts ähnlich wie ein Strafgefangener behandelt werden. Denn in einem solchen Fall sind die gerichtlichen Tatsachenfeststellungen bereits erfolgt und bindend. In der Revision geht es nur noch um Rechtsfragen oder um das Strafmaß. In Beppos Fall wird diese Zustimmung vom Haftrichter erteilt. Und weil er durch Ordnung und Sauberkeit in seiner Zelle inzwischen das Vertrauen von Herrn Motter gewonnen hat, wird er von diesem nun zum Reiniger auf dem zweiten U-Haft-Stockwerk bestellt. Das geht viele Monate lang gut: Beppo hält sich an alle Regeln, und die Sauberkeit auf der Abteilung ist weiterhin so vorbildlich wie ihr Chef.

Als Herr Motter jedoch eines Tages zu Beginn der Frühschicht seine Abteilung betritt, fällt ihm unerklärlich viel Staub auf dem Boden und auf den Fenstersimsen auf. Das ist er nicht gewöhnt. Er schaut sich das auf dem mit Spucke angefeuchteten Zeigefinger genauer an: Zementstaub? Es gibt doch gerade gar keine Bauarbeiten! Er schließt sofort die am Ende des Flurs gelegene Zelle von Beppo auf, um ihn gehörig zusammenzustauchen. Mit einem Blick erfasst er die Lage: In dem Betongitter des Zellenfensters fehlt ein großes Stück, das die Sicht nach draußen freigibt. Dort an der Anstaltsmauer hängt ein aus dem blaukarierten Bettzeug geknüpftes Seil. Beppo ist weg, ausgebrochen und abgehauen!

Die sofort eingeleitete Großfahndung muss nach drei Tagen erfolglos abgebrochen werden. Von Beppo ist keine Spur. Die Ermittlungen in der Anstalt zeigen, dass ein beachtliches Stück aus dem Fenstergitter herausgeschlagen worden ist. Zahllose kleine Betonbrocken finden sich unterhalb des Fensters im Gras. Das überrascht uns sehr, weil diese neuartige Gitterkonstruktion erstmals in der als absolut ausbruchssicher geltenden Vollzugsanstalt Stuttgart-Stammheim zum Einsatz gekommen ist. Niemals hat dort jemand dieses gewaltige Gitter knacken können. Es gilt als hundertprozentig sägefest. Aber gesägt wurde hier ja auch nicht, sondern abgeschlagen!

Auf welche Weise konnte das vollbracht werden? Als Werkzeug findet sich im Gras auch die schwere Bohnerbürste aus der Putzkammer. Dieses mehrere Kilo schwere gusseiserne Teil – im Volksmund »Blocker« genannt – hat der Gefangene heimlich an sich gebracht, mit Putzlappen umwickelt, wie einen Vorschlaghammer benützt und damit in offenbar längerer Arbeit den knapp 25 Zentimeter großen Teil eines Betongitterstabes Stück für Stück beseitigt. Die so geschaffene Lücke reichte augenscheinlich aus, um einem kleinen, schlanken Menschen das Hinausklettern zu ermöglichen.

Aber so etwas macht doch einen Höllenlärm, das hätte der Nachtdienst doch hören müssen! Haben die denn alle geschlafen? Trotzdem beteuern die Beamten einstimmig, dass in der Nacht des Ausbruchs kein solcher Lärm wahrzunehmen war. Kaum zu glauben!

Nachdem auch monatelange bundesweite Fahndungsmaßnahmen ergebnislos bleiben, konzentrieren sich die Nachforschungen der Polizei auf das italienische Milieu in Pforzheim. Der dort eingeschleuste V-Mann ist sich sicher, dass Beppo es mithilfe von Landsleuten zurück nach Sizilien geschafft hat. Er lebe dort in der Nähe des Heimatortes seiner Eltern, heißt es, müsse allerdings aufpassen, dass Luigis Verwandte ihn nicht erwischen.

Eineinhalb Jahre später, der Ausbruch ist fast schon vergessen, bekomme ich einen Anruf von der Kriminialpolizei in Lörrach. Man habe an der Schweizer Grenze in Basel einen Federico Sullaponte festgenommen. »Kann es sein, dass es sich um den vor Längerem aus der JVA Pforzheim ausgebrochenen Gefangenen handelt?«, fragt man mich. Ein kurzer Vergleich der in unseren Akten befindlichen Personenbeschreibung mit derjenigen der Polizei ergibt, dass der Festgenommene unser flüchtiger Beppo sein dürfte. »Bitte die Identität nochmals genau überprüfen und ihn gegebenenfalls sofort in die JVA Lörrach bringen«, antworte ich. »Die werden dann dafür sorgen, dass er auf dem schnellsten Wege hierher zurückverlegt wird.«

Sensationell! Nun werde ich wohl endlich herausbekommen, wie der Ausbruch im Einzelnen vonstatten gegangen ist und weshalb angeblich niemand den Lärm gehört hat. Wenige Tage später sitzt mir Beppo, einigermaßen frustriert und zerknirscht, zur Anhörung gegenüber. »Ich bin eine große *Idiota*«, beginnt er, »immer wieder habe ich *la Mamma*, die mich oft in *Sicilia* besucht hat, mit dem Auto bis Grenze *Svizzera* zurückgebracht. Dort hat sie dann einer meiner Brüder abgeholt. Nur bis kurz vor die Grenze bin ich gefahren, nix Deutschland! *Va bene*, ist gut gegangen, *sempre. Solamente uno autoparco errato! Idiota!*«

Die Polizei hatte mir bereits mitgeteilt, dass Herr Sullaponte kurz vor dem Zollhäuschen auf einem deutschen Parkplatz festgenommen worden war. Dieser sei nur für LKW vorgesehen und entsprechend beschildert. Deshalb wurden er und sein PKW kontrolliert. Da anhand seiner italienischen, auf den Namen Federico Sullaponte lautenden Ausweispapiere seine Identität nicht zweifelsfrei geklärt werden konnte, kam wegen des Namens und seines Alters Argwohn auf: Es könnte sich um den laut Fahndungsbuch aus der JVA Pforzheim geflohenen Giuseppe Sullaponte handeln. Dieser Verdacht bestätigte sich bei einer Nachfrage bei der Kriminalpolizei in Pforzheim. Daraufhin erfolgte die Festnahme.

»Ich habe sofort protestiert, hier ist *Svizzera*! Deutsche Polizei hat kein Recht zur Kontrolle! Aber die Polizisten haben nur gelacht und gesagt: Nein, dieser Parkplatz gehört schon zu Deutschland. Die Grenze ist ein paar Meter weiter hinten! Und dann haben Sie mir, *porca miseria*, die Handschellen angelegt. *Addio liberta*! Jetzt bin ich wieder hier!«

»Also, wenn man schon auf der Flucht vor der Polizei ist«, kann ich mir nicht verkneifen zu sagen, »dann sollte man immer und überall die Regeln genauestens beachten! Andernfalls muss man sich nicht wundern, wenn man ins Fadenkreuz der Gesetzeshüter gerät. Aber eines würde mich doch noch interessieren: Wie haben Sie es damals fertiggebracht, dass niemand von den Beamten gehört hat, wie Sie immer wieder auf das Betongitter eingedroschen haben? Dass Sie es mit dem Blocker gemacht haben, wissen wir natürlich. Aber das muss doch trotz der herumgewickelten Putzlappen fürchterlich gewummert und gedröhnt haben.«

Beppo antwortet mit einem verschmitzten Lächeln: »*Direttore*, Sie wissen doch, dass die Eisenbahn gleich neben der Anstalt fährt. Genau vor dem Fenster meiner Zelle. Die Züge machen viel Krach. Und nachts fahren besonders viele lange Güterzüge. Die machen endlos lange so laut »bumm, bumm«, dass das ganze Gefängnis dröhnt. Da musste ich nur abwarten, bis wieder einer kommt und dann genau zusammen mit dem Zug klopfen. Deshalb hat niemand etwas gehört!«

»Mhm. Dann habe ich noch eine gute Nachricht für Sie: Der Bundesgerichtshof hat die Revision der Staatsanwaltschaft verworfen. Sie müssen also nur die vom Landgericht verhängten zwölf Jahre Freiheitsstrafe verbüßen. Kein Mord, also kein lebenslänglich. Die über viele Monate erlittene Untersuchungshaft wird ohnehin angerechnet. Und wenn Sie mit Ihrer Ausweisung nach Italien einverstanden sind, besteht nach der Strafprozessordnung die Möglichkeit, dass Sie sogar schon nach der Hälfte der Strafe dorthin abgeschoben werden. Das ist nicht mehr so lange hin. Zurück nach Deutschland dürfen Sie dann aber nie mehr.«

Weil die Verurteilung nun rechtskräftig ist, wird Beppo wenige Tage später in die für ihn zuständige Anstalt des geschlossenen Strafvollzugs verlegt. Ob er von der erwähnten Möglichkeit einer vorzeitigen Entlassung Gebrauch gemacht hat? Ich weiß es nicht. Einen Ausbruchsversuch hat er aber gewiss nicht mehr unternommen. Denn das hätte ich mit Sicherheit erfahren.

In jeder Justizvollzugsanstalt liegt für den Fall einer Geiselnahme, aber auch für andere besondere Vorkommnisse, ein Einsatzplan in der Schublade. Es gibt einen Krisenstab, und es werden gemeinsam mit der Polizei regelmäßig Übungen durchgeführt.

13. Geiselnahme

Am Sonntagabend gegen halb acht – ich habe mir gerade ein Glas Rotwein genehmigt und sehe die Sportschau im Fernsehen an – kommt ein Anruf von der Vollzugsanstalt. Aufgeregt berichtet der Wachhabende: »Es gab einen Alarm! Zwei Gefangene im Haus D, erster Stock, haben einem der beiden Kollegen, die gerade dabei waren, die letzten Freizeitteilnehmer in ihre Zellen einzuschließen, mit Gewalt den Zellenschlüssel abgenommen.«

»Ist jemand verletzt?«

»Nein, jedenfalls nichts Ernsthaftes. Wohl bloß ein paar Kratzer. Es ist den Kollegen mit Mühe und Not gelungen, sich in das Dienstzimmer zurückzuziehen, für das ja der Zellenschlüssel Gott sei Dank nicht passt. Aber jetzt haben die Gefangenen schon viele ihrer Kumpels aus ihren Zellen herausgeschlossen.«

»Wie konnte das passieren?«, frage ich.

»Die Gefangenen haben zunächst zu zweit den Bernd angegriffen. Bei dem Gerangel um seinen Schlüsselbund, den sie ihm komplett abnehmen wollten, ist die Kette gerissen und alle Schlüssel sind auf den Boden geflogen. Einer von den beiden, der Lackmeyer, hat sofort den Zellenschlüssel erwischt, die anderen Schlüssel haben wir. Der zweite hat gleichzeitig den Kollegen Albrecht mit einer in den Griff einer Zahnbürste eingeschweißten Rasierklinge bedroht und geschrien: ›Ich schneid euch die Halsschlagader durch!‹ Inzwischen hat der Lackmeyer angefangen, andere Gefangene aus ihren Zellen auszuschließen. Die meisten waren wohl eingeweiht und hatten sich teilweise schon mit vom Zellenmobiliar abgerissenen Stuhl- und Tischbeinen bewaffnet. Deshalb haben sich die beiden Kollegen in das Dienstzimmer des Stockwerks zurückgezogen und sich dort auch noch verbarrikadiert. Die Lage ist sehr bedrohlich.«

»Haben Sie Kontakt zu den Kollegen?«

»Ja, über das Telefon im Dienstzimmer. Und die können auch durch die Drahtglasscheibe den Flur einsehen. Offenbar sind nicht alle Gefangenen bereit, aus ihrer Zelle heraus auf den Flur zu kommen. Denn einige Türen wurden wieder geschlossen. Die Stockwerksabschlusstüre zum Treppenhaus hat ja ebenfalls eine andere Schließung und ist okay. Das haben wir schon von außen kontrolliert.«

Ich ordne an, dass zusätzlich von einer Doppelstreife der Nachtverschluss an der Eingangstür dieses Hafthauses eingelegt wird. Dann kann man auch mit einem passenden Schlüssel die Tür nicht mehr von innen aufschließen. »Und natürlich: immer Kontakt halten zu den eingeschlossenen Kollegen!«

Weiter soll der Wachhabende dafür sorgen, dass schnellstens meine Stellvertreterin, der Vollzugsdienstleiter, der Inspektionsbeamte und ein Psychologe und möglichst viele Beamten des allgemeinen Vollzugsdienstes telefonisch alarmiert werden. Ich stecke zwei Kaugummis in den Mund, damit kein Alkohol zu riechen ist, setze mich ins Auto und fahre los.

Ich habe wildes Kopfkino unterwegs, aber sage mir selbst: »Reiß dich zusammen! Jetzt kommt's darauf an!«

Selbstverständlich ist man in einer Justizvollzugsanstalt auf das Szenario Geiselnahme vorbereitet. Bloß lässt sich die Realität oft nicht genau vorhersehen, kommt es anders als man geplant und geübt hat. Ein britischer Anstaltsleiterkollege mit militärischer Vergangenheit hat es mal so ausgedrückt: »*No plan survives contact with the enemy.*« Kein Plan überlebt den Kontakt mit dem Gegner.

Als ich wenig später in der Anstalt ankomme, sind die meisten Teilnehmer des Krisenstabes schon anwesend. Weitere Vollzugsbedienstete treffen ein. Der Vollzugsdienstleiter hat noch eine unerfreuliche Neuigkeit: »Inzwischen haben die den Albin Sendler als Geisel genommen. Das ist einer der Kleinsten und Schwächsten. Sie verlangen Fluchtautos und freies Geleit.«

Die Aufrührer, es sind inzwischen etwa zwölf auf dem Flur, haben dort Zugang zu einem Wandtelefon, mit dem man zum Glück nur intern, nicht aber außerhalb der Anstalt telefonieren kann. Sie werden von den beiden Beamten im Dienstzimmer weiter beobachtet. Die sind damit aber auch blockiert, selbst eingesperrt und gefährdet.

Vorsichtshalber werden vom Hauselektriker Maßnahmen ergriffen, dass von dem Wandtelefon aus nur noch mein Telefonapparat angerufen werden kann. Nach einigen Minuten läutet es auch. Ich nehme ab, melde mich mit meinem Namen und füge hinzu, dass ich der Anstaltsleiter bin. Das Telefon stelle ich laut, damit die anderen mithören können. Natürlich herrscht riesige Nervosität im Raum.

Laut schreiend meldet sich der Untersuchungsgefangene Lackmeyer: »Wir haben den Zellenschlüssel und können alle Gefangenen auf unserem Stockwerk aus ihren Zellen herausholen. Den kleinen Sendler haben wir als Geisel genommen. Wenn nicht innerhalb von zehn Minuten zwei Fluchtautos bereitstehen, 5er BMW oder so, vollgetankt, werden wir ihm etwas antun.«

Aufgelegt.

Ein Mitarbeiter holt die Personalakte Lackmeyer aus der Geschäftsstelle, damit wir weitere Informationen über ihn bekommen. Gleich auf der ersten Seite prangt in Rot der Vermerk: »Beamtenangreifer!« Ich rufe auf den Wandapparat zurück. Wieder dieselbe laute Stimme, also wohl Lackmeyer.

»Bitte beruhigen Sie sich. Machen Sie bitte nichts Unüberlegtes. So schnell können wir keine Autos organisieren, aber wir bemühen uns.«

Er schreit: »Es bleibt dabei, in zehn Minuten. Sonst passiert dem Sendler was!«, und legt wieder auf. Bei diesem Gespräch habe ich nun das Mikrofon meines eingeschalteten Diktiergerätes neben den Telefonapparat gelegt, der ja auf Lautsprecher gestellt ist, sodass ab sofort die Gespräche mitgeschnitten und dokumentiert werden.

Im Krisenstab sind wir uns nicht einig, ob das eine echte Geiselnahme ist – oder ob der Sendler mitmacht, also Komplize ist. Auch nicht, ob wir nun sofort die Polizei alarmieren und dann eben abwarten sollen.

»Dafür ist keine Zeit«, sagt der Vollzugsdienstleiter, »wir müssen schnellstmöglich eingreifen und sofort die Kollegen befreien. Wenn die Meuterer anfangen, mit vereinten Kräften und einem Rammbock aus Tischen oder Betten das Drahtglas am Dienstzimmer zu attackieren, hält das keine zwei Minuten. Und dann haben sie unsere beiden Kollegen auch noch als Geiseln. Die haben ja nichts im Dienstzimmer, womit sie sich wehren könnten. Wir können die doch nicht einfach im Stich lassen!«

Tatsächlich, bis angesichts unserer Lage im tiefsten Baden-Württemberg, abseits jeder größeren Stadt, noch dazu am Wochenende, die ersten Polizisten hier eintreffen, wird es mindestens eine halbe Stunde dauern. Und bis die dann ihren ganzen Apparat aufgebaut haben – Verhandlungsgruppe, Ermittlungsgruppe, Einsatzgruppe –, noch sehr viel länger. Kaum weniger als eine Stunde. Das wissen wir aus den Übungen. Haben wir so viel Zeit?

Der Lackmeyer wird von denjenigen, die ihn persönlich kennen, als Aufwiegler und als gefährlich eingeschätzt. Er sei ein großer, kräftiger Kerl, der angeblich vor nichts zurückschreckt. Laut Akte soll er bandenmäßig mehrere Raubüberfälle begangen und in einem Fall sein Opfer mit einem Messer bedroht und auch verletzt haben. Vorstrafen hat er auch schon genügend.

Er ruft schon wieder an: »Wenn nicht innerhalb von fünf Minuten die Autos vor dem D-Bau stehen, schneiden wir dem Sendler den ersten Finger ab. Und dann alle fünf Minuten noch einen. Das haben dann allein Sie zu verantworten, nur Sie! Und keine Tricks!«

Ich beschwöre ihn, dem Sendler auf keinen Fall etwas anzutun und noch etwas Geduld zu haben. Und verspreche, so bald wie möglich wieder anzurufen.

Jetzt sind wir gewaltig unter Druck. Aber wir haben inzwischen auch schon viel Personal zusammengezogen und bereiten uns vor, notfalls einzugreifen. Einige Beamte ziehen Schutzkleidung an, werden mit Schlagstock und Schließzeug ausgerüstet. Alle verfügbaren VW-Busse werden so bereitgestellt, dass man sie vom Haus D aus nicht sehen kann. Der Anstaltsarzt ist verständigt und steht bald mit mehreren Sanis bereit. Falls es Verletzte gibt. Denn die gemeldete Bewaffnung der Gefangenen mit abgerissenen Tisch- und Stuhlbeinen aus Stahlrohr und mit der Rasierklinge macht mir große Sorgen.

Der Vollzugsdienstleiter hat herausgefunden, dass es die Möglichkeit gibt, von außen in das blockierte Dienstzimmer einzudringen. Denn dessen Fenstergitter dient auch als Notausstieg. Es kann deshalb von außen mit einem besonderen Schlüssel geöffnet werden. Eine Brandschutzmaßnahme, der wir früher äußerst kritisch gegenüberstanden. Denn Gitter, die sich öffnen lassen, sind im Gefängnis grundsätzlich nicht gern gesehen. Jetzt zahlt es sich vielleicht aus, dass es diese Möglichkeit gibt. Allerdings weiß man nicht, ob das Schloss, das seit vielen

Jahren der Witterung ausgesetzt ist, überhaupt noch funktioniert. Der Schlüssel wird bereitgelegt, unser eigener Schlossermeister verständigt. Auch die Anstaltsfeuerwehr wird alarmiert, weil sie über Leitern und anderes Gerät verfügt, um von außen an das Fenster im ersten Stockwerk heranzukommen und in das Gebäude einzudringen.

Erneut läutet mein Telefon, am anderen Ende ein Riesengeschrei: »Jetzt wird der erste Finger abgeschnitten! Sie wollen es ja nicht anders!«

Dann grässliches Geheule: »Nein, nein, nicht, nicht ... Nein! Nein!«, und anhaltende Schmerzensschreie. Anschließend nur noch Gewimmer.

Die sofortige telefonische Nachfrage bei den Beamten im Dienstzimmer ergibt, dass sie keine Sicht auf den Vorgang hatten, weil der Sendler von allen umringt war. »Das Fingerabschneiden haben wir nicht gesehen, nur fürchterliches Geschrei gehört. Jetzt ist dem Sendler seine Hand verbunden.«

»Blut auf dem Boden?«

»Nein, nichts zu sehen!«

Nach Abwägung des Für und Wider plädiert eine Mehrheit des Krisenstabes für sofortiges Eingreifen. »Wir haben keine Zeit zu verlieren. Die Polizei kann uns und unseren Kollegen im Moment nicht helfen«, ist die überwiegende Meinung. Das entspricht auch meiner Einschätzung – und meinem Bauchgefühl.

Eine große Anzahl von Freiwilligen – ich habe bereits den Überblick verloren, wer dabei ist und wer nicht – wird möglichst unsichtbar von hinten an den D-Bau herangeführt. Das einzige Fenster an dieser Schmalseite des Gebäudes ist dasjenige des Dienstzimmers, in dem sich die beiden Kollegen aufhalten; und die sind natürlich telefonisch vorinformiert. Die Einsatzkräfte steigen mit Leitern hinauf, und das Gitter lässt sich nach einigem Rütteln öffnen. Sie schaffen es in das Dienstzimmer. Dort kurzes Verschnaufen. Sieben Mann sind schon drin plus die beiden Hausbeamten. Dann geht es los: Einsatz!

Mit den Rufen »Alle auf den Boden!« stürmen die Beamten in den Flur. Lackmeyer bekommt mit dem Schlagstock einen Hieb auf die Hand und lässt den Schlüssel sofort fallen. Auch die anderen geben schnell auf und lassen sich ohne große Gegenwehr fesseln. Sie werden in die bereitgestellten VW-Busse verfrachtet und, so gut wie möglich voneinander getrennt, in einen der besonders gesicherten Hafträume oder zumindest in möglichst weit entfernte Unterkunftshäuser verbracht.

Einige Beulen und Blessuren werden vom Arzt sofort danach mit Eis und Pflaster behandelt. Schwerere Verletzungen sind erfreulicherweise nicht zu verzeichnen. Der Gefangene Sendler ist unversehrt. Kein Finger wurde abgeschnitten, es war alles nur Bluff! Auch bei den Beamten gibt es keine größeren Verletzungen als Hautabschürfungen, Prellungen und zerrissene Uniformen. Das ist noch einmal glimpflich abgegangen! Ich atme auf.

Ich muss nun unverzüglich dem Justizministerium und dem Lagezentrum im Innenministerium den telefonischen Vorausbericht über das »außerordentliche Vorkommnis«, wie das im Amtsdeutsch heißt, erstatten. »Sind Sie wahnsinnig geworden?«, fragt man mich vorwurfsvoll. »Nach den Landesvorschriften hätten sofort die Polizei und das SEK benachrichtigt werden müssen! Die hätten dann die Einsatzleitung übernommen und alles weitere veranlasst. Das kann noch üble Konsequenzen für Sie haben«, werde ich belehrt.

Nun denn, für heute bin ich bedient. Die ausführlichen Berichte an das Justizministerium, an die zuständigen Haftrichter, die Staatsanwaltschaft und alle weiteren Stellen schreibe ich morgen, wenn die schriftlichen Meldungen der Beamten vorliegen und auch die beteiligten Gefangenen angehört worden sind. Ich lasse außerdem alles, wie immer in solchen Fällen, von meiner Vertreterin Korrektur lesen. Dann gehen die Berichte raus – und wir sehen weiter.

Als ich gegen 22:45 Uhr wieder im Auto sitze, wird mir bewusst, dass ich vor lauter Anspannung die ganze Zeit den noch zu Hause in den Mund gesteckten Kaugummi gekaut habe. Und zwar heftig. Ich lasse die Scheibe herunter und spucke ihn hinaus. Jetzt nehme ich auch erst den Schmerz in der Kaumuskulatur wahr. Dort hatte ich noch nie zuvor Muskelkater!

Das Justizministerium führt sowohl die Rechtsaufsicht wie auch die Fachaufsicht über die Justizvollzugsanstalten, die ihrerseits an Gesetz und Recht gebunden sind, in erster Linie natürlich an das geltende Strafvollzugsrecht. Die Aufsicht wird hauptsächlich dadurch ausgeübt, dass die Anstalten schriftliche Berichte an das Justizministerium zu erstatten haben, aber auch dadurch, dass der Minister beziehungsweise die Ministerin oder ihre Beauftragten sich vor Ort über Probleme informieren.

14. Ministerbesuch

Nach der Landtagswahl 1996 war in Baden-Württemberg eine schwarz-gelbe Regierung unter Führung von Ministerpräsident Erwin Teufel (CDU) gebildet worden. Justizminister wurde Professor Dr. Ulrich Goll (FDP). Als dieser schon kurz nach seinem Amtsantritt ankündigt, dass er einen seiner ersten Behördenbesuche bei uns in der Jugendstrafanstalt Adelsheim machen will, ist die Freude groß, aber auch die Anspannung. Zumal er die gesamte Landespressekonferenz mitbringen will, also alle bei der Landesregierung akkreditierten Journalisten!

Wir bereiten uns auf das wichtige Ereignis natürlich akribisch vor. Der große Konferenzsaal wird hergerichtet. In den Freizeitgruppen der Gefangenen wird Tischschmuck gebastelt, in der Bäckerei wird süßes und salziges Gebäck produziert, die Metzgerei macht kleine geräuchte Pfefferbeißer. Denn bei dieser Gelegenheit wollen wir auch die Leistungsfähigkeit unserer Lehrwerkstätten unter Beweis stellen.

Am frühen Nachmittag treffen bei Kaiserwetter die Gäste ein: die Wagenkolonne des Ministers und der zahlreichen Medienvertreter. Ich begrüße den Minister mit Begleitung schon auf der Freitreppe in der Fahrzeugschleuse. Neben seiner persönlichen Referentin hat er mehrere hochrangige Beamte und einige örtliche Politiker mitgebracht. Und natürlich die Journalisten, von denen die meisten noch nie in einer Jugendstrafanstalt gewesen sind.

Nach einem Rundgang durch die Anstalt in mehreren Gruppen finden wir uns im Konferenzsaal ein, in dem die Landespressekonferenz stattfinden soll. Justizminister Goll ist am oberen Ende der langen, mit Blumen und Bastelarbeiten der Gefangenen geschmückten Tafel platziert. Hinter ihm an der Wand prangt das große Landeswappen, eine eindrucksvolle schmiedeeiserne Arbeit aus unserer Schlosser-

Lehrwerkstatt: der württembergische Hirsch und der badische Greif, die den Wappenschild mit den drei Löwen halten.

Selbstverständlich wurde die Sitzordnung zuvor mit dem Justizministerium besprochen. Rechts neben dem Minister sitzt seine persönliche Referentin, eine junge Richterin vom Landgericht Mosbach. Links von ihm sitzt ein hoher Ministerialbeamter, daneben ich als Hausherr und danach weitere Ministeriale. Gegenüber sind die Medienvertreter platziert, damit sie dem Minister ihre Fragen möglichst Auge in Auge stellen können. Dann die Lokalpolitiker. Weiter hinten im Saal sitzen viele unserer Mitarbeiterinnen und Mitarbeiter sowie auch einige Jugendstrafgefangene, die ihr Einverständnis zur Teilnahme erklärt haben. Die Damen aus meinem Vorzimmer und aus der Hauptgeschäftsstelle haben es übernommen, Kaffee und Tee zu servieren. Die verschiedenen Arten Gebäck sind in zahlreichen Körbchen auf dem Tisch verteilt, ebenso die Würstchen – für jeden erreichbar.

Kameras klicken, Blitzlichter zucken, zwei Fernsehkameras sind in Stellung gebracht: Die Ausbeute an medienwirksamen Bildern verspricht gut zu werden. Nach Begrüßungsworten des Ministers wird mir gestattet, in einem Kurzreferat die Situation im baden-württembergischen Jugendstrafvollzug darzustellen. Nicht ohne Stolz weise ich darauf hin, dass die Jugendstrafanstalt Adelsheim mit ihren 420 Haftplätzen, 18 Ausbildungsbetrieben samt Gewerbeschule und einer voll ausgebauten allgemeinbildenden Schule eine der größten und modernsten in Europa ist.

Anhand von Zahlen, veranschaulicht durch projizierte Schaubilder, lege ich dar, dass selbst mittelschwere Jugendkriminalität, die ins Jugendgefängnis führt, ihrer Natur nach ein vorübergehendes Phänomen ist. Wie auch die Jugend als solche. Deshalb sind die Aussichten, dass unsere »Absolventen« aus dem Kriminalitätsgeschehen wieder herauswachsen, nicht so schlecht, jedenfalls auf längere Sicht. Nach vorliegenden Untersuchungen kann die langfristige Rückfallwahrscheinlichkeit auf weniger als 40 Prozent beziffert werden.

Im Hauptteil stellt Justizminister Goll die Grundlinien seiner Politik vor und informiert über aktuelle Vorhaben wie die Reform der Gerichte und des Notariats. Dies führt erwartungsgemäß zu Fragen der Medienvertreter und der Lokalpolitiker. Sie möchten wissen, ob Gerichte in ihrer Region betroffen sind oder gar geschlossen werden. Der Minister kann die Gemüter aber beruhigen: Eingriffe solcher Art seien nicht geplant.

Was unsere Anstalt angeht, so fragt ein Journalist, ob angesichts der Überbelegung des Jugendstrafvollzugs mit einer Personalvermehrung gerechnet werden kann. Der Minister will sich dafür einsetzen, wofür ich mich bedanke.

Nach längerer Diskussion aktueller justizpolitischer Fragen geben sich die Medienvertreter endlich zufrieden. Man kann zum gemütlichen Teil übergehen. Es wird nun vermehrt das angebotene Gebäck aus eigener Herstellung probiert, auch reichlich Kaffee, Tee oder Fruchtsaft getrunken. Ich nehme dies zum Anlass, darauf hinzuweisen, dass es im Justizvollzug und also auch hier keinen Alkohol gibt. Zum Schluss erhalten alle noch ein kleines Präsent, eine von den Gefangenen aus Holz geschnitzte Blume, in bunten Farben gebeizt. Am Ende sind sich alle einig: eine informative und gelungene Veranstaltung.

Nachdem die Besucher verabschiedet sind und die Anstalt verlassen haben, will ich mich noch persönlich bei allen Mitarbeiterinnen und Mitarbeitern bedanken, die hervorragende Arbeit geleistet haben. Ich mache deshalb die Runde durch das Haus. Meine Vorzimmerdamen sind ordentlich aufgekratzt: »Chef, haben Sie das gesehen, wie die persönliche Referentin den Minister angehimmelt hat und der diese? Total verliebt, alle beide. Da läuft doch was, hundertprozentig!«

»Nichts dergleichen habe ich gesehen, völliger Unsinn! Wo ihr bloß eure Augen habt! Da war gar nichts«, antworte ich und setze kopfschüttelnd meine Runde fort.

Eine Viertelstunde später stoße ich in der Hauptgeschäftsstelle auf eine kleine Gruppe munter mampfender Helferinnen und Helfer, darunter auch meine Vorzimmerdamen. Die sind gerade dabei, die noch übrig gebliebenen Süßstückchen zu vertilgen, nachdem schon die beteiligten Gefangenen davon mitnehmen durften, soviel sie wollten. Schon wieder ist Thema, wie verliebt sich der Minister und seine persönliche Referentin gezeigt hätten. »Fast mit den Augen aufgefressen hat sie ihn«, meint die Vorlauteste, eine andere spricht von »rot glühenden Bäckchen«, eine dritte von »Balzverhalten«.

Da platzt mir der Kragen: »Absoluter Quatsch. Ich will das nicht mehr hören! Und ich verbiete Ihnen strengstens, weiterhin solchen Unsinn zu verbreiten!«, schnauze ich sie an. Das wirkt endlich: Jetzt herrscht Ruhe. Und ich ziehe mich, einigermaßen genervt, in mein Büro zurück.

Am darauffolgenden Montag fragen mich die zwei Damen im Vorzimmer, ob sie mir etwas zeigen dürften.

»Ja klar, worum handelt es sich?«

Da halten sie mir eine Seite der *Bild*-Zeitung vor die Nase. Aus der fetten Balkenüberschrift ergibt sich, dass der Justizminister Goll wohl ein Verhältnis mit seiner persönlichen Referentin hat. Die beiden seien schwer verliebt und wollten bald heiraten, heißt es da. Von seiner bisherigen Ehefrau sei er getrennt, aber noch nicht geschieden. Weiter wird berichtet, dass der streng katholische Ministerpräsident Teufel dies alles äußerst kritisch sieht und deshalb bereits das Klima in der schwarz-gelben Koalition stark belastet ist. Er kann aber nichts machen, weil allein die FDP bestimmt, wer das ihr zustehende Justizressort leitet.

Ich muss natürlich bei meinen Damen Abbitte leisten und zugeben, dass ich es gewesen bin, der Tomaten auf den Augen hatte und der außerdem seine Mitarbeiterinnen zu Unrecht abgekanzelt hat. Offenkundig ein Mangel an Scharfblick wie auch an Einfühlungsvermögen!

Dabei hätte ich es besser wissen können. Denn dass ich von Beziehungsgeschichten wenig und von weiblicher Beobachtungsgabe und Intuition überhaupt nichts verstehe, hatte sich auch früher schon gezeigt. Zwar bin ich seit vielen Jahren verheiratet, liebe meine Frau und verstehe meine beiden Söhne. Bloß da bin ich ja derjenige, der das Gefühl in sich selbst verspürt. Etwas ganz anderes scheint es dagegen zu sein, bei weiblichen Mitmenschen solche und ähnliche Gefühlslagen zu erkennen und zu deuten. Mit aufflammenden Emotionen beim anderen Geschlecht gekonnt umzugehen oder – ganz simpel gesagt – Frauen zu verstehen, scheint definitiv nicht meine Stärke zu sein.

Viele Jahre zuvor, als ich stellvertretender Leiter der JVA Stuttgart-Stammheim war, musste ich einmal urlaubshalber unseren Chef, Herrn Friedrich, in der Außenstelle Leonberg vertreten, wo ausschließlich Frauen inhaftiert waren. Der war im Gegensatz zu mir ein richtiger Frauentyp oder hielt sich jedenfalls für einen solchen. Als eleganter Unterhalter und Tänzer kam er bei den Damen eigentlich immer gut an. Vielleicht hatte er sich deshalb die Aufsicht über das angegliederte Frauengefängnis vorbehalten, wo er jede Woche einen ganzen Tag verbrachte.

Wohingegen ich, sein Stellvertreter, mich in Stammheim täglich mit den schwierigen RAF-Gefangenen im 7. Stockwerk herumschlagen durfte. Allein vier davon waren Rechtsanwälte, die mich Tag für Tag mit schriftlichen Eingaben bombardierten, wie auch ihre zahlreichen Verteidiger. Und dann gab es ja auch noch über 100 junge und weitere 500 erwachsene Untersuchungsgefangene sowie einige Strafgefangene! Außerdem die zahlreichen Berichte, die wir in Sachen RAF wegen jeder Kleinigkeit dem Justizministerium vorzulegen hatten. Die musste üblicherweise ich entwerfen. Er unterschrieb dann – jedoch nicht, ohne häufig an einzelnen Formulierungen herumzumäkeln, die dann noch geändert werden mussten.

Wenn ich mich recht erinnere, handelte es sich in Leonberg um ein ehemaliges Gerichtsgefängnis, das der Stammheimer Anstalt zugeschlagen worden war und in dem normalerweise höchstens zwei Dutzend weibliche Untersuchungsgefangene untergebracht waren. Nun sollte ich dort vertretungsweise die wöchentliche Anstaltsleitersprechstunde abhalten.

Ich nehme also den Dienstwagen und fahre über die Autobahn nach Leonberg. Den Weg zu der Außenstelle muss ich erfragen, denn Navigationsgeräte sind noch nicht erfunden, Funk oder Mobiltelefon gibt's auch nicht im Auto. Aber klar, beim Amtsgericht muss es sein. Dort hängt ein emailliertes Schild, welches das Landeswappen mit den drei hungrigen baden-württembergischen Löwen zeigt. Über die Gegensprechanlage melde ich mich und warte wenige Minuten. Ich bin ja telefonisch angekündigt. Das elektrische Summen ertönt, die Tür lässt sich öffnen, nicht anders als in jedem Mietshaus. Ich bin drin. Im Vergleich zum hochgesicherten Stammheim sind das nur sehr geringe bauliche Sicherheitsvorkehrungen. Ganz nach dem Motto: Die Frauen brechen eh nicht aus!

Die mich empfangende Dienstleiterin, Amtsinspektorin Weidinger, habe ich schon früher bei einer Konferenz kennengelernt. Sie ist wohl gegen 60 Jahre alt: korrekte Uniform, die von den weiblichen Beamtinnen jedoch statt mit Hose mit einem engen Rock getragen wird. Groß und grobknochig, aufrechte Haltung, strenge, aber ebenmäßige Gesichtszüge, blaue Augen, straff nach hinten gekämmtes graues Haar, im Nacken zu einem Knoten zusammengebunden. Hier im schwäbisch-pietistischen Kernland heißt man das wohl »evangelische Einheitszwiebel«; im restlichen Deutschland Dutt.

Ich erkundige mich bei ihr nach dem heutigen Gefangenenstand.

»22 Frauen.«

»Geht ja. Und wie viele Vormeldungen zur Anstaltsleitersprechstunde gibt es?«

»Elf«, antwortet Frau Weidinger und fügt entschuldigend hinzu. »Die wollen Sie halt alle kennenlernen.«

»Du liebe Güte«, sage ich, »das kann ja heiter werden! Wenn sich in Stammheim ein so hoher Prozentsatz melden würde, wären das fast 400 Mann!«

Wir fangen gleich an mit der Sprechstunde. Die erste Gefangene, eine mittelgroße Frau, schlank, dunkelhaarig, etwa Ende 20, tritt ein. Sie wirkt insgesamt recht unauffällig; das einzig Auffallende an ihr ist ihre fast schon winzig zu nennende Stupsnase. Auf dem mir von der Dienstleiterin zugeschobenen Antragsformular steht nur »Telefonerlaubnis«. Daneben ist noch mit Buntstift ein rotes Herzchen gemalt.

»Ich muss unbedingt telefonieren, mit meinem Mauro. Wir sind seit einem halben Jahr verlobt. Aber ich habe schon eine Woche lang keinen Brief mehr von ihm bekommen, nicht das geringste Lebenszeichen! Ich muss dringend nachfragen, was los ist.«

Schon stehen ihr die Tränen in den dunkelbraunen Augen. Aus dem Haftbefehl in der Akte entnehme ich, dass ihr ständig wiederholte Ladendiebstähle und Betrügereien vorgeworfen werden. Es bestehe sowohl Fluchtgefahr als auch Verdunkelungsgefahr. Konkret befürchtet die Staatsanwaltschaft, sie könnte mithilfe Dritter Beute aus ihren Diebeszügen verschwinden lassen.

»Ein Telefonat darf nach den Vorschriften von der Anstaltsleitung nur genehmigt werden, wenn das sowohl dringend als auch unbedenklich ist«, belehre ich sie, »und das liegt bei Ihnen beides nicht vor. Anders wäre das beispielsweise bei schwerer Erkrankung eines Angehörigen, wenn aus einem solchem Grund dringende Entscheidungen anstehen und telefonisch besprochen werden müssen.«

»Aber ich bin ja schon ganz krank vor Sorge und habe Bammel, dass mein Mauro inzwischen eine Andere hat!«, ergänzt sie, zieht einen Flunsch und scheint fast anzufangen zu weinen.

Ich bin ziemlich irritiert und schaue hilfesuchend zu Frau Weidinger hinüber. Die zeigt jedoch keinerlei Gemütsregung. Also erkläre ich weiter: »Da der Haftrichter in Ihrem Fall Verdunkelungsgefahr bejaht hat, wäre ein Telefongespräch auch nicht unbedenklich. Sie könnten ja mit Ihrem Verlobten über die Ihnen vorgeworfenen Straftaten sprechen, ihm womöglich Anweisungen geben. Und genau das ist nicht zulässig.«

Jetzt gibt es kein Halten mehr. Die Tränen rollen ihr über die Wangen, und sie schluchzt: »Sie haben kein Herz, Sie sind ein Unmensch! Der Herr Friedrich hätte mir das Telefonat ganz sicher genehmigt. Kommen Sie bloß nie wieder hierher!«

Bei mir macht sich Hilflosigkeit breit. Erneuter Blick zu Frau Weidinger. Die wiegt nur sachte den Kopf. Ich nehme einen weiteren Anlauf und sage: »Es besteht noch die Möglichkeit, dass Sie sich schriftlich an Ihren Haftrichter wenden. Der kann beurteilen, ob die Verdunkelungsgefahr einem solchen Telefonat entgegensteht und ob er eine Ausnahme machen kann.« Aber da ist die Gefangene schon aufgestanden und auf dem Weg zur Tür, die sie empört hinter sich zuwirft.

»Das fängt ja gut an«, sage ich zu Frau Weidinger. Aber die ist offenbar nicht im Geringsten beeindruckt und ruft gleich die nächste Gefangene herein. Auf dem Rapportzettel steht als Anliegen »Übergewicht«.

In der Tat ist die jetzt eintretende Gefangene eine ziemlich üppige Frau. Vielleicht Ende 30, groß und stark gebaut. Blaue Augen und Lidschatten, rot geschminkter Mund und dichte blonde Haare bis weit über die Schultern, mit roten und silbernen Pailletten besetzte blaue Bluse, großer Ausschnitt.

Mit bemerkenswert tiefer und sonorer Stimme trägt sie ihren Wunsch vor: »Ich brauche aus der Apotheke unbedingt Tabletten zum Abnehmen. Die heißen Fettbrenner oder so ähnlich, in einer braunen Glasflasche. Die habe ich draußen auch immer genommen. Die sind frei verkäuflich und helfen hundertprozentig. Und ich bezahle die natürlich auch.«

So ein Antrag hat mir bisher noch nie vorgelegen. Die männlichen Gefangenen wollen nicht abnehmen, sondern Muskeln aufbauen, stark aussehen. Erneut fragender Blick zu Frau Weidinger. Die sagt: »Das geht nur mit Einverständnis der Ärztin. Da müssen Sie sich zur Sprechstunde melden.«

»Bei der war ich schon. Die blöde Kuh hat sich geweigert, mir etwas zu geben oder zu verschreiben. Ich soll ›FdH‹ machen (›Friss die Hälfte‹) und für bessere Verdauung morgens auf nüchternen Magen ein Glas kaltes Wasser trinken. Wasser! Stellen Sie sich das vor! Herrgott noch mal, die hat doch 'ne Delle. Die spinnt doch! Oder?«

»Frau Weidinger hat recht«, sage ich in bemüht sachlichem Ton. »Medikamente müssen über das Krankenrevier bezogen werden, schon aus Gründen der Gesundheitsfürsorge, aber auch zur Kontrolle. Nahrungsergänzungsmittel können Sie über den Einkauf erwerben – natürlich nur diejenigen, die der Kaufmann dort führt. Tut mir leid«

»Und wie stellen Sie sich vor, soll ich dann abnehmen? Bei dem mastigen Fraß hier ...«

»So ist das nun mal geregelt. Ohne ärztliche Genehmigung dürfen wir Ihnen keine Arzneimittel zukommen lassen, auch wenn die nicht verschreibungspflichtig, sondern nur apothekenpflichtig sind. Ich kann's nicht ändern, tut mir leid.«

»Ist das Ihr letztes Wort?«

Ich zucke mit den Achseln.

Sie rauscht empört hinaus. Ich glaube, noch etwas wie »Blödmann« und »Anwalt« zu hören, dann ist sie weg.

Auf dem nächsten Antragszettel steht »Haftprüfungstermin, Friseur«. Die Gefangene kommt herein, grüßt uns freundlich und nimmt Platz. Diesmal handelt es sich um eine eher kleine und etwas pummelige Frau Anfang 40. Energische Gesichtszüge, lebhafte braune Augen, brünett, Minipli-Frisur. Ihre Kleidung, graue Kittelschürze, lässt darauf schließen, dass sie in der Küche oder bei der Essensausgabe beschäftigt ist.

»Nächste Woche Donnerstag habe ich meinen Haftprüfungstermin«, beginnt sie sanft säuselnd. »Aber so«, fährt sie lauter und unter heftigem Kopfschütteln fort, »so lasse ich mich dort nicht vorführen. Das gibt's gar nicht!« Ich verstehe nicht sofort, worum es ihr geht, und mache wohl ein etwas begriffsstutziges Gesicht.

»Schauen Sie mich an! Schauen Sie mich an!«, schreit sie nun im Stakkato und mit immer lauterer Stimme. »Mit diesen Haaren gehe ich nicht zum Richter!« Zur Illustration und zur Bekräftigung fährt sie sich mit den Fingern beider Hände in die Haare, zieht ihre braunen Locken samt dem Kopf jäh in alle Richtungen, reißt wild daran herum.

Danach meint sie etwas weniger schrill: »Das war einmal eine Dauerwelle, aber jetzt, jetzt sehe ich aus wie der Struwwelpeter! Die muss endlich neu gemacht werden! So bringen Sie mich nicht zum Gerichtstermin, garantiert nicht! Und wenn ich mir alle Kleider vom Leib reißen muss. So nicht!«

Ich bin nun fast sechs Jahre im Strafvollzug tätig, aber so etwas habe ich noch nicht erlebt. In den Männergefängnissen, wo ich bisher tätig war, gibt es immer einen Gefangenen, der den anderen bei Bedarf die Haare schneidet. Mal gut, wenn er's gelernt hat – mal weniger gut, wenn nicht. Und das war's dann! Zum Friseur nach außerhalb wollte noch nie einer und wurde auch noch niemals einer gebracht. Ich habe keine Ahnung, was ich mit diesen weiblichen Gefangenen machen soll.

Wieder schaue ich hilfesuchend zu der Dienstleiterin hinüber. Diesmal scheint sie einzulenken. »Ich kümmere mich drum, Sylvia. Wenn wir am Montag genügend Personal haben und niemand ausfällt, wirst du von einer Kollegin zum Friseursalon ausgeführt. Aber wenn du dabei Zicken machst, bist du die längste Zeit in der Küche gewesen!«

Das ist die Lösung! Die Gefangene ist natürlich einverstanden. Allerdings wäre ich niemals darauf gekommen: Ausführung in Begleitung einer Beamtin in die Stadt zum Friseur!

Ich frage Frau Weidinger, ob die Anliegen der anderen Gefangenen wirklich nur in meiner Anwesenheit erledigt werden können. Schmunzelnd sagt sie: »Nein, das kriegen wir auch ohne Sie hin. Alles nur Kleinigkeiten.«

Ich atme auf, murmele etwas von wichtigen Terminen in der Hauptanstalt und verabschiede mich. Für die Sprechstunde in der nächsten Woche wird mir schon noch eine Ausrede einfallen, weshalb ich sie nicht wahrnehmen kann. Danach ist der Chef ja wieder vom Urlaub zurück.

So viel zu meinen Kompetenzen in der Einschätzung der Problem- und Gefühlslagen beim anderen Geschlecht. Weitere Beispiele will ich mir ersparen.

Aber zurück zu unserem Justizminister Prof. Dr. Goll und seiner hübschen persönlichen Referentin. Die beiden haben in der Tat kurze Zeit nach ihrem gemeinsamen Besuch in Adelsheim die Ehe geschlossen. Aus der fünf Kinder hervorgegangen sind. Alle wohl geraten und inzwischen erwachsen. Dem Vernehmen nach hält die Verbindung bis heute.

In praktisch allen Justizvollzugsanstalten gibt es Angebote der schulischen Aus- oder Weiterbildung, meistens auch der beruflichen Ausbildung. Eine voll ausgebaute Schule gibt es allerdings eher selten.

15. Ein Vollblutpädagoge oder: Das Lernen lernen

Eine Schule ohne Lehrplan, ohne verbindliche Stoffpläne und sogar ohne Stundenplan. Ohne Klassenarbeiten, ohne Prüfungen und ohne Noten. Eine Schule, wo allein die Förderung des einzelnen Schülers im Mittelpunkt steht. Wo Bildung vollständig individualisiert stattfindet, ausschließlich auf die Bedürfnisse des Einzelnen und seine gedeihliche Entwicklung ausgerichtet. Wo die Unterhaltung mit dem Sitznachbarn, das Einsagen und das Abschreiben ausdrücklich erlaubt sind? Wo gegenseitige Hilfe erwünscht ist. Wo die Schüler einen völlig unterschiedlichen Bildungsstand haben: Manch einer kann kaum lesen und schreiben, ein anderer hat sogar schon das Abitur! Gibt es so etwas?

Ja, das gab es! Nämlich in der Lernpädagogischen Abteilung der Jugendstrafanstalt Adelsheim. Jedenfalls so lange, wie Sonderschulrektor Pönitz, der Erfinder und charismatische Leiter dieses innovativen Schulangebotes, dort Schulleiter war. Ich will ihn kurz als Person vorstellen.

Herbert Pönitz war nicht nur äußerlich, sondern in jeder Beziehung eine herausragende Persönlichkeit. Stellen Sie sich einen fast zwei Meter großen Mann vor. Einen Riesen von beeindruckender Gestalt und augenfälliger körperlicher Stärke, sonnengebräunt, sportstudiotrainiert. Breitschultrig, mit einem stattlichen Brustkasten; mit Händen wie Grabschaufeln und, was den Gefangenen besonders imponierte, mit gewaltigen Bizepsmuskeln, die sich deutlich unter den Ärmeln des Jacketts abzeichneten. Die Herausforderung zum Kräftemessen mit einem auf seine körperliche Stärke stolzen Jugendlichen nahm er dann und wann lachend an. Niemals aber ist es vorgekommen, dass Herr Pönitz nicht als der bei Weitem Stärkere aus einem solchen Wettstreit hervorgegangen ist. Sei es in seiner Spezialdisziplin, nämlich einen schweren Eisenstuhl mehrere Minuten lang waagerecht am ausgestreckten Arm ohne Zittern halten oder auch bei jeder anderen Übung.

Er hatte ein freundliches, Aufmerksamkeit und Sympathie ausstrahlendes Gesicht, dominiert von einer imposanten Nase und mit einem Vollbart verziert. Braune Augen, die fast immer zu lachen schienen, ohne dadurch ironisch oder gar spöttisch zu wirken. Trotz seiner Größe und massigen Gestalt war er gut beweglich, in Gestik und Mimik fast schon elegant. Darüber hinaus war er mit einer wunderbar warmen, weittragenden Bassstimme gesegnet, mit der er nicht nur beim Unterrichten, sondern auch beim Anstimmen eines Liedes immer den richtigen Ton traf. Wäre er nicht lieber Schulmeister gewesen, er hätte gewiss auch das Zeug zum Opernsänger gehabt. Oder zum Fernsehmoderator.

So war es nicht allzu überraschend, dass dieser auf den ersten Blick und rein äußerlich eher grobschlächtig wirkende Mann innerlich sehr sensibel, geradezu weich und mit großem Einfühlungsvermögen in andere Menschen ausgestattet war. Dass er eine gute erziehungswissenschaftliche und psychologische Ausbildung hatte, verstand sich ohnehin von selbst. Ein sanfter, gebildeter und sensibler Riese also, mit erstaunlichen sozialen Kompetenzen. Vor allem aber ein begnadeter Pädagoge.

Alle Jahre wieder, kurz vor Weihnachten oder in der Saure-Gurken-Zeit im Hochsommer, werden sie von der Chefredaktion für Reportagen zu uns ins Jugendgefängnis geschickt: die jungen Zeitungsreporter oder -reporterinnen, meistens Berufsanfänger. Sie sollen die Gründe und Umstände recherchieren, welche die Jugendlichen hinter Gitter gebracht haben – und spannende, möglichst zu Herzen gehende Geschichten darüber schreiben.

Wenn ich bei solchen Besuchen im Vorgespräch erwähne, dass nahezu alle Jugendstrafgefangenen Schulversager, häufig sogar Schulflüchtlinge sind, lade ich die jungen Leute meistens ein, mit mir in die Registratur zu kommen. Sie sollen dort eine beliebige Akte greifen und sich von der Richtigkeit meiner Behauptung selbst überzeugen: Im schriftlichen Urteil des Jugendgerichts findet sich da eigentlich immer ein Hinweis auf schlechte schulische Leistungen des bestraften Jugendlichen oder auf »Schulabsentismus«, wie die Gerichte das dauerhafte Schulschwänzen zu nennen pflegen. Außer bei einem der seltenen Kapitaldelikte würde man es ansonsten wohl bei einer Jugendstrafe mit Bewährung belassen haben. Denn aus einer Erfolg versprechenden Schul- oder Berufsausbildung wird das Gericht einen Jugendlichen selbst bei wiederholten Straftaten möglichst nicht herausreißen. Da gibt es praktisch immer Bewährung.

Gerade deshalb spielt schulische Bildung im Jugendstrafvollzug eine wichtige Rolle. Man kann sogar sagen, dass die Schule der Mittelpunkt einer Jugendstrafanstalt sein sollte. Das ist sie in Adelsheim auch. Ein großes und architektonisch nicht so abschreckend wirkendes Gebäude wie die meisten anderen, genau im Zentrum des ausgedehnten Anstaltsgeländes gelegen. Keine Gitter an den Fenstern der zahlreichen Unterrichtsräume. Es gibt einen Festsaal, eine Bibliothek, Werkräume und eine Küche. Alles, was eine gute Schule braucht. Angebaut ist eine Sporthalle, von der aus man zu einem mit Rasen belegten Fußballfeld und einem Hartplatz für kleinere Ballspiele gelangt. Neben der Schule liegen noch ein Basketballplatz und ein Beach-Volleyball-Feld, sogar mit wirklichem Sand. Das Ganze ist umrahmt mit Bäumen und Parkbänken. Fast schon ein Idyll, wäre da nicht die jeden Fluchtversuch illusorisch machende extrem hohe Umfassungsmauer. »Mein heimlicher Miterzieher«, wie sie Rektor Pönitz mit einem verschmitzten Lächeln oft genug nennt.

Mehr als zehn Lehrerinnen und Lehrer sind in dieser Schule tätig und unterrichten die Jugendlichen in kleinen Klassenverbänden, möglichst nicht mehr als zwölf Gefangene. Vom Elementarkurs für diejenigen, die noch nicht einmal lesen und schreiben können, über mehrere gleichzeitig laufende Hauptschul- und Realschulkurse gibt es alles, bis hin zur Vorbereitung auf das Abitur. Diese Prüfung muss dann allerdings an einem Gymnasium außerhalb abgelegt werden.

Die lernpädagogische Abteilung, die der Sonderschulrektor Herbert Pönitz gegründet hatte und die sozusagen die Herzkammer der Schule darstellte, zielte gerade auch auf die zahlreichen Schulverweigerer, die mit herkömmlicher Beschulung nicht mehr erreichbar waren.

Wie muss man sich das in der Praxis vorstellen? Ein neu zugegangener Gefangener soll, wie oft schon vom Jugendgericht empfohlen, in der Haft seine abgebrochene Schulausbildung fortsetzen. Normalerweise macht er das von sich aus und wird dann einem für ihn passenden Kursus zugeteilt, sagen wir beispielsweise dem Hauptschulkurs, wenn er schon ein entsprechendes Bildungsniveau erreicht hat. Ziel ist dann, dass möglichst noch während der zur Verfügung stehenden Haftzeit der Hauptschulabschluss erreicht wird.

Manche Jugendgefangenen allerdings, notorische Schulschwänzer oder sonst Schulgeschädigte, weigern sich jedoch standhaft, jemals wieder einen Fuß in eine Schule zu setzen. Sie sind lieber den ganzen Tag in der Zelle eingesperrt, als zur Schule zu gehen, den Ort früherer Misserfolge und Demütigungen. Und dies, obgleich der Schulbesuch in Adelsheim sogar mit einer, wenn auch geringen, finanziellen Entlohnung verbunden ist.

Zwang wäre hier fehl am Platze und zudem schwerlich erfolgreich. Man kann bekanntlich den Hund nicht zum Jagen tragen. Stattdessen sucht Rektor Pönitz höchstpersönlich den Gefangenen in seinem Haftraum auf. Erst wird es dunkel, wenn der hünenhafte Mann im Türrahmen erscheint. Dann setzt er sich neben den Gefangenen aufs Bett, damit seine riesige Gestalt nicht so bedrohlich wirkt und um halbwegs auf Augenhöhe mit ihm sprechen zu können.

»Du bist in die Schule eingeteilt. Was ist los, warum kommst du nicht?«

Der Jugendliche kriegt schon einen dicken Hals, fast einen Wutanfall, und legt los: »Bleiben Sie mir bloß weg mit Ihrer Schule! Mathe, Bio, Physik ... Das ist nichts für mich! Hab ich schon dem Richter gesagt. Interessiert mich alles nicht!«

»Ja, aber womit würdest du dich denn gerne beschäftigen?«, fragt Herr Pönitz begütigend.

»Jedenfalls nicht mit eurem Schulscheiß!«

»Aber für irgendetwas wirst du dich ja doch interessieren? Sag doch mal.«

Er schweigt erst mal verstockt. Um nicht ganz blöd dazustehen, bricht es nach einer Weile dann aber doch aus ihm heraus: »Na ja, zum Beispiel für die Wikinger und wie sie gekämpft haben. Oder die japanischen Samurai. Aber nicht für euern Mist!«

»Gut. Ich mache dir ein Angebot. Du kommst zu mir in die LPA und beschäftigst dich dort mit nichts anderem als mit den Wikingern. Ich zahle dir sogar Lohnstufe 2. Aber eine einzige Bedingung muss ich stellen: Du arbeitest mit ernsthaftem Material, das ich dir besorge. Wenn du damit durch bist, sehen wir weiter. Egal wie lange das dauert.«

Der Jugendliche hat natürlich von Mitgefangenen schon etwas über die LPA, die lernpädagogische Abteilung, gehört. Und er weiß, dass dort angeblich völlig freies Lernen stattfinden soll. Und dass es keine Noten, keine Klassenarbeiten und keinerlei Zwang gibt.

»Okay, wenn Sie mir das mit den Wikingern versprechen, probier ich's mal. Aber wie gesagt, nur zur Probe!«

»Also abgemacht, bis morgen. Unser Thema: Die Wikinger. Das wird spannend! Ich freue mich, wenn du kommst.«

Jetzt hat er ihn!

Die LPA zählt zu diesem Zeitpunkt mehr als 20 Gefangene. Von einem Behinderten über mehrere Migranten aus Subsahara-Afrika, Rücksiedler aus Russland, einem deutschen Roma, einem abgebrochenen Gymnasiasten bis zum erwähnten Schulflüchtigen. Sogar ein Hochbegabter ist in der Runde. Er hat schon das Abitur und bereitet nun sein Studium an der Universität vor. Die anderen nennen ihn deshalb respektvoll »den Professor«. Eine absolut bunte Mischung also. Das genaue Gegenteil von dem sonst für Schulklassen meist geforderten »homogenen Bildungsstand«.

Die sitzen nun alle in einem großen Raum, und jeder beschäftigt sich mit seinem mit Herrn Pönitz ausgehandelten Thema. Der geht von einem zum andern und hilft jedem, der etwas wissen will oder eine Sache nicht ganz kapiert. Diejenigen, die schon länger da sind, nehmen ihn eigentlich ständig in Anspruch: ein in jeder Hinsicht sehr gefragter Lehrer! Er hört keinen vorgegebenen Unterrichtsstoff von den Schülern ab, sondern ist als Lernpartner für jeden da und entwickelt gemeinsam mit ihm seine Fragen und Antworten. Er doziert niemals von oben herab oder verkündet Merksätze – oder hält gar Moralpredigten! Ausgangspunkt ist die natürliche Neugier junger Menschen auf das Leben und ihre Umwelt. Das Ziel ist daher nicht das Auswendiglernen von vorgegebenem Lernstoff, die Methode deshalb auch nicht das Pauken und Büffeln, sondern das gemeinschaftliche Erkunden, das Finden und Verstehen des Wissens über die Welt.

Natürlich bleibt es nicht aus, dass der Neue auch mal den Nachbarn fragt, was der so treibt. Spicken ist ja sowieso erlaubt! Unterhalten auch, solange man die anderen nicht stört. Der gibt, halb flüsternd, bereitwillig Auskunft: »Ich mache jetzt seit zwei Wochen die Geschichte des Motorrads und seiner Entwicklung. BMW, Honda, Harley-Davidson und so.«

»Lass mal sehen. Ist ja super! Mann, was für Bilder! Das würde mich auch interessieren.«

»Ist aber schon einiges an Technik dabei. Vergaser, Verbrennungsraum, Kolbenhub, Kompression, Zündung. Brauchst halt auch ein bisschen Theorie: Um zu verstehen, wie das Benzin aus dem Tank in Bewegungsenergie umgewandelt wird. Wie so ein Motor funktioniert. Aber der Herr Pönitz erklärt einem das dann anhand der Schaubilder im Buch.«

»Und was hast du vorher gemacht?«

»Da habe ich mich einige Zeit lang mit den Dinosauriern beschäftigt. Auch wahnsinnig interessant! Das ist Erdgeschichte, viele Millionen Jahre her. Und stell dir vor, die sind dann alle krepiert, weil ein riesiger Meteor auf die Erde gekracht ist!«

»Ist ja geil! Aber woher will man das denn heute alles wissen?«

»Es gibt Versteinerungen von den riesengroßen Dinosauriern, die damals in den Meeren versunken sind und die man heute noch findet. Sogar fliegende Saurier hat es gegeben! Und ausgestorben sind sie, weil durch die gewaltige Explosionswolke, die der Meteoreinschlag verursacht hat, jahrzehntelang die Sonne so verfinstert wurde, dass nichts mehr auf der Erde wachsen konnte. Das geht nämlich nicht ohne Sonnenlicht. Fotosynthese heißt das. Da gab's nichts mehr zu fressen für die Dinos! Aber das würde jetzt zu weit führen, wenn ich dir das alles erklären wollte. Machen wir mal in der Freizeit!«

Ob beim Thema Motorrad oder Dinosaurier oder Wikinger – auf diese Weise wird dann doch einiges an Geschichte, Physik, Biologie oder sogar Mathematik in das individuelle Lernprogramm eingeführt. Sozusagen unbemerkt und durch die Hintertür. Das Prinzip ist, dass erst die Neugier geweckt werden muss und sich dann der Wunsch, mehr zu erfahren und die Dinge zu verstehen, fast von alleine ergibt. Je länger diese von seinen Interessen ausgehende Beschäftigung des Jugendlichen mit seinen Wunschthemen dauert, desto mehr öffnet er sich, animiert auch durch seine Mitschüler, wieder anderem Lernstoff. Weil er merkt, dass viele ihn interessierende Dinge nur mit einem gewissen theoretischen Hintergrundwissen verstanden werden können. Hauptsächlich aber, weil er zusammen mit anderen ungeahnte Lernfortschritte erlebt – und sich darüber freut. Natürlich auch darüber, dass er von Herrn Pönitz Lob und Anerkennung erhält.

Freude am gemeinsamen Erkunden und Verstehen, Freude am Lernen! Viele Gefangene konnten auf diese Weise nach einigen Monaten in der LPA für eine normale Beschulung mit dem Ziel eines Schulabschlusses zurückgewonnen werden. Allerdings bei fortdauernder individueller Betreuung. Denn die ist unverzichtbar bei denjenigen, die erst noch dabei sind, das Lernen zu lernen. Und viele von ihnen – Hunderte! – haben noch während der Haft den Hauptschulabschluss im Rahmen einer Schulfremdenprüfung geschafft. Nicht wenige auch den Realschulabschluss oder sogar das Abitur. Alles dank eines charismatischen, einfühlsamen und sensiblen Pädagogen, der den Mut hatte, neue und ungewöhnliche Wege zu beschreiten.

Ein Ausländer kann nach dem Aufenthaltsgesetz auf richterliche Anordnung in Abschiebungshaft genommen werden, wenn die Gefahr besteht, dass er sich seiner Ausreisepflicht durch Flucht entzieht. Der Freiheitsentzug darf nach neuerer Rechtsprechung jedoch nicht mehr in Justizvollzugsanstalten, sondern nur in Polizeigewahrsam durchgeführt werden.

Migration nach Deutschland führt nicht zu einer höheren Kriminalitätsrate. Dies zeigen Auswertungen der Polizeilichen Kriminalstatistik nach Landkreisen für die Jahre 2018 bis 2023 (http://www.polizei-newsletter.de/links.php?L_ID=1189). Dabei fand sich kein Zusammenhang zwischen einem steigenden Ausländeranteil in einem Kreis und der lokalen Kriminalitätsrate. Die Ergebnisse decken sich mit den seit Jahrzehnten immer wieder bestätigten Befunden der nationalen und internationalen Forschung, wonach Migration und Flucht keinen systematischen Einfluss auf die Kriminalität im Aufnahmeland haben. Nicht die ethnische Zugehörigkeit ist für Kriminalität verantwortlich, sondern die soziale Lage.

16. Moses Karame

»Die Menschen sind Feinde dessen, was sie nicht kennen.«

– Alī ibn Abī Tālib (Kalif 656-661)

Der Jugendstrafvollzug, in dem ich mehr als 30 Jahre lang tätig war, ist »multikulti«, um einen heute gängigen Ausdruck zu benutzen. Denn überdurchschnittlich viele der dort inhaftierten jungen Männer – die zu Jugendstrafe Verurteilten sind zu mehr als 95 Prozent männlich – haben einen Migrationshintergrund, stammen also von Einwanderern ab. Ihre Eltern sind aus der Türkei, den Maghreb-Ländern, vom Balkan oder von anderswo nach Deutschland eingewandert. Nicht wenige der jungen Männer kommen aufgrund von Flucht oder Vertreibung auch direkt aus dem Ausland – die sogenannten Einwanderer der ersten Generation –, oft aus Afrika oder dem Nahen Osten. Die meisten haben deshalb keinen deutschen Pass, sondern eine andere Staatsangehörigkeit. Unter den Insassen deutscher Jugendstrafanstalten beträgt ihr Anteil rund 50 Prozent.

Bedeutet das also, dass, wenn ein Jugendlicher nicht Deutscher, sondern Ausländer ist, dies die Wahrscheinlichkeit erhöht, dass er kriminell wird und schlimmstenfalls ins Jugendgefängnis kommt? Haben junge Ausländer von vornherein ein höheres Risiko, in den Fokus von Polizei und Justiz zu geraten? Zugespitzt gefragt: Ist eine fremde Staatsangehörigkeit ein »kriminogener Faktor«? Dann müsste umgekehrt die deutsche Staatsangehörigkeit, im deutschen Pass dokumentiert, ein protektiver Faktor gegen Kriminalität sein. Das ist jedoch nicht sehr wahrscheinlich!

Zur Klärung dieser Frage hilft ein einfaches Experiment, das jeder selbst machen kann: Du begibst dich, deinen deutschen Pass oder Personalausweis in der Tasche, nach Kehl am Rhein. Dort überquerst du den Strom über die hübsche neue Fußgängerbrücke, die »Passerelle«, die das deutsche Kehl mit dem französischen Strasbourg verbindet. Drüben bist du in Frankreich, also Ausländer. Hat sich an deinen Neigungen, Gesetze zu übertreten, Straftaten zu begehen, etwas geändert? Oder findest du dort günstigere Tatgelegenheiten? Vermutlich nicht. Und wenn sich doch etwas geändert hat, dann wohl in die andere Richtung: Jetzt, wo du in einem fremden Land bist, in dem du dich nicht gut auskennst, wirst du eher etwas vorsichtiger sein. Auch zurück in Deutschland wirst du vermutlich keine Änderung deiner kriminellen Neigungen oder, andersherum, deiner Gesetzestreue verspüren.

Wenn nun trotzdem, wie soeben festgestellt, junge Männer mit Migrationshintergrund und ohne deutschen Pass in unseren Jugendgefängnissen viel häufiger inhaftiert sind, als dies ihrem Anteil an der Bevölkerung entspricht, dann kann das folglich nicht einfach auf ihre Eigenschaft als Ausländer, auf ihre fremde Staatsangehörigkeit, zurückgeführt werden. Dann muss das andere Gründe haben. Aber welche?

Es dürften eine Anzahl von Umständen eine Rolle spielen, die sich außerdem oft noch gegenseitig verstärken. Zuerst die andere soziale Zusammensetzung der Zuwanderer: Sie sind ganz überwiegend jung und männlich; ältere Personen oder Frauen würden den Strapazen der Flucht kaum standhalten. Sie entstammen fast ausnahmslos den ärmsten Schichten ihres Heimatlandes, denn die Reichen und Mächtigen wandern nicht aus. Dann die prekären Lebenslagen, in denen sie hierzulande stecken. Zu nennen sind zuallererst Sprachprobleme, also Schwierigkeiten, sich verständlich zu machen und sich in der fremden Kultur zurechtzufinden. Oder auch anderes Aussehen, auffälliges äußerliches Verhalten, andere Kleidung, andere Sitten, erhöhte Sozialkontrolle und so weiter. Von Bedeutung ist auch ihr unterprivilegierter rechtlicher Status: keine Freizügigkeit, keine Arbeitserlaubnis, keine Bürgerrechte. Und schließlich, gewiss nicht zuletzt, besteht ein Grund für die Überrepräsentation von Ausländern im Jugendgefängnis in unterschiedlicher, manchmal geradezu skandalöser Behandlung durch die Strafverfolgungsbehörden. Ein drastisches Beispiel dafür stellt die Geschichte von Moses Karame dar.

Moses ist in Westafrika, genauer gesagt in Sierra Leone, geboren und aufgewachsen. Als ich ihn im Jahr 2000 als neu eingelieferten Gefangenen in der JVA Adelsheim kennenlerne, ist er 18 Jahre alt. Ein großer und kräftiger, auffallend ebenmäßig gewachsener, ziemlich dunkelhäutiger, freundlicher junger Mann, mit dem man sich gut in englischer Sprache unterhalten kann. Sehr sympathisch. Deutsch spricht er nur sehr wenig.

Sein Vater, Inhaber eines Schmiedebetriebes, in dem er auch Jagdwaffen herstellte, wurde im Bürgerkrieg von Soldaten der Regierung erschossen. Ihm wurde unterstellt, er habe Waffen an Rebellen verkauft. Seine Mutter und seine Schwester waren bereits früher verstorben, sodass Moses nach dem Tod des Vaters, obwohl erst 16 Jahre alt, völlig alleine und mittellos dastand.

Mithilfe eines engagierten Kirchenmannes schaffte Moses die Flucht aus seinem Heimatland. Über die Sahelzone und das Mittelmeer erreichte er auf abenteuerlichen Wegen Europa. Unterwegs schloss er sich anderen an und gelangte schließlich nach Deutschland. Hier stellte er einen Asylantrag. Dieser wurde jedoch abgelehnt, weil er keine ausreichenden Beweise dafür beibringen konnte, dass er in Sierra Leone politisch verfolgt wurde. Überdies hatte er auf den Rat seiner älteren Freunde hin seine Ausweispapiere weggeworfen, was ihm vom Ausländeramt als Verschleierung seiner Identität ausgelegt wurde und dessen Entscheidung noch einmal negativ beeinflusste: kein Asyl, stattdessen Androhung der Ausweisung aus der Bundesrepublik Deutschland.

Er lebte nun in einem Asylbewerberheim in Stuttgart und wartete auf die endgültige Entscheidung über seine Ausweisung und Abschiebung. Geld für eine Ausreise mit eigenen Mitteln hatte er nicht. Wegen fehlender Informationen konnte die Ausländerbehörde aber nicht zügig entscheiden, vielmehr zog sich das Verfahren unabsehbar lange hin. Zumal sein Heimatland Sierra Leone sich weigerte, ihn ohne Nachweis der dortigen Staatsbürgerschaft zurückzunehmen. Seinen Reisepass, der das hätte beweisen können, hatte er ja weggeworfen.

In dieser Situation des Abwartens und des erzwungenen Nichtstuns wurde er von einigen älteren afrikanischen Einwanderern im Asylbewerberheim angesprochen: Er könne gutes Geld verdienen, wenn er in ihrem Auftrag Drogen an Interessenten verkaufen würde. Dies tat er dann in mindestens einem Fall auch, wobei er jedoch in einer Stuttgarter Straßenbahn von einem V-Mann der Polizei beobachtet wurde. Gegen die Polizeibeamten, die ihn daraufhin festnehmen wollten, setzte er sich durch Tritte und Um-sich-Schlagen zur Wehr – natürlich ohne Erfolg. Insgesamt handelte es sich bei den ihm von der Polizei nachgewiesenen versuchten Verkäufen um sechs Plomben Heroin im Gesamtwert von 150 DM, die er im Mund hatte.

Es erfolgte Anklage und Verurteilung wegen Drogenhandels und Widerstands zu einer Jugendstrafe von sechs Monaten ohne Bewährung. Das Amtsgericht hatte dabei berücksichtigt, dass Moses bisher nicht vorbestraft war. Andererseits wollte das Gericht durch eine kurze unbedingte Jugendstrafe dafür sorgen, dass er bis zur bevorstehenden Abschiebung dem negativen Einfluss der älteren Bewohner im Asylbewerberheim entzogen wurde. Ansonsten hätte es, so stand es im Urteil, wahrscheinlich die Jugendstrafe zur Bewährung ausgesetzt.

Rechtsmittel gegen das Urteil legte Moses' Pflichtverteidiger nicht ein. Er erklärte ihm aber, dass er als Ersttäter bei guter Führung nach Verbüßung von zwei Dritteln der Strafe, also nach vier Monaten, entlassen werde. Das sei die beste Lösung für ihn, weil ja ohnehin die Abschiebung bevorstehe, aber eben nicht sofort. So könne er während des Strafvollzugs sogar die Schule besuchen und Rechnen und Schreiben lernen.

Bei uns in Adelsheim ist Moses zunächst unauffällig, hält sich an alle Regeln. Er wird in der Schule, da er Analphabet ist, dem Elementarkurs zugeteilt. Weil er in Afrika keine Schule besuchen konnte, empfindet er das als Privileg.

Freilich leidet er mehr als andere unter dem Freiheitsentzug. Als er nach vier Monaten entlassen werden will, teilt ihm sein Sozialarbeiter mit: »Eine vorzeitige Entlassung aus einer sechsmonatigen Jugendstrafe ist praktisch ausgeschlossen. Du kannst erst nach Verbüßung der gesamten Strafe entlassen werden. Nach der gesetzlichen Regelung darf nämlich vor Verbüßung von sechs Monaten grundsätzlich keine Entlassung zur Bewährung erfolgen – auch wenn deine Führung und dein Verhalten dies absolut rechtfertigen würden. Die Aussage deines Rechtsanwalts ist zwar für das Erwachsenenstrafrecht zutreffend. Im Jugendstrafrecht, nach dem du verurteilt wurdest, ist das aber anders geregelt.« Also trotz vorbildlicher Führung keine vorzeitige Entlassung.

In der Zwischenzeit hat das zuständige Ausländeramt rechtskräftig seine Ausweisung verfügt. Es ist jedoch nicht imstande, die Einreisedokumente zu beschaffen, die für seine Abschiebung nach Nigeria notwendig sind. Der nigerianische Staat hatte sich inzwischen, aufgrund einer Vorstellung des Gefangenen bei seiner Botschaft in Berlin, zu seiner Aufnahme bereit erklärt, obwohl Moses eigentlich aus Sierra Leone stammt.

Nach vollständigem Ablauf seiner sechsmonatigen Strafe wird Moses jedoch wieder nicht entlassen. Vielmehr ordnet das Amtsgericht nun, auf Antrag des Ausländeramts, die Abschiebehaft an – am letzten Tag seiner Strafe! Dies sei erforderlich, weil ansonsten die Gefahr bestehe, dass er sich seiner Abschiebung aus der Bundesrepublik Deutschland entziehen würde. Durch Untertauchen. Wie er das als hierzulande schon rein äußerlich auffälliger, dazu mittelloser Mann bewerkstelligen wollte, erläutert weder der Antrag des Ausländeramtes noch der Beschluss des Amtsgerichts. Mit solchen Details hält man sich da nicht auf.

Moses versteht überhaupt nichts mehr. Er beteuert immer wieder, er habe doch nichts getan und wolle nun endlich entlassen werden. Sein Anwalt legt Beschwerde gegen den Beschluss des Amtsgerichts ein. Darüber hat das Landgericht zu entscheiden. Das Rechtsmittel wird aber Wochen später zurückgewiesen. Die Entscheidung des Amtsgerichts sei nicht zu beanstanden, befindet das Landgericht. Er wird also weiterhin nicht entlassen, obwohl das Ende seiner Strafhaft nun schon um viele Wochen überschritten ist.

Moses wird immer hoffnungsloser, kann das alles nicht verstehen. Er isst nicht mehr und verliert jeden Lebensmut. »Mein Leben ist sinnlos. Es wäre besser, ich würde sterben«, schreibt er mir in einem verzweifelten Brief, der auf Englisch verfasst ist. Sein Anwalt legt weitere Beschwerde beim Oberlandesgericht ein. Dieses hebt zwar nach vier Wochen den Beschluss des Landgerichts als nicht rechtmäßig auf, verweist die Sache aber zur erneuten Entscheidung wieder an dasselbe Gericht zurück. Somit bleibt er – trotz des Erfolgs vor dem Oberlandesgericht – weiter in Haft. Denn bis das Landgericht erneut entscheidet, dauert es.

Moses verliert jedweden Realitätsbezug und wird suizidal. Ein Selbstmordversuch jagt den anderen, sodass die Verlegung ins Vollzugskrankenhaus erfolgen muss. Dort wird er mit Psychopharmaka vollgepumpt. Nach 14 Tagen wieder zurück in Adelsheim, klagt er gegenüber dem Pfarrer über schlimme Albträume – womöglich eine Nachwirkung der hochdosierten Medikamente. Er nimmt kein Essen und keine Medizin mehr an, dämmert nur noch dahin. Eines Tages zieht er sich nackt aus, legt sich in seiner Zelle auf den Fußboden und bewegt sich nicht mehr, zeigt keine Reaktion mehr. Er will tot sein. »Stupor« nennt das unser herbeigerufener Psychiater.

Moses wird ein zweites Mal bei der nigerianischen Botschaft vorgestellt. Man ist dort weiterhin bereit, ihn einreisen zu lassen. Das Ausländeramt zeigt sich aber immer noch außerstande, die nötigen Ausreisepapiere für ihn zu beschaffen. Aus diesem Grund hebt endlich das Landgericht die Abschiebungshaft nach nahezu drei Monaten auf, weil sie nach so langer Zeit nicht mehr verhältnismäßig sei. Es ordnet an, Moses auf freien Fuß zu setzen.

Der Anstaltspfarrer bringt ihn in das Asylbewerberheim nach Stuttgart zurück. Was weiter aus Moses geworden ist, haben wir nie erfahren.

In manchen Justizvollzugsanstalten ist Gefangenen mit besonders langer Strafe das Halten eines kleinen Haustieres (Wellensittich, Hamster und Ähnliche) im Haftraum gestattet. Neuerdings gibt es darüber hinaus in einigen Anstalten tiergestützte Therapieansätze (Therapiehunde, Pferde und Ähnliches).

17. Viechereien: Von Mäusen, Katzen, Ratten und dem kleinen Fuchsbandwurm

Womit du dich als Gefängnisdirektor nicht alles beschäftigen musst! Klar, zuallererst mit den Gefangenen und mit den Mitarbeiterinnen und Mitarbeitern. Das muss sein, das sind die Kernaufgaben, und dafür wirst du ja auch ordentlich bezahlt. Und du musst natürlich den ganzen Laden organisieren und zusammenhalten: Die Dienstpläne müssen geschrieben und trotz der Krankheitsausfälle umgesetzt werden. Der tägliche Bedarf muss beschafft werden, von den Nahrungsmitteln bis zur Kleidung, vom Material für die Ausbildungsbetriebe und die Schule bis zu Medikamenten fürs Krankenrevier. Die Anstaltsgebäude musst du ständig im Auge behalten. Immer ist irgendwo etwas nicht in Ordnung, vom Wasserrohrbruch bis zum Stromausfall. Oder eines der hochkomplexen und unsinnig teuren Sicherheitsschlösser blockiert wieder einmal. Weil es Hunderte davon gibt, passiert das öfter. Oder eine grüne Minna braucht neue Reifen oder muss zum TÜV. Oder die Computersysteme spielen verrückt. Alltagsprobleme eben.

Auch die konzeptionelle Arbeit, Aus- und Fortbildung des Personals und die Zukunftsplanung dürfen nicht zu kurz kommen. Und weil das alles Geld kostet – viel Geld –, im Fachjargon Haushaltsmittel und Personalstellen, musst du dafür sorgen, dass immer genügend davon vorhanden ist, also Haushalts- und Wirtschaftspläne aufstellen, Budgetverhandlungen führen, Ministerialbeamte überzeugen, Drittmittel und Spenden einwerben. Mit alledem hast du gut zu tun!

Aber gehört zu deinen Aufgaben auch die Beschäftigung mit Mäusen, Ratten, Katzen und dem kleinen Fuchsbandwurm? Das ist dir doch eher fremd. Den Umgang mit diesen speziellen Gattungen hast du nie gelernt. Das hilft aber nichts, wenn solche Probleme auftreten. Denn du bist als Anstaltsleiter für alles zuständig, was auch immer es sein mag.

Alle sehen das so: die Gefangenen, das Personal, das Justizministerium und die Öffentlichkeit. Darum heißt es auch im Strafvollzugsgesetz kurz und bündig: »Der Anstaltsleiter trägt die Verantwortung für den gesamten Vollzug.«

Nachdem im Jahre 1974 die neu erbaute Jugendstrafanstalt Adelsheim in Betrieb genommen worden war, trat schon nach wenigen Jahren eine Mäuseplage auf. Unter hygienischen Gesichtspunkten ist das problematisch – und wurde daher vom Gesundheitsamt beanstandet. Was unternimmt man dagegen? Man holt sich einige Katzen in die Anstalt, denn die werden die Mäuse schon kurz halten! Weil diese Tiere bei gutem Nahrungsangebot jedoch sehr fruchtbar sind, begann ihre Zahl schnell zu wachsen. Auch hatte wohl mancher Mitarbeiter zu Hause überzählige kleine Stubentiger, denen er ein angenehmes Leben im Staatsdienst angedeihen lassen wollte anstatt der in unserem Landstrich sonst üblichen Sterbehilfe. Unter der Uniformjacke in die Anstalt geschmuggelt, fanden auf diese Art weitere Kätzchen Anschluss an die ohnehin ständig wachsende Schar. Bis Anfang der 90er-Jahre war die Katzenpopulation in der JVA Adelsheim auf rund 140 Tiere angewachsen!

Das rief nun freilich den Tierschutz auf den Plan, zumal durch die Inzucht bereits Degenerationserscheinungen aufgetreten waren. Denn selbst für durchaus kletterfähige Katzen verhinderten die hohen Anstaltsmauern den Kontakt mit externen Artgenossen. Da genügte es auch nicht, dass ein besonders tierlieber Torbeamter einem aus dem Städtchen heraufgekommenen Kater immer mal wieder das elektrische Fahrtor öffnete und ihn herein- und nach Beendigung seiner Geschäfte auch wieder hinausließ. Denn nur ein einziger aus dem ganzen Städtchen hatte den Dreh herausgefunden: so lange penetrant miauend warten, bis der Katzenfreund das große Tor auffahren ließ.

Das vom Tierschutzbund alarmierte Veterinäramt machte uns in seiner ausführlichen schriftlichen Expertise zwei Auflagen: Es müssen erstens alle Katzen mit Degenerationserscheinungen mittels Lebendfallen eingefangen und von einem Tierarzt begutachtet und behandelt, notfalls fachgerecht getötet werden. Außerdem sollten zweitens, so hieß es wörtlich, »einige potente Kater zur Blutauffrischung der vorhandenen Population eingesetzt« werden.

Wer das alles durchführen und bezahlen sollte, wurde nicht mitgeteilt. Als Anstaltsleiter fragst du in einem solchen Fall bei der Haushaltsabteilung des Justizministeriums nach, ob es dafür Gelder gibt. »Wo denken Sie hin? Natürlich nicht!«, ist die Antwort. »Das müssen Sie schon selbst in die Hand nehmen. Aber bitte achten Sie darauf, dass es keine Probleme mit den Tierschutzvereinen gibt. Die sind da sehr kritisch. Öffentliche Aufmerksamkeit und negative Schlagzeilen können wir nicht gebrauchen.«

Also gut. Ein Telefonat mit einem befreundeten Tierarzt ergibt, dass er sich die Katzen anschauen und die manchmal unvermeidliche Euthanasie kostenlos durchführen wird; auch Sterilisationen. »Aber die Tiere müssen natürlich von euch zu mir in die Praxis gebracht werden, wenn ich gerade einmal keinen anderen Termin und Zeit habe. Dann sehen wir weiter.«

Vom örtlichen Tierschutzverein bekommen wir einige Lebendfallen geliehen. Für die benötigten Köder und den Transport der eingefangenen Katzen zum Tierarzt sammeln wir Spenden und suchen Freiwillige unter den Bediensteten. Den Import von »potenten Katern« übernimmt unser Personal. Kater gibt es bei uns auf dem Land ja wahrlich genug. Ihre Potenz wird gemeinhin nicht angezweifelt.

Nach einigen Wochen ist die Aktion Blutauffrischung beendet, und die Katzenpopulation ist reduziert. Ich bin zufrieden und melde dem Veterinäramt und dem Justizministerium Vollzug: Maßnahmen wie vorgegeben abgeschlossen, keine besonderen Vorkommnisse. Außer dass einige Mitarbeiter und die Gefangenen sich darüber beklagen, dass die für die Katzentransporte benutzten VW-Busse danach doch sehr streng riechen.

Schon droht neues Ungemach. Lebensmittel, die ihnen nicht schmecken oder die ungenießbar geworden sind, weil sie zu lange gehortet wurden, werden von den Gefangenen häufig zum Fenster hinausgeworfen oder das Klo hinuntergespült. Fisch, Käse, Brot, Wurst, Marmelade und manch anderes. Das ist selbstverständlich verboten, aber nur sehr schwer zu kontrollieren oder gar zu verhindern.

Kein Wunder, dass sich in den kilometerlangen Kanalisationsrohren unseres weitläufigen Anstaltsgeländes nun Ratten angesiedelt haben. Die Anstaltskatzen können ihnen kaum etwas anhaben, weil diese Nager ja unter Tage tätig sind. Außerdem sind sie stark und gewitzt. In einem Fall haben sie – kaum zu glauben – sogar schon ein gusseisernes Abflussrohr durchgenagt! Danach ist eine Ratte nachts bei einem Gefangenen in seiner Toilettenschüssel aufgetaucht. Denn die nagen nicht nur, sondern schwimmen und klettern auch gut. Der hat dann geistesgegenwärtig den Klodeckel zugeschlagen und den Notruf gedrückt. Auf welche Weise die zwei herbeigerufenen Beamten des Nachtdienstes dem Tier dann den Garaus gemacht haben, ist nicht bekannt geworden.

Wir beauftragen eine Firma, die zunächst mit ferngesteuerten Kameras durch die Kanalisationsrohre fährt, um ein genaues Bild der Lage zu erhalten. Deren Mitarbeiter zeigen mir danach ein Foto, auf dem im runden Rohr rechts und links je eine Männchen machende Ratte zu sehen ist. Die beiden blicken mit blitzenden Äuglein in die Linse und scheinen den Eindringling, die Kamera, mit erhobenen Pfoten zu grüßen. »Die posieren regelrecht, als ob sie uns verhöhnen wollten!«, ist der Kommentar der Kanaler.

»Da hilft nur Gift«, erklärt mir der Rattenjägerchef. »Und wenn Sie als Köder etwas anderes als Makrele nehmen, werden sich die schlauen Ratten bald nicht mehr täuschen lassen. Aber Makrele – da können sie nicht widerstehen, das wirkt. Todsicher!«

Trotz alledem spaziert an einem sonnigen Herbsttag eine fette Ratte durch die offene Tür in die mittags gut besuchte Personalkantine. Einfach so, immer an der Wand lang. Meine Sekretärin sieht sie als Erste und stößt einen schrillen Schrei aus. Ihre Sitznachbarin ruft entsetzt den Kantinenwirt: »Rudi, hilf, do rennt en Ratt!«

Tumult im ganzen Raum, Geschirr fällt zu Boden und zerspringt. Einige steigen angsterfüllt auf die Stühle, darunter auch der katholische Pfarrer. Im Nachhinein behaupten die nie fehlenden Spötter, er habe in dieser Position ein Stoßgebet zum Himmel geschickt. Sie hätten die gefalteten Hände gesehen; und die zitternden Hosenbeine.

Auf die Schnelle mit einem Schrubber bewaffnet – etwas anderes ist nicht zur Hand – erlegt Kantinenwirt Rudi die Ratte mit drei kräftigen Hieben. Von den Anwesenden wird er als Held gefeiert. »Die war eh bloß noch halblebig«, meint er bescheiden.

Im Jahr 2003 gibt es im ganzen deutschen Blätterwald und im Fernsehen einen Hype um eine schwere Erkrankung, die durch den kleinen Fuchsbandwurm ausgelöst wird. Es dauert nicht lange, da flattert uns ein Erlass des Justizministeriums ins Haus: Wir sollen »unverzüglich Maßnahmen ergreifen«, die verhindern, dass Gefangene oder Bedienstete sich infizieren. Eine entsprechende Handreichung des Landesgesundheitsamts ist beigefügt. Das örtlich zuständige Gesundheitsamt sei vorsorglich schon eingeschaltet worden.

Kurz darauf erreicht uns die Anfrage unseres Gesundheitsamts. Die wollen ganz genau wissen, welche Maßnahmen wir zu ergreifen gedenken, um Infektionen durch die Eier des kleinen Fuchsbandwurms zu verhindern. Besonders wird darauf aufmerksam gemacht, dass beim Mähen der großen Grasflächen innerhalb der Anstalt von den Maschinen Katzenkot aufgewirbelt werden könnte, welcher Eier des kleinen Fuchsbandwurmes enthalten kann. Würden diese winzigen Eier von Menschen eingeatmet, beispielsweise von dem Maschinenführer, könnten sie eine schwere Erkrankung auslösen. Auf das Problem des Aufwirbelns von Staub durch die Mähmaschinen sei man von den Forstbehörden ausdrücklich hingewiesen worden.

Einige problemlösende Maßnahmen werden in der Anstaltskonferenz diskutiert: das große Anstaltsgelände überhaupt nicht mehr mähen? Der Umweltbeauftragte ist schon mal dafür: »Renaturierung ist ohnehin geboten«, sagt er. »Auch wird das die Lebensbedingungen für Insekten und Vögel verbessern.« Geht aber nicht, da schlägt der Sicherheitsbeauftragte Alarm: »Es könnte sich ja ein Gefangener im hohen Gras verstecken. Der müsste dann womöglich stundenlang gesucht werden.«

Nicht mehr maschinell, sondern nur noch mit der Sense mähen? An Arbeitskräften mangelt es im Knast ja nicht. Das würde aber bei unseren 10 Hektar Fläche ewig dauern. Es verbietet sich außerdem, weil Sensen bekanntlich auch als Waffen benutzt werden können. Wie seinerzeit im Bauernkrieg, der in unserer Gegend ganz besonders gewütet hat!

Den Gemeindeschäfer mit seiner Schafherde das Gelände abweiden lassen? Wäre zwar ökologisch vorbildlich, führt aber zu neuen, nämlich hygienischen Problemen. Wegen der Hinterlassenschaften der Tiere. Zudem müssten die alle beim Austrieb kontrolliert werden. Wie soll das gehen? Außerdem: Wurde nicht schon von Odysseus und seinen Gefährten berichtet, dass diese dem Zyklopen Polyphem, der sie gefangen hielt, dadurch entkamen, dass sie sich unter den Schafen seiner Herde festkrallten und so die Freiheit gewannen?

Aber halt! Einspruch! Auf welche Weise soll denn überhaupt der kleine Fuchsbandwurm in die durch hohe Betonmauern hermetisch nach außen abgeschlossene Anstalt gelangen? Die Zwischenwirte des Bandwurms sind Nagetiere, vor allem Mäuse, die von Fuchs oder Katze gefressen werden. Eine Infektion des Menschen erfolgt dann durch Staub aus getrocknetem Fuchs- oder Katzenkot, der eingeatmet wird. Einen Fuchs hat jedoch noch nie jemand innerhalb der Gefängnismauern erblickt, obwohl das Gelände bei Tag und Nacht vom Sicherheitsdienst, auch mit Kameras, die jede Bewegung erfassen, überwacht wird. Füchse gibt es hier definitiv nicht!

Bleiben die Katzen. Die sind freilich zahlreich und kacken auch öfter mal. Sie können aber keine Mäuse mehr fressen – die nötigen Zwischenwirte –, weil diese, anders als die unterirdisch tätigen Ratten, seit Jahren innerhalb der Anstalt vollständig ausgerottet sind. Eben wegen der großen Zahl der Katzen. Diese ernähren sich, seit sie die Mäuse ausgetilgt haben, ganz bequem von Speiseresten aus Küche und Metzgerei, die für sie bereitgestellt werden. Außerdem von Abfällen, welche die Gefangenen unerlaubt aus dem Fenster werfen. Manchmal leider auch von Vögeln, denen sie zwischen den Rosenbüschen auflauern, wenn sich ihr Jagdtrieb doch wieder meldet. Somit erscheint, mangels Mäusen, eine Infektion mit dem kleinen Fuchsbandwurm innerhalb der Anstalt nach menschlichem Ermessen ausgeschlossen – auch wenn mit Maschinen gemäht wird.

Das ist die Lösung! Ich atme auf und entwerfe einen entsprechenden Bericht an das Justizministerium, Kopie an das Gesundheitsamt und das Veterinäramt. Vor der endgültigen Absendung rufe ich vorsichtshalber noch beim Direktor des staatlichen Forstamts an und frage ihn: »Was unternehmen Sie eigentlich gegen den kleinen Fuchsbandwurm. In Ihren Revieren gibt es doch Füchse?«

»Ja, Füchse haben wir reichlich in unseren Wäldern. Aber zum Schutz gegen die Infektion können wir in der Praxis kaum etwas machen«, sagt der Forstamtsdirektor. »Außerdem ist noch niemals eine in meinem Bereich aufgetreten. Das wird von den Medien maßlos übertrieben.«

»Das sieht man im Gesundheitsamt aber anders. Die meinen, dass in unserer Anstalt durch das Mähen der Grasflächen Katzenkot aufgewirbelt werden könnte, der Eier des kleinen Fuchsbandwurms enthalten kann. Und diese Gefahr haben die dann auch in einer Presseerklärung groß an die Wand gemalt.«

»Auf diese theoretische Möglichkeit beim maschinellen Mähen in der Vollzugsanstalt hatten wir das Gesundheitsamt aufmerksam gemacht. Wir selbst mähen im Wald ja normalerweise nicht.«

»Ach, Sie waren das? Besten Dank auch! Wenn es aber bei uns wegen der großen Zahl der Katzen die Mäuse als Zwischenwirte überhaupt nicht mehr gibt, weil ausgerottet, dann entfällt doch auch diese theoretische Möglichkeit?«

»So ist es. Sie können Entwarnung geben.«

Der Bericht an das Justizministerium kann also hinausgehen: In der JVA Adelsheim besteht keine Gefahr durch den kleinen Fuchsbandwurm. Da haben wir Einigkeit mit dem Gesundheitsamt, dem Veterinäramt und der Forstdirektion. Erledigt!

Aber über eines ärgere ich mich doch: dass man uns als Unterbehörde von allen Seiten Vorgaben macht, ohne tatsächlich etwas von der Situation in der Anstalt zu verstehen. Man bezieht sich ohne Kontextwissen auf irgendwelche aufgeregten Medienberichte und läutet sofort die Alarmglocken. Hauptsache, man ist die Verantwortung los, hat den Schwarzen Peter weitergereicht. Am besten nach unten. Falls etwas schiefgeht. Denn den Letzten beißen die Hunde – will sagen, den erwischen die Medien –, und der ist dann für die negativen Schlagzeilen verantwortlich.

In einer Jugendstrafanstalt wie Adelsheim mit 417 Haftplätzen arbeiten insgesamt 302 Bedienstete, davon 178 im allgemeinen (uniformierten) Vollzugsdienst, 54 im Werkdienst (berufliche Ausbildung), 31 im Verwaltungsdienst. In den Sonderdiensten, die explizit erzieherische Zielsetzungen verfolgen, sind 39 Mitarbeiterinnen und Mitarbeiter mit juristischer, pädagogischer, psychologischer, kriminologischer, sozialarbeiterischer oder theologischer Ausbildung beschäftigt.

19. Waidmannsheil!

In einer Jugendstrafanstalt wie der in Adelsheim – eine der größten in Europa – sind mehr als 300 Mitarbeiter und Mitarbeiterinnen der unterschiedlichsten Berufsbilder beschäftigt: Ausbildungsmeister, Sozialarbeiter, Psychologen, Lehrer, Ärzte, Pfarrer und Juristen. Doch die weitaus meisten, nämlich rund 170 von ihnen, gehören zum allgemeinen Vollzugsdienst. Nur sie tragen Uniform und Rangabzeichen auf den Schulterklappen. Nur bei ihnen kann der Eingeweihte ihren Dienstrang erkennen – und damit auch die Höhe der Bezahlung. Wer hat die meisten Sterne auf der Schulter? Natürlich der Vollzugsdienstleiter, kurz VDL, der Chef aller Uniformierten. Und zwar in Silber!

Das führt im uniformierten Dienst nicht selten zu Neid und Missgunst, ist Grundlage für Klatsch und Tratsch, manchmal auch für Anfeindungen. Am häufigsten wird verhandelt, wer wie viel arbeitet, wer sich eher zurückhält oder einen Schonposten ergattert hat, wer zu früh oder zu Unrecht befördert wurde. Ein besonders häufiger Aufreger ist, wenn jemand oft krank ist und damit den Kolleginnen und Kollegen zur Last fällt. Denn die haben es dann schwerer, den Karren zu ziehen.

Eines Tages kommt in der täglichen Frühbesprechung, nun schon zum wiederholten Mal, der Fall Peter Gasser aufs Tapet, ein Mitarbeiter im uniformierten Dienst. Diesen haben wir von einer anderen Anstalt übernommen, wo er nicht gut angesehen war. Er sei mehr krank gewesen als im Dienst. Schließlich galt er dort als untragbar und wurde auf seinen ausdrücklichen Wunsch zu uns versetzt. Böse Zungen sagen, er wurde »fortgelobt«. Da er eine Zusatzausbildung als Krankenpfleger hat, ist er eigentlich durchaus willkommen, denn an denen mangelt es.

Allerdings hat er sich auch hier bald wieder den Ruf erworben, ständig krankzufeiern.

Die zahlreichen mündlichen Klagen der Kolleginnen und Kollegen darüber landen beim Vollzugsdienstleiter, ebenso beim Personalrat. Die leiten sie prompt an mich weiter.

Die Mitarbeiterinnen im Krankenrevier kritisieren, dass er, wenn er überhaupt zum Dienst erscheint, morgens oft unerträgliche Gerüche verbreitet. Darauf angesprochen, habe er geantwortet: »Ich bin halt Jäger und deshalb nachts öfter mal mit unserem Baron im Wald unterwegs. Und wenn wir etwas schießen, wer muss dann, glaubt ihr, das Wild ausweiden? Natürlich ich! Der Gestank setzt sich dann halt im Auto und in der Kleidung fest.«

»Der ist nachts im Wald und deshalb tagsüber im Bett. Oder er kommt übernächtigt, müde und stinkend zum Dienst«, klagen sie. »Wer macht dann seine Arbeit? Natürlich wir!«

Der VDL mutmaßt, Herr Gasser würde seine medizinischen Kenntnisse hauptsächlich dazu benutzen, um sich von verschiedenen Ärzten nach Bedarf krankschreiben zu lassen.

Der Personalratsvorsitzende sagt, »so geht es nicht mehr weiter«, und verlangt: »Chef, Sie müssen endlich etwas unternehmen, sonst geht uns die Belegschaft von der Stange.«

Als erneut eine Krankmeldung vorgelegt wird, verabrede ich an einem warmen Herbsttag mit dem Vollzugsdienstleiter, dass wir einen Krankenbesuch bei Herrn Gasser machen. Der Vielbesternte lässt den Dienstwagen vorfahren, setzt sich ans Steuer, und wir fahren die knapp 20 Kilometer zu dem Städtchen, wo der Kollege, wie es in der Anstalt heißt, ein hübsches Häuschen habe. Zuvor kaufe ich im Feinkostgeschäft noch eine gute Flasche Rotwein, als Mitbringsel und zur Unterstützung der Genesung.

Und tatsächlich, die angegebene Adresse in der Ortsmitte entpuppt sich als ein ansehnliches Einfamilienhaus mit Garten. Auf unser Läuten wird indes nicht geöffnet, auch nicht auf Klopfen an der Terrassentür an der Rückseite des Hauses. Es ist wohl niemand daheim. Die neugierige Nachbarin beobachtet uns. Man sieht ihr förmlich an, wie es in ihrem Kopf rattert: Ein Mann in Uniform mit reichlich Sternen auf den Schulterstücken und ein anderer im Anzug. Wenn die mal nicht von der Polizei sind und der liebe Herr Nachbar etwas angestellt hat. Sie fragt, wen wir suchen.

»Den Herrn Gasser«, antworten wir, »wissen Sie, wo wir ihn finden könnten?«

»Ich denke, der ist auf seinem Neubau. Dort ist er meistens tagsüber und beaufsichtigt die Bauarbeiten oder hilft dabei. Nachts ist er ja oft mit dem Herrn Baron auf der Jagd. Das Haus finden Sie ganz einfach, drüben im Neubaugebiet. Das größte Haus, mit dem Walmdach und den Fenstern bis zum Boden herunter, fast fertig. Nicht zu verfehlen.«

Wir fahren hin und finden das beschriebene Haus sofort. Eine imposante Villa mit geschätzt 200 Quadratmetern Wohnfläche, bis auf die Fußböden praktisch fertig ausgebaut. Das können wir durch die großen Fenster sehen. Und mitten im größten Raum, vermutlich dem Wohnzimmer, steht einsam und allein ein kolossaler Ruhesessel mit Fußauflage und verstellbarer Rückenlehne. Lederbezogen, obschon etwas mit Baustaub bedeckt. Was fehlt, ist der Hausherr. Auch hier keine Menschenseele, kein Handwerker. Gebaut wird im Moment wohl nicht.

Uns bleibt nichts anderes übrig als unverrichteter Dinge wieder zur Anstalt zurückzufahren. Wir nehmen eine Abkürzung über die Hügel, wenn auch etwas kurvig. Da, wo oben rechts und links der Straße Wälder beginnen, ist eine frisch gemähte Wiese mit vielen darauf geparkten Autos. Die meisten grün, viele Allradmodelle. Also wohl eine Jagdgesellschaft.

Wir halten an, kurbeln die Scheibe herunter und fragen nach dem Organisator der Jagd. »Das ist der Herr Baron, der da drüben, mit den beiden Hunden und dem Gamsbart am Hut.« Da fällt auch schon ein Schuss und noch einer. Der Vollzugsdienstleiter, ein großer Tierfreund, meint gesehen zu haben, dass auf eine Rehricke auf dem Acker geschossen wurde, die ein Kitz führt. Das fliehende Bambi kann ich gerade noch sehen, das Muttertier nicht. Er regt sich fürchterlich auf: »So eine schießwütige Bande, das ist ja kriminell.«

Wir steigen aus und gehen zu dem uns als Baron bezeichneten Mann: ein Endfünfziger in gediegen aussehender Jagdkleidung, mit einem Studentenschmiss an der Wange, die Flinte am Riemen über die Schulter gehängt, in angeregter Unterhaltung mit anderen Jägern. Kann es sein, dass ich das Gesicht schon einmal in einem Zeitungsbericht gesehen habe? Ich stelle mich höflich vor als Leiter der JVA Adelsheim, ebenso den mich begleitenden Vollzugsdienstleiter. Der Baron führt zwei sehr schöne deutsche Jagdterrier an der gekoppelten Leine.

Die zerren wild daran, hecheln heftig, fiebern wohl ihrem Einsatz entgegen. Ich frage, ob auch Herr Gasser an der Jagd teilnimmt.

Am Kennzeichen unseres Dienstwagens hat der Baron offenbar schon erkannt, dass wir in offizieller Mission hier sind. Er fährt uns mit erhobener Stimme äußerst barsch an: »Für so etwas habe ich jetzt keine Zeit!« – und dreht uns danach sofort brüsk den Rücken zu. Mehrere seiner Jäger schließen geschwind die entstandene kleine Lücke. »Ob der wohl mit dem berühmten Götz von Berlichingen verwandt ist, der ja aus dieser Gegend kam?«, frage ich mich und meinen Begleiter im Weggehen. »Der soll ja auch nicht die besten Manieren gehabt haben, wenn man Goethe glauben darf.«

Wir fahren gute 300 Meter weiter und fragen einen der in Abständen postierten Jäger, ob er Herrn Gasser kennt und wo wir den finden können. »Ja, der ist heute auch dabei. Wir gehen heute auf die Sau und haben deshalb dieses Wäldchen umstellt. Immer weiterfahren, die erste Abzweigung rechts, dann noch mal rechts den Feldweg hinauf. Dort am Waldrand müsste er stehen«

»Also vorwärts, aber Schleichfahrt!«, befehle ich. »Jawoll, Herr Kaleu!«, antwortet mein Fahrer, auf meinen Scherz eingehend, im selben militärischen Tonfall. Aha, da vorne steht ein Jäger. Im Näherkommen sehen wir, dass es Herr Gasser sein dürfte. Lässig an einen solitären Birnbaum gelehnt, steht er am Feldrand, in erstklassig-schicker Outdoor-Kleidung von Fjällräven, auf dem Kopf einen kecken Jägerhut. Das Gesicht ist braun gebrannt, der Lauf des Gewehrs ist auf dem linken abgewinkelten Arm aufgelegt. Er ist schussbereit. Ein Bild wie aus einem bayerischen Heimatfilm. Herr Gasser beobachtet nur den Waldrand, sichert nicht in unsere Richtung. Er bemerkt uns daher erst, als wir seinen Standort schon fast erreicht haben.

»Hallo, Herr Gasser«, spreche ich ihn noch aus dem Auto heraus an, dem unter der Bräune abrupt alle Farbe aus dem Gesicht weicht, »wir haben schon versucht, Sie zu Hause anzutreffen, aber jetzt haben wir Sie ja endlich gefunden. Würden Sie bitte hinten einsteigen? Wir müssen reden, am besten bei Ihnen zu Hause.«

Der Mann hat offensichtlich weiche Knie, sagt kein einziges Wort und will schnell hinten in unser Auto einsteigen. Da fällt mein Blick auf seine doppelläufige Flinte mit wunderschönen Gravuren am silberfarbenen Schloss. Schnell füge ich noch hinzu: »Aber zuvor entladen

Sie bitte Ihr Gewehr! Wir möchten nicht, dass noch ein Unglück geschieht.« Dies tut er auch sofort.

»Wohin sollen wir fahren? Zu Ihrem neuen Haus oder zu dem alten Haus?«, fragt der VDL.

»Zum alten.«

Mehr wird auf der ganzen etwa zehnminütigen Fahrt zurück in den Ort nicht gesprochen. Herrn Gasser hat es die Sprache verschlagen. Und wir beide denken darüber nach, was weiter zu tun ist.

Vor seinem Haus angekommen, steigen wir alle aus, von der sofort wieder auftauchenden Nachbarin mit Argusaugen beobachtet. Herr Gasser hinkt plötzlich, ächzt und stöhnt und kann sich kaum bewegen.

Drinnen fragen wir ihn, wie es sein kann, dass er, obwohl dienstunfähig krankgeschrieben, an einer Treibjagd teilnimmt. »Ich bin wirklich sehr krank«, sagt er und holt einige angebrochene Tablettenpackungen aus dem Badezimmer. Es handelt sich freilich um gewöhnliche Schmerzmittel, wie sie sich in jeder Hausapotheke finden. Dann bringt er noch zwei Packungen mit Beruhigungsmitteln, Psychopharmaka, gegen Depressionen. Er behauptet, sein behandelnder Arzt habe ihm ausdrücklich erlaubt, an Jagdveranstaltungen teilzunehmen. Der Aufenthalt in der freien Natur und an der frischen Luft sei gut für seine Psyche.

»Mit Schusswaffe?«, frage ich, ohne Antwort darauf zu erhalten.

»Sind Sie damit einverstanden, dass ich die Beipackzettel der Medikamente mitnehme? Wir machen davon Kopien und senden Ihnen die Originale sofort wieder zurück?«

»Ja, einverstanden«, sagt er. Ich diktiere einen Aktenvermerk auf mein mobiles Diktiergerät über den ganzen Vorgang – und zwar in seinem Beisein, damit er mithören und das Diktat genehmigen kann. Danach verabschieden wir uns. Ich rege noch an, dass er sich baldmöglichst wieder in ärztliche Behandlung begeben möge. Darüber hinaus kündige ich eine schriftliche Anordnung an, dass er sich einem Amtsarzt zur Überprüfung seiner Dienstfähigkeit vorzustellen hat. Um die aufgetretenen Zweifel sachverständig abklären zu lassen.

»Auf Wiedersehen, Herr Gasser. Und gute Besserung!« Die mitgebrachte Flasche Wein nehme ich lieber wieder mit. Zu riskant bei der geltend gemachten psychischen Erkrankung.

Was ist aus der Sache weiter geworden? Herr Gasser wurde dem Amtsarzt vorgestellt zur Prüfung, ob er noch dienstfähig ist. Oder ob er krankheitshalber vorzeitig in den Ruhestand versetzt werden muss. Das Ergebnis war verblüffend: Der Beamte sei in vollem Umfang arbeitsfähig, jedoch auf keinen Fall im Justizvollzug. Er habe eine Art »Vollzugsallergie«. Es solle daher versucht werden, eine Beschäftigung für ihn als Krankenpfleger in einem Krankenhaus zu finden. Nach einigen vergeblichen Versuchen ist das zur Überraschung aller zum guten Schluss sogar gelungen. Herr Gasser wurde an ein Krankenhaus in akzeptabler Entfernung zu seinem Wohnort versetzt. Was dort beruflich weiter aus ihm geworden ist, haben wir nicht erfahren.

Auch diese Affäre wurde im Anstaltstratsch ausführlich verhandelt. Der damalige Verwaltungsleiter hat darüber eine gereimte Moritat verfasst und mir diese persönlich zugeeignet. Ich bin deshalb befugt, sie hier wiederzugeben:

Jagdszenen aus Knastilien

Ist unser Boss mal frustverzagt,
dann geht er amtlich auf die Jagd.
Natürlich ohne Schießgewehr,
sein Jagdhund Bö dicht hinterher.
Weil der, wie ihr ja alle wisst,
des Bosses Lieblingsrüde ist.

Sie gehen heute auf die Pirsch,
doch geht's um Rehlein nicht und Hirsch:
Sie treffen im Hubertuskleid
den jagdgewohnten Herrn von Waid.

Der steht als Jäger und als Treiber
im Reigen heiß besonnter Leiber
und zielt im Geiste schon genau
auf eine große wilde Sau!

Dann trübt sich jäh die Waldeslust,
der Boss verbreitet Jägerfrust!
Das Halali ganz leis' vergellt,
der Rüde hat den Waid gestellt!

Und die Moral von der Geschicht?
Schieß nie auf wilde Säue nicht,
wenn dich als jagdlich fraglich Glied
dein lieber Anstaltsleiter sieht.
Sein Rüde nimmt die Witterung auf
und schon ist dir der AL drauf!

Der Dienst im Knast ist wirklich schwer,
doch bitte ohne Schießgewehr!

Begeht ein Beamter oder eine Beamtin ein Dienstvergehen, indem er oder sie gegen Dienstvorschriften verstößt, kann deshalb über eine etwaige Kriminalstrafe hinaus eine Disziplinarstrafe verhängt werden. Dies reicht von einem einfachen Verweis über Geldbuße und Degradierung bis hin zur zusätzlichen endgültigen Entfernung aus dem Dienst.

19. Gernot Baum

Der einzige Mitarbeiter, der die Erlaubnis hatte, mit seinem eigenen Pkw in die Jugendstrafanstalt Adelsheim einzufahren, war unser Anstaltsarzt Dr. Maier. Allen anderen war dies aus Sicherheitsgründen nicht gestattet. Bei ihm lag die Besonderheit vor, dass er nicht nur in der Jugendstrafanstalt tätig war, sondern auch im Ort eine Hausarztpraxis betrieb. Es konnte also vorkommen, dass er wegen eines Notfalls dorthin abgerufen wurde. Deshalb musste er in der Lage sein, von dem am hintersten Ende der Anstalt gelegenen Krankenrevier schnellstmöglich in seine Praxis zu kommen.

Es war also ein gewohntes Bild, dass Dr. Maier morgens gegen 9:30 Uhr mit seinem Cabrio in die Fahrzeugschleuse einfuhr. Außer bei Regen fuhr er fast immer mit offenem Verdeck, sogar im Winter. Warum denn das, mag man fragen. Auf dem Weg zwischen Praxis und Anstalt wie auch zurück pflegte sich unser Doktor stets eine Zigarette zu genehmigen. Weil er aber nicht wollte, dass seine Patienten mitbekommen, dass er gelegentlich raucht, fuhr er offen, wann immer es ging. So konnte sich der Rauchgeruch nicht in die Kleidung einnisten.

Eines Tages treffe ich ihn im Auto sitzend in der Schleuse, Verdeck wie üblich offen. Ich wechsele einige Worte mit ihm. Auch ich bin sein Patient, und außerdem sind wir befreundet. Im Verlauf der Unterhaltung spricht er mich darauf an, dass ein ihm bekannter junger Mann sich um eine Stelle im Werkdienst bewerben wolle. Das sind diejenigen Beamten in der Jugendstrafanstalt, die einen unserer zahlreichen Ausbildungsbetriebe leiten oder in einem Versorgungsbetrieb wie der Wäscherei arbeiten.

»Der Gernot Baum stammt aus nicht ganz einfachen Verhältnissen«, sagt er. »Eltern geschieden, mehrere Geschwister. Hat sich aber hochgearbeitet. Er ist Junggeselle, wohnt noch zu Hause und kümmert sich dort in vorbildlicher Weise um seine kranke Mutter, eine Patientin von mir. Von Beruf ist er Schlosser, hat letzthin sogar den Meister gemacht. Kannst du da etwas machen?«

»Wir haben schon freie Stellen im Werkdienst«, antworte ich. »Er soll sich eben zum nächsten Einstellungstermin, das ist der 1. Oktober, schriftlich bewerben, mit den üblichen Unterlagen. Und zwar bald, denn meistens haben wir eine ganze Anzahl Bewerber. Er wird dann zur nächsten Einstellungsprüfung geladen. Diese Prüfung, muss ich dir allerdings sagen, ist nicht ganz ohne. Sie besteht aus einem schriftlichen Teil – Allgemeinwissen und Aufsatz –, aus einer psychologischen Begutachtung und schließlich der Vorstellung bei der Einstellungskommission. Der gehören an: der Anstaltsleiter, der Personalchef, der Werkdienstleiter, der Psychologe und der Vorsitzende des Personalrats. Wird dein Mann genommen, folgt eine zweijährige Ausbildung, zum Teil in der Anstalt, aber auch mehrere Monate lang zentral bei der Justizvollzugsschule in Stuttgart. Zum Schluss muss er eine Laufbahnprüfung ablegen, die aus mehreren schriftlichen Klausuren und einer mündlichen Prüfung besteht. Nach erfolgreichem Abschluss dieser Fachschule kann er in das Beamtenverhältnis auf Probe übernommen werden.«

»Ich hätte nicht gedacht, dass das so anspruchsvoll ist«, meint der Doktor, »das werde ich ihm ausrichten.« Er wünscht einen guten Tag und fährt weiter.

Und tatsächlich, bei der nächsten Einstellungsprüfung steht Herr Baum auch auf der Liste. Diese vermerkt bereits, dass sein Aufsatz, der von unserem Schulleiter nach Form, Inhalt und Rechtschreibung bewertet wurde, durchaus passabel ist. Auch der Psychologe findet in seinem Kurzgutachten keinen Grund, der einer Einstellung entgegenstehen könnte. Also Vorstellung in der großen Runde.

Nach Aufruf betritt ein unscheinbarer junger Mann den Konferenzraum. Er ist mittelgroß, dunkelblond, ordentlich gekleidet, hat ein offenes Gesicht mit grauen Augen und macht trotz der für einen Handwerker typischen Arbeiterhände einen gepflegten Eindruck. Er wirkt nicht besonders nervös.

In der Einstellungskommission pflege ich die mündliche Prüfung damit zu eröffnen, dass ich mir schildern und genau erklären lasse, was der Bewerber in seinem Beruf augenblicklich konkret macht. Daraus kann ich ersehen, ob er in der Lage ist, einen komplexen Sachverhalt einem Außenstehenden verständlich darzustellen. Außerdem frage ich immer nach Freizeitbeschäftigungen, Sport, Hobbys, Engagement in den örtlichen Vereinen. Er macht einen bodenständigen Eindruck, ist im Schützenverein.

Auch die anderen Mitglieder der Einstellungskommission stellen ihre Fragen, die sich meistens mehr auf die angestrebte Laufbahn beziehen. Nach kurzer Beratung besteht Einigkeit, dass wir Herrn Baum einstellen können. Er tritt also am 1. Oktober seinen Dienst an und macht erst mal die Runde in einer Anzahl von Betrieben. Auch die weitere Ausbildung an der Justizvollzugsschule absolviert er erfolgreich. Abschlussnote befriedigend. Weil im Schlosserbetrieb keine Stelle als Ausbilder für ihn frei ist, wird er dort nur als dritter Mann eingesetzt, ansonsten in dem einen oder anderen Versorgungsbetrieb.

So geht das seinen unauffälligen Gang, fast 20 Jahre lang. Herr Baum ist ein wenig ehrgeiziger, doch immer mit befriedigend beurteilter Beamter.

Nachdem ich als Anstaltsleiter schon einige Jahre im Ruhestand und nun wieder als Rechtsanwalt tätig bin, erscheint er eines Tages völlig aufgelöst in meiner Kanzlei. Von der Anstalt sei gegen ihn Strafanzeige wegen Diebstahls erstattet und, noch schlimmer, ein Disziplinarverfahren eingeleitet worden mit dem Ziel der Entfernung aus dem Dienst.

»Wenn mir jemand helfen kann, dann Sie. Sonst ist's aus mit uns, meiner Frau und meiner jungen Familie«, fleht er mich an. »Man hat mich bereits vom Dienst suspendiert. Ich darf also die Anstalt nicht mehr betreten. Mein Gehalt wird zu einem großen Teil einbehalten. Wenn das so weitergeht, muss ich zum Sozialamt.«

»Was wirft man Ihnen denn vor?«

»Ich soll mehrere Paar Sicherheitsschuhe aus der JVA gestohlen haben. Meine Frau hätte sie dann über eBay verkauft. Das stimmt aber so nicht.«

Ich verspreche, mich um die Sache zu kümmern, lasse mir eine Vollmacht geben und fordere die Akten bei der Staatsanwaltschaft an.

Aber Frau? Junge Familie? Davon höre ich zum ersten Mal. Früher wurde Baum von den Kollegen doch immer als ewiger Junggeselle verspottet. Da seine Frau in dem Strafverfahren ohnehin Mitbeschuldigte ist, bitte ich ihn, diese beim nächsten Besuch mitzubringen, wenn ich die Ermittlungsakten habe. Da bin ich neugierig!

Nach den Akten ist der Fall klar. Herr Baum habe in den letzten drei Jahren, also erst nach seiner Verheiratung, was bisher keinem aufgefallen ist, mehrfach neue Sicherheitsschuhe, die an die in entsprechenden Betrieben arbeitenden Gefangenen ausgegeben werden sollten, aus der Anstalt mit nach Hause genommen. Und seine Frau habe diese dann über einen von ihr betriebenen eBay-Shop verkauft. Die Beweise sind unwiderleglich. Alle Geschäftsvorgänge sind auf der Plattform dokumentiert, mit Text und Bild. Der Gesamtwert aller entwendeten Schuhe, die von recht geringer Qualität waren, beträgt gerade einmal 116,55 Euro, der bei den Versteigerungen erzielte Gesamtbetrag fast schon lächerliche 46,14 Euro.

Ich telefoniere mit der zuständigen Staatsanwältin. Sie sagt, der Beschuldigte und seine Frau hätten bisher alles abgestritten. Wenn mein Mandant aber ein umfassendes Geständnis ablege, könne sie die Sache relativ einfach mit einem Strafbefehl abmachen. Der würde dann wohl deutlich unter der Höhe liegen, die im Disziplinarverfahren automatisch die Entfernung eines Beamten aus dem Dienst zur Folge hat.

»Dann wäre eine geringere Disziplinarmaßnahme möglich, die ja ohnehin noch auf die Kriminalstrafe obendrauf kommt«, meint sie.

»Und der Fall wäre geräuschlos ohne öffentliche Hauptverhandlung erledigt«, füge ich hinzu, »ohne dass die Anstalt allzu sehr ins Gerede kommt.«

Zum Besprechungstermin erscheint Herr Baum mit seiner Frau und dem dreijährigen Töchterchen. Welche Gegensätze! Er ist inzwischen 51 Jahre alt, einen halben Kopf kleiner als sie und wirkt neben ihr fast schon schmächtig, grau, vorgealtert, zusammengefallen. Sie ist eineinhalb Jahrzehnte jünger, groß und schlank, ausgesprochen gut aussehend, halblanges, dunkelblondes, modern geschnittenes Haar, modisch gekleidet und geschminkt, tatkräftig wirkend, flottes Mundwerk, smart und dominant. Das Kind ist ein blond gelocktes Mädchen.

Frau Baum stammt aus den neuen Bundesländern und hat erkennbar hohe Ansprüche an Konsum und Lebenshaltung. Schon als die beiden vor einigen Jahren geheiratet haben, sei ihr wichtig gewesen, dass der Polterabend und die Hochzeit groß gefeiert wurden: »Im Schützenheim mit über hundert Gästen und allem Pipapo.« Ihrem Kind möchte sie »alles bieten können«.

Allerdings lebt die Familie wohl über ihre Verhältnisse. Das Girokonto ist oft bis zum Limit überzogen. Deshalb hat Frau Baum über ihren eBay-Shop auch vieles von dem, was angeschafft wurde, wie Haushaltsgeräte, Kleidung, Kinderspielzeug und eben auch die aus der JVA mitgenommenen Sicherheitsschuhe, wieder zu verkaufen versucht. Mit nicht allzu großem Erfolg.

Es ist gar nicht leicht, die Eheleute zu einem umfassenden Geständnis zu bewegen. Hauptsächlich sie leistet Widerstand und fährt dafür mit unsäglichen Ausreden auf. Als das Geständnis dann doch zu Papier gebracht ist, nehme ich erneut Kontakt mit der Staatsanwältin auf. Die beantragt daraufhin gegen Herrn Baum einen Strafbefehl mit einer Gesamtgeldstrafe von 60 Tagessätzen. Das ist maßvoll und wird vom Amtsgericht so verhängt. Es handelt sich ja auch nur um Diebstahl geringwertiger Sachen, wenngleich in mehreren Fällen. Der Strafbefehl wird von uns selbstverständlich akzeptiert.

Dem Justizministerium, welches das Disziplinarverfahren führt, eröffnet das recht niedrige Strafmaß nach der Rechtsprechung die Möglichkeit, statt der angestrebten Entfernung aus dem Dienst eine weniger schwerwiegende Maßnahme, beispielsweise eine Degradierung und Gehaltskürzung, zu verhängen. Anders als die Staatsanwaltschaft und das Amtsgericht zeigt man sich dort aber absolut gnadenlos. Trotz meiner ausführlichen Darlegungen, dass der Beamte sich in den 20 Jahren zuvor nie etwas hat zuschulden kommen lassen, dass der Schaden äußerst gering ist, dass ein minder schwerer Fall vorliegt und die Folgen für die Familie zu berücksichtigen sind, wird die höchstmögliche Disziplinarstrafe verhängt: Entfernung aus dem Dienst.

Anders als in den meisten anderen Bundesländern entscheidet in Baden-Württemberg über diese schwerste Disziplinarmaßnahme nicht etwa ein unabhängiges Gericht, sondern die Anstellungsbehörde. In diesem Fall ist es das Justizministerium, welches das Verfahren extra an sich gezogen hat. Die Entscheidung wird zudem grundsätzlich im schriftlichen Verfahren getroffen, nicht etwa in einer Hauptverhandlung. So hat Herr Baum noch nicht einmal die Möglichkeit, sich als Person individuell darzustellen und glaubhaft zu entschuldigen.

Für die Bearbeitung des Falles ist im Ministerium eine junge Richterin zuständig, Frau Rahmen, die dort nur vorübergehend tätig ist und als Strafrichterin von einem Instanzgericht kommt. Sie ist eine auffallend klein gewachsene Frau, Ende 30, blond, gediegen gekleidet, spricht mit deutlichem Stuttgarter Akzent – Honoratiorenschwäbisch, wie man sagt. So ist sie auf den ersten Blick eine angenehme Erscheinung. Im Gespräch wirkt sie dann jedoch kaum empathisch, vielmehr kalt, unnahbar, streng und unnachsichtig. Oder will sie bloß einen solchen Eindruck erwecken?

Bereits in einer früheren Disziplinarsache hatte ich Gelegenheit, sie und ihre grundsätzlich negative Einstellung zu Beschuldigten kennenzulernen: Als sie meinen damaligen Mandanten mündlich befragte, bemerkte ich einen ausgesprochen aggressiven, ja giftigen Unterton. Während seiner recht langen Vernehmung schnitt sie ihm immer wieder das Wort ab, sodass er nichts im Zusammenhang darstellen konnte. Wenn er, dadurch aus dem Konzept gebracht, auf ihre Zwischenfragen antwortete, lauerte sie, ob er sich eine Blöße gab, um dann wie eine Muräne aus dem Versteck hervorzuschießen und zuzubeißen. Keine seiner Erklärungen ließ sie gelten. Eine solche Haltung ist ungewöhnlich für eine Juristin mit richterlicher Erfahrung und schwierig für den Verteidiger.

Muss diese Frau vielleicht ihre geringe Körpergröße durch Aggressivität kompensieren? Nach dem neuerlichen Beweis überzogener Härte im Disziplinarverfahren Baum kommt sie mir vor wie das weibliche Gegenstück zu der viel berufenen »toxischen Männlichkeit«. Der Psychoanalytiker Karl Abraham beschrieb einen solchen Charakter einmal als »weiblichen Rachetypus«. Oder will sie sich bloß durch eisernes Durchgreifen ihre Beförderung verdienen?

Um gut Wetter zu machen, erwähnte ich damals in einer Vernehmungspause, dass auch ich vor Jahrzehnten als junger Beamter im Auftrag des Justizministeriums in einigen Disziplinarverfahren tätig war. Und dass ich deshalb die Schwierigkeit der Aufgabe, die sie heute hat, durchaus verstehen kann. Aber damit kam ich gar nicht gut bei ihr an. Vielmehr konterte sie diesen Versuch, die Atmosphäre zu entspannen, mit erneuter Aggression, diesmal gegen mich: »Darüber dürfen Sie überhaupt nicht reden, denn es handelt sich dabei um ein Dienstgeheimnis, auch wenn es Jahrzehnte her ist«, fuhr sie mir über den Mund. »Ich werde das melden und überprüfen lassen.«

Ich konnte nur schlucken und den Kopf schütteln. Denn gegenüber einer Vertreterin des Justizministeriums – sonst war niemand anwesend – kann das Sprechen über Verfahren, welche dort logischerweise bekannt sind, nie die unbefugte Weitergabe eines Dienstgeheimnisses sein. Anders wäre das allenfalls, wenn ich diese Bemerkung gegenüber Außenstehenden gemacht hätte. Trotzdem hat Frau Rahmen mein »Vergehen« sofort danach im Justizministerium schriftlich niedergelegt und dem Personalchef angezeigt. Natürlich ohne Erfolg.

Juristische Insider bezeichnen eine solche zeitweise Erprobung einer Richterin im Justizministerium ironisch als »das dritte Staatsexamen«. Könnte Rücksicht auf ihre anstehende Beurteilung ihr unnachsichtiges Vorgehen erklären? Jedenfalls gibt es im Falle des Schlossermeisters Baum in den Augen von Frau Rahmen, wie sie in ihrer schriftlichen Entscheidung ausführt, nicht einen einzigen strafmildernden Gesichtspunkt. Dass er viele Jahre lang ordentlich seinen Dienst geleistet hat, dass er ein Geständnis abgelegt hat, dass er unter zahlreichen schweren Krankheiten leidet, Schwerbehinderter ist, dass ihm ein amtsärztliches Gutachten neben mehreren somatischen Krankheiten wie Herzrhythmusstörungen und Schlaganfall eine seelische Störung und eingeschränkte psychophysische Belastbarkeit attestiert, dass ihn seine familiäre Situation ganz offensichtlich überfordert hat – all diese Umstände, obwohl fast alle mit Dokumenten belegt, werden von ihr schroff zurückgewiesen (»Kann nicht strafmildernd berücksichtigt werden«), teils mit dem Totschlagargument, es handle sich um »bloße Schutzbehauptungen«.

Da bleibt mir als letzte Möglichkeit nur, gegen die übertrieben harte Entscheidung Klage beim Verwaltungsgericht zu erheben. Seitenlang liste ich noch einmal die strafmildernden Umstände auf. Aber das Verwaltungsgericht ist überlastet und entscheidet auch nach vielen Monaten nicht. Eineinhalb Jahre nach Klageerhebung, kurz vor einem dann doch noch festgesetzten Verhandlungstermin, teilt die Vorsitzende Richterin mit, dass das Gericht keine Erfolgsaussichten erkennen könne.

Mein Mandant gibt entnervt und entmutigt auf. Körperlich und psychisch schwer krank, kann und will er sich die Hauptverhandlung nicht zumuten und beauftragt mich, die Klage zurückzunehmen. Die Entfernung aus dem Dienst wird damit rechtskräftig.

Schon einige Monate zuvor hatte die sich ständig verschlechternde Gesundheit des Herrn Baum dazu geführt, dass er wegen Dienstunfähigkeit in den vorzeitigen Ruhestand versetzt worden war. Genau die gesundheitlichen Einschränkungen, die im Disziplinarverfahren als vorgeschützt oder unbeachtlich angesehen worden waren, die keinerlei Strafmilderung rechtfertigten, waren dabei zur Begründung seiner krankheitsbedingten Dienstunfähigkeit herangezogen worden! Wie konnte es sein, dass sie auf einmal zutreffend und von Bedeutung waren? Weil sie zu seinen Ungunsten verwendet werden konnten? Weil es nun um Einsparungsmöglichkeiten ging – und nicht darum, ihm persönlich Gerechtigkeit widerfahren zu lassen? Jedenfalls wurden damit seine geringen verbliebenen Bezüge noch einmal reduziert. Seine Planstelle als Beamter war damit freigeräumt und konnte wieder besetzt werden.

Als danach das Land von Herrn Baum wegen erfolgter Überzahlungen knapp 38 000 Euro zurückverlangt, verlässt ihn seine Frau samt Kind. Sie zieht wieder in den Osten, er bleibt zurück.

Nach seiner endgültigen Entfernung aus dem Dienst wollen auch die Kollegen und Freunde nichts mehr von ihm wissen. Völlig vereinsamt gerät er noch tiefer in die Depression, greift vermehrt zur Flasche. Dann und wann säuft er gemeinsam mit dem letzten verbliebenen Kumpanen, der ebenfalls psychisch krank ist. Nach einem bösen Sturz die Kellertreppe hinunter wird er mit mehreren Knochenbrüchen ins Krankenhaus eingeliefert. Er stirbt dort nach wenigen Tagen im Alter von 53 Jahren.

Als ich die Nachricht von seinem Tod erhalte, bin ich zutiefst erschüttert und frage mich: Musste das alles so kommen? Gab es für das Land wirklich keine Alternative zum brutalstmöglichen Vorgehen? Ist eigentlich noch jemand außer mir erschüttert?

Als »vorbestraft« gilt man nur, wer zu einer Geldstrafe von über 90 Tagessätzen oder zu einer Freiheitsstrafe von mehr als 3 Monaten verurteilt wurde. Allerdings werden sämtliche gerichtlich verhängten Strafen im Bundeszentralregister eingetragen.

20. Diebes Reue

Fast jeder Praktiker der Justiz hat den folgenden Fall schon einmal erlebt: Zwei oder drei Jugendliche stehen vor dem Jugendgericht. Nach den Einzelvernehmungen, in der weiteren Beweisaufnahme, werden die anfangs so zugeknöpften Angeklagten immer gesprächiger. Und gegen Ende sprudeln die Geständnisse nur so aus ihnen heraus. Wie in einem Wettbewerb. Oder als ob das ansteckend wäre, offenbar ein gruppendynamisches Geschehen. Sie scheinen froh zu sein, endlich alles loszuwerden, auch wenn es juveniler Unsinn von der schlimmsten Sorte gewesen ist.

Und manchmal, nach einem solchen Geständnis, greift sich eine Schöffin an den Kopf und kann die Frage nicht zurückhalten: »Aber um Himmels willen, was habt ihr euch bloß bei alledem gedacht?«

Plötzlich betretenes Schweigen bei den zuvor so geständnisfreudigen Jungs. Denn die Antwort »Nichts natürlich! Nichts! Sonst hätten wir es ja nicht gemacht!« – die mag keiner geben. Sie würde aber stimmen, jedenfalls meistens.

So ging es mir wieder einmal, als mich nach telefonischer Vorankündigung durch seinen besorgten Vater, Inhaber eines türkischen Feinkostgeschäfts, der in Deutschland geborene und aufgewachsene Tayfun Özden in meiner Anwaltskanzlei aufsuchte.

Er erzählte: »Am vergangenen Samstag habe ich von meinem Vater dessen Auto ausgeliehen bekommen. Am Abend bin ich mit meinem besten Freund in die nächstgelegene Stadt gefahren. Dort kennen wir uns aus und wollten ein bisschen ausgehen. Erst sind wir in einer Kneipe etwas trinken gegangen. Dann wollten wir in eine Shisha-Bar, ein bisschen was rauchen. Schon auf der Fahrt dorthin ist uns bei einem Autohändler aufgefallen, dass auf dem Gelände so tolle Mercedes-

Autos stehen. Wir haben angehalten und uns umgesehen. Besonders bewundert haben wir einen schwarzen C-Klasse AMG mit tollen Alu-Felgen. Irre gut, präzisionsgefräst, silbern und schwarz eloxiert. Einfach nur geil! Wir sind also in die Shisha-Bar gegangen. Dort haben wir uns gegenseitig die Ohren vollgequatscht. Über tolle Autos, Mercedes und BMW. Und wie wir die aufmotzen würden, wenn wir uns so etwas leisten könnten.«

»War da Haschisch oder etwas Ähnliches mit dabei?«, frage ich.

»Kann ich jetzt gar nicht mehr sagen. High waren wir aber auf keinen Fall. Nur halt begeistert von dem tollen Auto. Auf dem Rückweg, es wird so gegen zwei Uhr oder noch später gewesen sein, haben wir nochmals bei dem Autohändler angehalten, zum Gucken. Irgendwie sind wir dann auf die blöde Idee gekommen – es war mein Vorschlag –, an dem Auto die Räder abzumontieren und zu klauen.«

»Aber dazu braucht man doch eine Hebebühne oder muss das Auto aufbocken«, erwidere ich.

»Das war nicht so schwer, weil ganz in der Nähe bei einer Baustelle sich Pflastersteine fanden, die wir zum Aufbocken untergelegt haben. Den Rest haben wir mit dem Wagenheber aus dem Bordwerkzeug vom Auto meines Vaters erledigt. Das ging zu zweit ziemlich flott, zumal die Radschrauben nicht extra gesichert waren. Das Gelände war auch ganz gut beleuchtet. Die vier abgeschraubten Räder haben wir dann in den Kofferraum geladen und sind abgehauen. Auf der Rückfahrt haben wir die Räder an einem geheimen Ort, in einem Gebüsch, versteckt. Uns ist nichts Besseres eingefallen, wir mussten sie ja loswerden. Es durfte ja niemand etwas merken, schon gar nicht mein Vater. Dort sind sie jetzt immer noch. Die findet man nicht so leicht.«

»Ich verstehe noch nicht ganz, wenn ich ehrlich bin!«

»Heute nun ist die Polizei zu mir gekommen, weil das Gelände bei dem Autohändler mit einer Videokamera überwacht worden ist. Haben wir leider nicht gecheckt! Und die hat unsere ganze Aktion gefilmt und gespeichert. Die Polizisten haben mir den Film gezeigt. Das Auto meines Vaters und das Kennzeichen, alles gut erkennbar. Die hatten auch einen Durchsuchungsbefehl für unser Haus und haben die geklauten Räder bei uns gesucht, aber natürlich nicht gefunden. Die Polizei konnte zwar mich identifizieren, nicht aber meinen Freund. Der war immer im Schatten und deshalb nicht erkennbar.

Dummerweise hatte ich auch noch ein gutes Bild von mir auf Facebook ins Internet gestellt. Da hatten die den besten Vergleich. Ich habe bisher so gut wie keine Angaben gemacht, weil ich zuerst mit einem Anwalt reden wollte.«

»Und was ist mit deinem Kumpel?«

»Seinen Namen möchte ich auf keinen Fall preisgeben, weil ich ihm mein Wort gegeben habe. Bei uns verrät man niemals einen Freund. Sonst verliert man seine Ehre. Bitte helfen Sie mir, bitte. Wenn es nur ginge, würde ich die ganze Sache ungeschehen machen wollen. Auf keinen Fall möchte ich ins Gefängnis kommen. Und wenn mein Ausbildungsbetrieb das erfährt, fliege ich raus. Dass ich nicht ganz ohne Strafe wegkomme, ist mir natürlich klar. Bitte sagen Sie mir, was man jetzt noch machen kann.«

Ich kläre den jungen Mann zunächst darüber auf, dass die Tat rechtlich als schwerer Diebstahl zu werten ist. »Das ist keine Kleinigkeit, zumal die Räder wohl einen hohen Wert haben, bestimmt mehrere Tausend Euro. Und die Polizei wird alles daransetzen, auch den zweiten Täter zu schnappen. Die haben ja auf dem Video gesehen, dass ihr zu zweit gewesen seid.« Irritiert frage ich weiter: »Was wolltet ihr denn mit den Rädern machen? Solche teuren Räder sind doch auffällig, und sicher auch nicht so leicht zu verkaufen.«

»So etwas haben wir überhaupt nicht überlegt. Wir wollten die Räder einfach nur haben. Weiter haben wir gar nicht gedacht. Keine Ahnung. Darüber, was danach werden soll, was wir damit anfangen wollen, haben wir uns keinen Kopf gemacht.«

Tayfun ist ein junger Mann türkischer Herkunft, deutscher Staatsbürger, 19 Jahre alt und Auszubildender bei einem Lebensmittel-Discounter. Körperlich und geistig mangelt es ihm offenkundig an nichts. Er ist mittelgroß, kräftig, hat einen dunklen Lockenkopf und braune Augen und ist nach der aktuellen Jugendmode gekleidet. Genauso jugendlich spricht er auch. Er wohnt noch bei den Eltern und hat derzeit keine ständige Freundin. Allerdings macht er mir, trotz vorhandener mittlerer Reife, einen noch sehr unbedarften Eindruck. Als letzter in der Reihe von drei Geschwistern ist er wohl Mamas Liebling, dem zu lange nahezu jeder Wunsch erfüllt wurde. Vielleicht sind deshalb seine sozialen Kompetenzen noch nicht so sehr entwickelt. Aber ansonsten ist er ein »Normalo«, wie er selbst sagt.

Wir beraten zusammen, was man jetzt noch machen kann. Und wie man die Angelegenheit wieder einigermaßen in Ordnung bringen könnte. Da kommt mir eine Idee. »Wie wäre es«, frage ich, »wenn wir die Räder der Firma einfach wieder zurückbringen? Dann wäre schon mal der angerichtete Schaden viel geringer. Es kommen ja unweigerlich erhebliche Schadensersatzforderungen auf dich zu! Und ich hätte die Möglichkeit, auf der Grundlage eines Geständnisses bei der Staatsanwaltschaft auf eine milde Strafe hinzuwirken. Ich würde die Rückerstattung übernehmen, wenn du mir die Räder herbringst. Da ist aber Eile geboten, bevor die Polizei oder jemand anderes sie findet. Wir haben schon Dienstag!«

Deshalb rufe ich noch am selben Nachmittag den Polizeibeamten an, der die Sache bearbeitet, und informiere ihn von der beabsichtigten Rückgabe des Diebesgutes. Außerdem bitte ich ihn, bis morgen »die Füße still zu halten«, und verspreche, ihn sofort zu informieren, wenn die Rückgabe stattgefunden hat. Er stimmt recht widerwillig zu, knurrt freilich ziemlich irritiert: »Eine ganz neue Art der Strafverteidigung. Aber wenn Sie meinen ...«

Tayfun ist mit allem einverstanden und bringt die gestohlenen Räder zu meiner Kanzlei. Sie werden noch am frühen Abend, sozusagen in einer Nacht-und-Nebel-Aktion, auf dem Hinterhof, von seinem in mein Auto umgeladen.

Sofort telefoniere ich mit dem Autohaus und kündige an, dass ich die gestohlenen Kompletträder in einer halben Stunde dort anliefern werde. Es dauert, bis überhaupt ein Verantwortlicher gefunden ist, der gewillt ist, die Sache mit mir zu besprechen. Als ich endlich den Geschäftsführer am Telefon habe, ist der äußerst überrascht, aber auch sehr ungehalten: »Geklaut wurde schon viel. Deshalb haben wir ja auch die Videoüberwachung für teures Geld einrichten müssen. Aber so etwas, Rückgabe von Diebesgut durch den Anwalt, das hat es noch nie gegeben!« Er hat eigentlich nicht die geringste Lust, die Räder wieder zurückzunehmen. »Wir haben den Schaden bereits der Versicherung gemeldet. Die zahlen in voller Höhe!«

Es kostet mich einige Mühe, ihn davon zu überzeugen, dass die Räder im Kofferraum meines Autos nach wie vor im Eigentum seiner Firma stehen und die sich einer Rücknahme deshalb schwerlich verweigern kann. Auch besteht gegenüber der Versicherung eine sogenannte Schadensminderungspflicht.

»Okay, kommen Sie halt. Aber Rücknahme nur unter Vorbehalt, zumal auch Lackschäden an dem Auto entstanden sind.«

Ich fahre sofort los.

Am Autohaus angekommen, setzte ich gemeinsam mit dem Geschäftsführer eine schriftliche Übernahmeerklärung auf, die von beiden Seiten unterschrieben wird. Ich habe ja die Vollmacht von Tayfun. Jetzt kann ausgeladen werden.

Gegenüber der Staatsanwaltschaft, die ich sofort nach erfolgreicher Übergabeaktion telefonisch kontaktiert habe, macht Tayfun nun noch über mich schriftlich ausführliche Angaben zur Sache. Er schildert den ganzen Ablauf einschließlich der Rückgabe der Räder über mich und fügt noch ein Entschuldigungsschreiben an den Geschäftsführer des Autohauses bei. Am Ende seines Geständnisses schreibt er: »Insgesamt kann ich mich nur für mein auch mir selbst völlig unverständliches Verhalten entschuldigen. Ich schäme mich und es tut mir sehr leid. Trotzdem will ich natürlich die Verantwortung übernehmen und für alles, was ich angerichtet habe, geradestehen. Dass ich den Namen meines Freundes nicht nennen kann, hängt damit zusammen, dass ich ihm das mit Ehrenwort versprochen habe. Dafür bitte ich um Verständnis. So muss ich die Folgen für das von uns begangene Unrecht eben alleine tragen, zumal bei der ganzen Sache die treibende Kraft ohnehin ich gewesen bin.«

Auf Antrag der Staatsanwaltschaft verhängt das Amtsgericht eine Geldstrafe von 90 Tagessätzen zu je 20 Euro, also insgesamt 1800 Euro. Das entspricht dem, was mir die Staatsanwältin im Telefongespräch in Aussicht gestellt hatte. Damit erfolgt noch nicht einmal ein Eintrag in das polizeiliche Führungszeugnis, sodass der Ausbildungsplatz von Tayfun nicht gefährdet ist. Und er gilt damit auch nicht als vorbestraft.

Tayfun ist gerade noch einmal glimpflich davongekommen. Wenigstens im Nachhinein hat er seinen Kopf eingeschaltet!

Seit einigen Jahren gibt es in Baden-Württemberg den »Jugendstrafvollzug in freier Form«. Gefangene, die bestimmte Kriterien hinsichtlich Haftdauer, Vorgeschichte und Motivation erfüllen, erhalten von der Anstaltsleitung die Erlaubnis, ihre Strafe in einer Einrichtung der Jugendhilfe zu verbüßen und werden dorthin verlegt. Es handelt sich dabei um Heime, die von einem freien Träger der Jugendhilfe geführt werden. Sie besitzen keine Vorkehrungen gegen Entweichungen, haben sich bereit erklärt, ausgewählte Jugendstrafgefangene aufzunehmen, und sind von der Justizbehörde dafür zugelassen. Durch ein intensives, gruppenpädagogisch orientiertes Erziehungs- und Trainingsprogramm sollen die Jugendlichen gefördert und zu einem gesetzestreuen Lebenswandel befähigt werden. Am Entlassungstag kehren sie in die Jugendstrafanstalt zurück und werden von dort entlassen.

21. Das Tief am Nachmittag

In den beiden Jahrzehnten vor und nach der Jahrhundertwende war die Jugendstrafanstalt Adelsheim dafür bekannt, dass dort zahlreiche innovative Modellprojekte erprobt wurden. So hatte die Anstalt für 30 junge Männer aus dem Umland ihre Ausbildungswerkstätten geöffnet. Das war einmalig in Europa. Als »externe Auszubildende« absolvierten sie gemeinsam mit den Inhaftierten in den 18 zur Verfügung stehenden Lehrwerkstätten ihre Ausbildung zum Handwerksgesellen oder Facharbeiter. Damit wurde das kärgliche Lehrstellenangebot für die Jugendlichen in unserer strukturschwachen Region deutlich erweitert. Hauptsächlich aber wurde so erfolgreich ein Modell der gemeinsamen Bildung von straffälligen und nicht verurteilten Jugendlichen entwickelt.

Ebenso wurden, jährlich wiederkehrend, zahlreiche erlebnispädagogische Maßnahmen mit den Gefangenen außerhalb der Anstalt durchgeführt. Dazu gehört ein einwöchiger Hochgebirgskletterkurs unter Anleitung durch einen professionellen Bergführer. Oder ein Arbeitseinsatz im Konzentrationslager Auschwitz, um dort mit Pickel und Spaten mitzuhelfen, die alten Anlagen zu erhalten. Oder es wurde Gelegenheit geboten, außerhalb der Anstalt mit erfahrenen Sportlern eine Woche lang eine den jungen Gefangenen kaum bekannte Sportart wie Skifahren oder Radsport zu erlernen und zu trainieren.

Schließlich wurden in Zusammenarbeit mit freien Trägern der Jugendhilfe zwei Projekte mit dem Titel »Jugendstrafvollzug in freier Form« entwickelt: Gefangene, die bestimmte Kriterien hinsichtlich Haftdauer, Vorgeschichte und Motivation erfüllen, erhielten dabei die Erlaubnis, ihre Strafe statt in der Jugendstrafanstalt in einer Einrichtung der Jugendhilfe zu verbüßen, also in einem offenen Heim ohne

Mauern, Gitter, Stacheldraht, Uniformen, Zwangsmaßnahmen. Von der Anwesenheits- und Mitwirkungspflicht abgesehen bedeutete das praktisch vollständige Freiheit. Das Jugendgefängnis in seiner hergebrachten Form blieb ihnen damit erspart.

Über die für die meisten Gefangenen fast schon selbstverständliche Gewährung von Ausgang und Urlaub hinaus hatten alle diese und viele weitere Projekte immer dieselben Ziele: den Jugendstrafvollzug so weit wie möglich zu öffnen und von draußen ein Stück Normalität zu importieren. Aber auch Erfolgserlebnisse zu ermöglichen, die man beim gemeinschaftlichen Bezwingen von bisher für unüberwindbar gehaltenen Hindernissen erfährt. Auf diese Weise sollte positive Energie, aber auch so viel Normalität wie möglich in den Anstaltsalltag integriert werden – um die »totale Institution Gefängnis« zu reformieren, aber auch, um der gefängnistypischen Subkultur den Nährboden zu entziehen. Sehr hilfreich dabei war, zumal zur Erfolgskontrolle, die ständige Zusammenarbeit mit Wissenschaftlern der Universität Heidelberg.

Daher war es kein Wunder, dass ich immer wieder zu Fachvorträgen eingeladen wurde: so auch zum baden-württembergischen Jugendgerichtstag 2004 in Freiburg, zu dem sich mehr als 250 Fachleute aus Wissenschaft und Justiz angemeldet haben. Ich soll dort über das Projekt »Jugendstrafvollzug in freier Form« berichten: Welche Erfahrungen konnten damit gemacht werden, wenn junge Gefangene ihre Strafe nicht in der Jugendstrafanstalt, sondern in einem Heim der freien Jugendhilfe verbüßen?

Ich lese das Programm und stelle mit Schrecken fest, dass mein Vortrag auf nachmittags zwischen 14 und 15 Uhr angesetzt ist – zu einer Zeit also, zu der nach aller Erfahrung die Tagungsteilnehmer mit dem Verdauen des Mittagsmahls beschäftigt sind und ihnen die Aufnahme ohnehin ungewohnter Informationen eher schwerfallen dürfte. Die werden mir reihenweise einschlafen, so meine Befürchtung.

Da eine Änderung des zeitlichen Ablaufs nicht möglich ist, muss es mir irgendwie gelingen, die Aufmerksamkeit der Teilnehmer für die ungewohnte Materie trotz Mittagsmüdigkeit zu gewinnen.

Ich beginne meinen Vortrag deshalb etwas unkonventionell: »Um Ihnen über das Aufmerksamkeitstief nach dem Mittagessen hinwegzuhelfen, möchte ich Ihnen zur Aufmunterung eine Geschichte erzählen, die auch eine Nutzanwendung für den Jugendstrafvollzug enthält. Woher habe ich diese Geschichte? Genau weiß ich es nicht mehr. Wahrscheinlich habe ich sie vor Jahren bei einem südfranzösischen Heimatabend gehört. Ihr amüsanter Inhalt ist mir aber unvergesslich geblieben.

Sie geht so: Obwohl in Frankreichs Süden und nahe dem Mittelmeer gelegen, kann es in den südlichen Ausläufern des Zentralmassivs, dem Bergland der Cevennen, im Winter auch sehr kalt werden. Nicht selten kommt es sogar zu heftigen Schneefällen. An einem solchen sehr kalten Tag machte sich ein Landpfarrer, ein großer, kräftiger und als besonders tierlieb bekannter Mann, auf den Weg zu seinem Kirchdorf, wo er die Messe zu lesen hatte. Und wie er so die Straße dahinwandert, sieht er am Rand in einer Schneewehe einen leblosen Spatz liegen, anscheinend erfroren. Unser Abbé nimmt ihn in seine großen, warmen Hände, haucht ihn an und, siehe da, ein leichtes Zucken, ein erstes Lebenszeichen. Daraufhin steckt er ihn unter den Mantel und unter der Soutane an seine Brust – und setzt seinen Weg fort, in Gedanken noch einmal den Inhalt seiner Predigt durchgehend.

Im Dorf und vor der Kirche angekommen, fiel ihm der Spatz wieder ein. Der war inzwischen schon wieder etwas zu Kräften gekommen und begann sich zaghaft unter der Soutane zu regen. ›So kann ich nicht in das Haus des Herrn eintreten‹, dachte sich unser Pfarrer. Und wie er sich so umschaute, fiel sein Blick auf die Hinterlassenschaften einer Rinderherde, die man soeben durchs Dorf getrieben hatte: eine ganze Anzahl noch warmer, dampfender Kuhfladen. Das brachte ihn auf eine Idee. Er nahm ein herumliegendes Stöckchen, kratzte in den schönsten und größten Kuhfladen eine Höhle und setzte den Spatz behutsam hinein. ›Da kannst du solange bleiben, da wirst du's gut haben‹, sprach er und begab sich in die Kirche zum Gottesdienst.

Tatsächlich, dem Spatz ging es in dem warmen Kuhfladen immer besser – und so fing er nach einiger Zeit sogar ein bisschen zu tschilpen an. Einem hungrigen und daher aufmerksamen Kater war dies nicht entgangen. Der schlich ein paar Mal um den Fladen herum, angelte dann den armen Spatz mit seiner Tatze heraus, schüttelte ihn ordentlich ab – und fraß ihn auf.

Als nun nach dem Gottesdienst der Abbé wieder vor die Kirche trat, erkannte er mit einem Blick, welches grausame Drama sich inzwischen abgespielt hatte. Nur einige Federchen und ein paar Tröpfchen Blut waren im Schnee neben dem Kuhfladen noch zu sehen!

Angesichts dieser Tragödie verfiel unser Abbé in ein tiefes Nachdenken. Über den Lauf der Welt und das uns allen eines Tages bevorstehende Ende. Und nach einigen Minuten des Philosophierens leitete er aus dem traurigen Geschehen drei Maxime ab.

Erstens: Es sind nicht unbedingt unsere Feinde, die uns in die Scheiße bringen.

Zweitens: Es sind auch nicht immer unsere Freunde, die uns aus der Scheiße herausholen.

Drittens: Wenn du schon in der Scheiße sitzt, dann halt wenigstens den Schnabel!«

Heiterkeit im Saal.

»Meine Damen und Herren«, fahre ich in meinem Vortrag fort, »ich behaupte, dass diese drei philosophischen Maximen auch auf das Jugendstrafrecht und den Jugendstrafvollzug anwendbar sind und zutreffen. Die letzte allerdings nur zur Hälfte. Lassen Sie uns gemeinsam die Probe machen.

Maxime eins: ›Es sind nicht unbedingt unsere Feinde, die uns in die Scheiße bringen.‹

Das stimmt genauso für den Jugendstrafvollzug! Vielmehr sind es fast immer die (sogenannten) Freunde bzw. der Jugendliche selbst, die dafür sorgen, dass er im Knast landet. Und mitnichten sind es der Jugendrichter oder die Richterin, wenn sie in der Verhandlung eine unbedingte Jugendstrafe verhängen. Denn nach Recht und Gesetz greifen sie zu dieser immer nur als *Ultima Ratio*. Also nur dann, wenn sie das letzte rationale Mittel ist, um einen jungen Menschen zu einem Leben ohne Straftaten und in sozialer Verantwortung zu führen. Damit ist bestätigt: Es sind nicht seine Feinde, die ihn ins Gefängnis bringen!

Maxime zwei: ›Es sind auch nicht immer unsere Freunde, die uns aus der Scheiße herausholen.‹

Das stimmt auch! Denn gewiss, von seinen (sogenannten) Freunden wird kaum einmal einer aus dem Knast herausgeholt. Weder im wörtlichen Sinn, also mittels Fluchthilfe, noch im übertragenen Sinn, also der Hilfe zu seiner Wiedereingliederung. Da halten sich die ehemaligen Kumpane doch fast immer sehr zurück.

Durchaus anders sieht das freilich für diejenigen aus, die im Vollzug die Entscheidung für die Verlegung eines Gefangenen in den Jugendstrafvollzug in freier Form treffen: Zwar meinen sie es ausnahmslos gut mit dem Jugendlichen. Und sie holen ihn auch tatsächlich aus dem Gefängnis heraus. Aber eben nicht aus Freundschaft, sondern kraft ihres erzieherischen Berufs, aus professionellem Kalkül. Auch danach in den Projekten werden die dortigen Erzieher ihm manchmal nicht als Freunde erscheinen, da sie ja nach dem Grundsatz ›fördern und fordern‹ handeln. Deshalb ist, wie im Verlauf des heutigen Nachmittags noch deutlich werden wird, das Leben in diesen Projekten auch keineswegs pure Vergünstigung und reines Zuckerschlecken.

Maxime drei: ›Wenn du schon in der Scheiße sitzt, dann halt wenigstens den Schnabel.‹

Das stimmt wiederum, jedenfalls für den geschlossenen Jugendstrafvollzug. Denn nach bis heute gültigen Vorschriften haben die Gefangenen die Anordnungen des Vollzugspersonals auch dann zu befolgen, wenn sie sich durch sie beschwert fühlen. Also erst mal den Schnabel halten! Danach können sie ja eine Beschwerde schreiben.

In den Projekten des Jugendstrafvollzugs in freier Form, dem Thema des heutigen Nachmittags, aber genau genommen in jedem erzieherisch gestalteten Vollzug, sollte die Maxime ›Schnabel halten‹ allerdings gerade nicht gelten. Denn der muss darauf angelegt sein, dass die Jugendlichen lernen können, Verantwortung für sich und andere zu übernehmen, mündig zu werden. Und dazu gehört nun einmal, den Mund aufzumachen – zur rechten Zeit und in der rechten Form, versteht sich. Es sollte dort also – und zwar für alle: Erzieher wie Jugendliche – die altschwäbische Regel gelten: ›Tritt fest auf, tu's Maul auf, hör bald auf!‹

Die dritte Maxime unseres wackeren Abbés, in der Scheiße den Schnabel halten, gilt somit allenfalls im herkömmlichen geschlossenen Jugendstrafvollzug und da auch nicht unbedingt. Keinesfalls aber im Jugendstrafvollzug in freier Form. Denn der ist ohne ständige und möglichst gelingende Kommunikation nicht denkbar.«

Nach diesem einführenden Teil meines Vortrags, immer wieder durch Heiterkeit unterbrochen, ist die Mittagsmüdigkeit der Teilnehmer wie weggeblasen. »Verantwortung übernehmen« und »mündig werden«, in der Erläuterung zu den philosophischen Maximen bereits angeklungen, dienen mir nun als Stichworte für den weiteren Vortrag. Darauf wollte ich hinaus, und das kann ich nun, da die Aufmerksamkeit wiederhergestellt ist, mit der gebotenen wissenschaftlichen Gründlichkeit ausführen. Den philosophischen Einsichten des tierlieben Gottesmannes sei Dank!

Gefangene, die wegen eines Verbrechens gegen das Leben oder einer schweren Sexualstraftat verurteilt worden sind, werden grundsätzlich in einer sozialtherapeutischen Anstalt oder Abteilung untergebracht. Damit soll einer erheblichen Gefährlichkeit entgegengewirkt werden. In der Sozialtherapie sollen die Gefangenen auf Grundlage einer therapeutischen Gemeinschaft mit psychotherapeutischen, sozialpädagogischen und arbeitstherapeutischen Methoden einem umfassenden Behandlungsprogramm unterzogen werden.

22. Eislinger Vierfachmord

Einige Monate nach meiner Versetzung in den Ruhestand als Direktor der Jugendstrafanstalt Adelsheim spricht mich bei einer Veranstaltung eine Pfarrerin an. Ob ich von dem Vierfachmord in Eislingen gehört hätte und ob ich womöglich die beiden Täter kennen würde? Denn einer von ihnen sei inzwischen zu einer zehnjährigen Jugendstrafe verurteilt worden und sitze in Adelsheim. Sie selbst solle in den nächsten Wochen als evangelische Seelsorgerin nach Göppingen versetzt werden. Die Mitglieder der dortigen Kirchengemeinde seien durch die fürchterliche Bluttat im Nachbarort Eislingen völlig verstört. Als Seelsorgerin müsse sie dringend etwas unternehmen, um den Gemeindemitgliedern zu helfen, mit dieser besonderen Situation und der als absolut unbegreiflich empfundenen Tat fertigzuwerden. Zumal sowohl alle vier Mordopfer als auch einer der beiden Täter bekannte Gemeindemitglieder gewesen seien! Sie fragt mich daher, ob ich bereit sei, bei einer Veranstaltung über Jugendkriminalität und den Umgang damit zu referieren.

Was war in Eislingen geschehen? Der Sohn einer angesehenen Familie, nennen wir ihn Sven, hatte gemeinsam mit seinem Freund Markus im eigenen Elternhaus zunächst seine beiden Schwestern erschossen. Als einige Zeit später der Vater und die Mutter ahnungslos nach Hause zurückkehrten, erschossen die Täter auch diese beiden. Insgesamt waren 20 Schüsse abgegeben worden, denn die Opfer waren nicht sofort tot, sodass auf die bereits am Boden liegenden schwer verletzten Menschen weiter geschossen wurde. Eine brutale Hinrichtungsorgie, ein unfassbares Verbrechen!

Die beiden 18 und 19 Jahre alten Täter hatten die Ermordung der Familie wochenlang sorgfältig geplant. Die Schusswaffen und die Munition dazu hatten sie bei einem Einbruch in das Heim des Schützenvereins erbeutet und diese danach mit Schalldämpfern versehen, die sie aus Plastikflaschen selbst gebaut hatten. Sie waren maskiert, um von ihren Opfern nicht erkannt zu werden. Um Schmauchspuren an den Händen zu vermeiden, trugen sie bei der Abgabe der Schüsse Handschuhe. Die Leichen ließen sie im Elternhaus liegen. Die Schusswaffen versteckten sie in einem vorbereiteten Depot im Wald.

Nach den vollbrachten Mordtaten schliefen die beiden Freunde einige Stunden bei Markus zu Hause, in dessen Zimmer. In aller Seelenruhe? Wahrscheinlich eher nicht.

Am Morgen des folgenden Tages duschten und frühstückten sie. Sodann begaben sie sich in das Elternhaus von Sven, in dem die vier Toten in ihrem Blut am Boden lagen. Von dort aus rief Sven die Polizei an – mit der Behauptung, er habe soeben seine gesamte Familie tot aufgefunden, von unbekannten Tätern ermordet. Den bald eingetroffenen Polizeibeamten spielte er gekonnt das geschockte und schwer traumatisierte Opfer vor.

Obwohl die beiden Freunde versucht hatten, falsche Spuren zu legen und ein Alibi zu konstruieren, wurden sie bereits nach kurzer Zeit als Täter überführt, in Untersuchungshaft genommen und wegen gemeinschaftlichen Mordes angeklagt.

In der Hauptverhandlung stellte das Landgericht im Falle des Sohnes der Familie, Sven, Habgier als hauptsächliches Tatmotiv fest. Seine beiden Schwestern und die Eltern hätten sterben müssen, damit er als Alleinerbe in den Genuss der nicht unbeträchtlichen Vermögenswerte kommen konnte. Bei ihm liege ein eklatanter Mangel an Empathie vor, zudem extreme Selbstüberschätzung. Im Falle seines Freundes Markus sah das Gericht den Grund für dessen Mittäterschaft in der bedingungslosen Gefolgschaft gegenüber Sven, den er kritiklos idealisiert habe und dessen Freundschaft er auf keinen Fall habe verlieren wollen.

Nach den Feststellungen der Jugendkammer handelte es sich bei den beiden um vollkommen unterschiedliche, ja gegensätzliche Persönlichkeiten. Auf der einen Seite Sven: der Sunnyboy aus gut situiertem Elternhaus, großgewachsen, gut aussehend, blond, blauäugig, sportlich, sympathisch, sehr intelligent, guter Schüler, Mädchenschwarm an seiner Schule, Trendsetter bei jeder Jugendmode, in allen neuen Medien unterwegs, auch von den Lehrern und Lehrerinnen sehr geschätzt.

Auf der anderen Seite der von ihm total abhängige Markus: von unscheinbarer Gestalt und mit wenig einnehmenden Gesichtszügen, gehemmt, unsicher, unbeholfen und linkisch, mit nur knapp ausreichenden schulischen Leistungen, an der Grenze zu einer psychischen Erkrankung stehend.

Von den in der Hauptverhandlung angehörten Jugendpsychiatern wurden beide Täter jedoch als in vollem Umfang verantwortlich angesehen.

Sven, der in einem Zug vier Menschen, seine gesamte Familie, getötet hat, bekam wegen Mordes eine lebenslange Freiheitsstrafe. Sein Mittäter Markus, bei dem infolge von Entwicklungsverzögerungen noch das Jugendstrafrecht zur Anwendung kam, erhielt die Höchststrafe von zehn Jahren Jugendstrafe.

Der Mordfall hatte sich im Frühjahr 2009 zugetragen, war mir aber zunächst nur durch die Berichterstattung der Medien bekannt geworden. Beide Täter waren, obwohl noch Heranwachsende, in andere Justizvollzugsanstalten in U-Haft gekommen. Als dann der zu einer zehnjährigen Jugendstrafe verurteilte Mittäter Markus zu deren Verbüßung Anfang 2010 in die JVA Adelsheim verlegt wurde, war ich gerade eben in den Ruhestand getreten. Dass ich ihn viele Jahre später als Rechtsanwalt persönlich kennenlernen sollte, konnte ich damals nicht ahnen.

Da ich also bisher nichts mit dieser Strafsache zu tun hatte, sagte ich der Pfarrerin zu, im Anschluss an einen Gottesdienst in ihrer Gemeinde ein Referat zu Fragen der Jugendkriminalität und des Jugendstrafvollzugs zu halten. Konkretes zum Eislinger Vierfachmord konnte ich natürlich kaum sagen.

Ich beginne meinen Vortrag in der Göppinger Stadtkirche mit der Feststellung, dass wir fast alles, was wir über Kriminalität wissen, aus den Massenmedien erfahren. Diese stellen aufsehenerregende Gewalttaten in den Vordergrund, auch wenn die nur einen sehr kleinen Teil, weniger als zehn Prozent, der tatsächlich bekannt gewordenen Straftaten ausmachen. Denn die Medien stehen in Konkurrenz miteinander um Auflagen und Einschaltquoten. Die in der Bevölkerung verbreiteten Kriminalitätsängste resultieren daher normalerweise nicht aus persönlicher Erfahrung, sondern aus dem Blick auf den Fernsehschirm oder in die Zeitung. Hier in diesem Fall ist es aber ausnahmsweise anders. Denn man kannte die Opfer und einen der Täter!

Anschließend stelle ich die Ergebnisse der kriminologischen Forschung der letzten Jahre vor. Danach ist Jugendkriminalität entwicklungsbedingt, weil die Jugendlichen in relativ kurzer Zeit mit zahlreichen neuen Sozialsystemen und Erfahrungen (Gleichaltrigengruppe, Partnerschaft, Konsumwelt und so weiter) konfrontiert werden. Man darf sich das Hineinwachsen junger Menschen in die Sozial- und Rechtsordnung nicht als einen einfachen, gleichmäßig fortschreitenden Prozess vorstellen. Vielmehr handelt es sich um eine recht störanfällige Entwicklung, die nicht selten auch durch Fehlentwicklungen gekennzeichnet ist.

Es ist deshalb völlig normal, im Jugendalter auch einmal Straftaten zu begehen. In der Tübinger Jungtäter-Vergleichsuntersuchung räumten ganze 99 Prozent der männlichen Befragten zwischen 20 und 30 Jahren ein, schon mindestens eine Straftat begangen zu haben. Auch bei den jungen Frauen sind es mehr als 60 Prozent. Dabei handelt es sich überwiegend, wenn auch nicht immer, um Bagatelldelikte. Nicht normal, sondern eher selten ist es dagegen, bei den jugendtypischen Straftaten erwischt und kriminalrechtlich sanktioniert zu werden.

Aus jugendpsychiatrischer Sicht wäre ein Jugendlicher, der die Phase der Pubertät und Adoleszenz ständig stabil, schwankungslos und ohne Abweichung von Normen durchleben würde, geradezu als unnormal zu bezeichnen. Aber selbstverständlich ist es keineswegs normal, sondern absolut unnormal und äußerst selten, dass Jugendliche sehr schwere Straftaten begehen; oder gar derart extreme wie den Eislinger Vierfachmord.

Schließlich ist Jugendkriminalität weit verbreitet. Seit Delinquenz statistisch erfasst wird, gelten in allen Ländern und Kulturen jugendliches Alter und männliches Geschlecht als die bedeutsamsten Risikofaktoren: Jugendkriminalität ist Jungenkriminaltät. Zudem fallen junge Menschen immer häufiger mit Straftaten auf als ältere. Diese Höherbelastung ist aber keine Besonderheit der Gegenwart, sondern wurde in jeder Generation beobachtet, seit es Kriminalstatistiken gibt.

Diese allgemeinen kriminologischen Ausführungen zur Jugendkriminalität, illustriert durch einige projizierte Schaubilder, helfen meinen Zuhörern natürlich überhaupt nicht. Denn die haben eines der entsetzlichsten Verbrechen in der Geschichte der Bundesrepublik in ihrer Nähe erlebt. Schließlich kannten sie die Opfer als Mitglieder ihrer Kirchengemeinde persönlich, ja sogar einen der Täter. So gesehen können meine allgemeinen Ausführungen zur Jugendkriminalität die Aufregung in der versammelten Gemeinde kaum beruhigen. Das hätte ich wissen können!

Selbstverständlich sind beide Täter, nachdem ihnen die Tat nachgewiesen werden konnte, eingehend psychiatrisch untersucht worden. Auch in der Hauptverhandlung waren psychiatrische Sachverständige hinzugezogen. Wie nicht anders zu erwarten, zeigte sich, dass es bei beiden schwerwiegende Fehlentwicklungen in Kindheit und Jugend gegeben hat. Anders wären die furchtbaren vorsätzlichen Morde nicht zu erklären. Es handelte sich ja nicht um Taten im Affekt, sondern um solche, die von langer Hand geplant und vorbereitet wurden. Allerdings sind die Strafverfahren vor Jugendgerichten, wie im vorliegenden Falle, weitgehend nichtöffentlich, sodass die genauen Befunde der psychiatrischen Sachverständigen nicht bekannt geworden sind. Welche Fehlentwicklungen es bei den beiden Tätern im Einzelnen gegeben hat, ist also unbekannt geblieben.

In der nachfolgenden Diskussion werde ich gefragt: »Haben sich die Gefährdungen, denen Jugendliche ausgesetzt sind, in den letzten Jahren verändert?«

»Zu einem gewissen Teil schon«, ist meine Antwort. »Denn neu ist, dass junge Menschen heutzutage in einer Medienwelt leben, die eine im wahrsten Sinne des Wortes gewaltige Bedeutung für sie hat. Ich meine damit nicht nur die Shooter-Spiele, für die kriminologisch noch nicht sicher geklärt ist, welchen Einfluss sie auf Jugendliche haben. Es besteht heute die Möglichkeit, zu jedem Zeitpunkt und an jedem Ort der Welt mit anderen zu kommunizieren oder Informationen einzuholen. Genau genommen kann man über das Internet überall und jederzeit agieren, praktisch jede Art von Handlungen ausführen, sogar Straftaten begehen. So gesehen sind wir im Netz allgegenwärtig und allwissend. Das hat Konsequenzen. ›Wenn man früher Gott als den gedacht hat, der zu jeder Zeit und an jedem Ort präsent ist, dann ist dies ein Zustand, den wir heute dank der neuen Medien für uns beanspruchen‹, hat der Erziehungswissenschaftler Hans Thiersch einmal formuliert. Dementsprechend könnte man sagen, dass Sven, der medien- und internetaffine der beiden Täter, sich wohl ein Stück weit mit Gott gleichgesetzt hat, als Herr über Leben und Tod. Entsprechend hat er sich vor Gericht auch ausdrücklich geäußert.«

»Warum werden von vielen gefährdeten Jugendlichen nur manche tatsächlich gefährlich?«, lautet die nächste Frage.

»Eine befriedigende Antwort darauf kann uns die Wissenschaft bisher nicht geben«, antworte ich. »Festzustellen ist aber, dass sich bei den mehrfach mit Straftaten auffälligen Jugendlichen die bekannte Häufung von Problemen findet. Namentlich: Frühauffälligkeit, Herkunft aus sozial und ökonomisch belasteten Familien, gestörte Erziehungsverhältnisse, Schulversagen und so weiter. Das ist freilich das Ergebnis einer zurückschauenden Betrachtung. Daraus folgt leider nicht, dass man auch voraussagen könnte, wer aus dieser Gruppe der Mehrfachbelasteten und Mehrfachauffälligen zukünftig Straftaten begehen wird. Denn solche Problemlagen finden sich in beachtlichem Umfang auch bei denjenigen, die unauffällig bleiben oder sich integrieren. Dies ist erfreulicherweise die Regel, weshalb man, wie gesagt, von Jugendkriminalität als einem vorübergehenden Phänomen spricht, das sich normalerweise mit fortschreitender Reifung von alleine erledigt.«

»Welche Möglichkeiten gibt es im Jugendstrafvollzug, jungen Straffälligen zu helfen?«, ist eine weitere Frage.

»Alles, was für die gedeihliche Entwicklung junger Menschen allgemein für erforderlich gehalten wird, kann hinter den Mauern des Jugendgefängnisses nicht entbehrlich sein! Und das sind hauptsächlich: Vervollkommnung der oft unzureichenden schulischen Bildung, berufliche Ausbildung und soziales Lernen. Eine Jugendstrafanstalt braucht deshalb eine ausgebaute Schule, ein entwickeltes berufliches Ausbildungswesen und eine Struktur, die soziales Lernen im Alltag stimuliert. Also insbesondere auch ein Zusammenleben ohne Gewaltanwendung und in sozialer Verantwortung. Dass dies unter Bedingungen der Unfreiheit und vielfältigen Einschränkungen noch schwieriger ist als außerhalb des Gefängnisses, bedarf kaum der Begründung.«

»Welche Rolle spielt kirchliche Jugendarbeit für gefährdete Jugendliche?«, wird gefragt.

»Die Gleichaltrigengruppe – Soziologen sprechen von der *Peer Group* – hat für die Entwicklung Jugendlicher eine kaum zu überschätzende Bedeutung. Deshalb ist jede Jugendarbeit, die junge Menschen in ihrer Entwicklung fördern will, darauf angewiesen, die Gleichaltrigengruppe in ihren Dienst zu stellen, nach dem Prinzip ›Jugend erzieht Jugend‹; allerdings im Sinne von *Peer-Group-Learning*, nicht von *Peer-Group-Pressure*. Im Fall der Eislinger Mordtaten war die Besonderheit, dass einer der Täter schon seit geraumer Zeit nicht mehr in die kirchliche Jugendarbeit integriert war, der andere von vornherein nicht. Sie bildeten vielmehr schon lange vor der Tat eine sogenannte Dyade: eine intensive Zweierbeziehung, die sich selbst genügte und den Einfluss aller anderen Jugendlichen, auch der Eltern und Lehrer, mehr und mehr ausschloss. So waren korrigierende Einflussnahmen durch Elternhaus, Schule und auch die Gleichaltrigen praktisch nicht mehr möglich.«

Zum Schluss kommt die schwierigste Frage: »Was können Gesellschaft und Staat, insbesondere aber die Kirche besser machen?«

»Die beste Kriminalpolitik ist bekanntlich eine gute Sozialpolitik. Hier dürfen die Kirchen mit Sozial- und Jugendarbeit nicht nachlassen. Aber das ist ja fast schon ein Gemeinplatz. Da die Jugend unsere Zukunft ist, finde ich für die Arbeit mit straffälligen Jugendlichen die Devise des Christlichen Jugenddorfwerks Deutschlands einleuchtend: ›Keiner darf verloren gehen!‹ Dazu gehört aber auch, dass wir die reine Defizit- und Vergangenheitsorientierung im Umgang mit jugendlichen Abweichlern zurückbauen. Wir müssen es uns abgewöhnen, junge Straftäter vorwiegend als Menschen zu behandeln, die defizitäre Persönlichkeiten seien. Auch das richterliche Urteil stellt nur Schuld und Verantwortung eines Menschen für eine Tat fest. Es verurteilt aber gerade nicht die Persönlichkeit dieses Menschen. Bei jungen Straffälligen sollten deshalb nicht immer nur zurückliegende Verhaltensauffälligkeiten in den Blick genommen werden, sondern vielmehr ihre weitere gedeihliche Entwicklung und die zukünftigen sozialen Integrationsbedingungen. Denn die Zukunft können wir noch beeinflussen, die Vergangenheit nicht mehr.«

Ich konnte den Zuhörern nur Steine statt Brot geben. Das ist mir schon beim Vortrag deutlich geworden, erst recht beim Nachdenken auf der Heimfahrt. Denn ein solches Verbrechen lässt sich nicht einfach »erklären«, auch wenn man es, wie ich, im bisherigen Leben mit Abertausenden jungen Straftätern zu tun hatte. Es steht in seiner ganzen unbegreiflichen Monstrosität vor einem – und ist trotzdem menschlich.

Jahre später bittet mich eine ehrenamtliche Mitarbeiterin der Jugendstrafanstalt Adelsheim, als Anwalt einem Gefangenen mit langer

Strafe dabei zu helfen, vorzeitig aus der Haft entlassen zu werden. »Ich betreue ihn seit vielen Jahren«, sagt sie, »und kann sagen, dass er sich grundlegend geändert hat. Er hat nicht nur eine jahrelange und anspruchsvolle Psychotherapie erfolgreich absolviert, sondern auch mehrere qualifizierte Ausbildungsabschlüsse erreicht. Gegenwärtig bereitet er sich sogar auf die Meisterprüfung vor. Er ist im Jugendstrafvollzug ein völlig anderer Mensch geworden.«

Der Name, den sie nennt, sagt mir zunächst nichts. Nach Eingang seiner Vollmacht fordere ich beim Gericht die Vollstreckungsakten an und stelle zu meiner Überraschung fest: Es ist Markus, einer der beiden Geislinger Mörder!

Bevor ich entscheide, ob ich das Mandat für seine anwaltliche Vertretung im Vollstreckungsverfahren annehmen kann, möchte ich den jungen Mann erst kennenlernen. Auch will ich Kontakt mit seinem Psychotherapeuten in der Jugendstrafanstalt und mit dem Jugendrichter aufnehmen. Denn der muss zur gegebenen Zeit über eine vorzeitige Entlassung zur Bewährung entscheiden.

Bei meinem ersten Gespräch mit Markus in der Jugendstrafanstalt lerne ich einen sehr vorsichtigen, fast schon kontaktscheuen jungen Mann kennen – immer auf der Hut, sodass man den Eindruck bekommt, dass er etwas zu verbergen hat. Er ist gut mittelgroß, schlank, aber doch kräftig, hat dunkles, dichtes Haar, das er kurz trägt, und ein bleiches, grüblerisches Gesicht. Insgesamt hat er ein eher unscheinbares Aussehen, und er möchte offenbar auch unbedingt unauffällig sein. Sehr auffallend ist aber sein eigenartig unbewegter Gesichtsausdruck, sozusagen eine steinern erstarrte Miene. Auch scheint er direkten Blickkontakt vermeiden zu wollen.

Er kann sich gut auf die angesprochenen Themen konzentrieren, wirkt jedoch in seiner Ausdrucksweise seltsam detailversessen, ziemlich pedantisch. Jeden einzelnen Aspekt will er ausführlich behandelt wissen und von allen Seiten her beleuchten. Allerdings nicht seine Tat! Da bestehen offenbar immer noch sehr große Berührungsängste.

Von den anderen Gefangenen hält er sich möglichst fern, wie er mir sagt und wie auch sein Psychologe bestätigt. Deren alltägliche Sorgen interessieren ihn nicht. Fast alle anderen Jugendlichen haben sich im Leben in der Haft eingerichtet. Sie reden vom nächsten Einkauf, vom nächsten Besuch durch die Freundin oder von noch alltäglicheren Dingen: Konflikten mit dem Vollzugspersonal, aktuellen Fernsehserien oder neuen Klamotten, die man sich wünscht. In der Regel sind die Gefangenen durchaus in die Subkultur des Jugendgefängnisses integriert.

Nicht so Markus. Er ist nur auf zwei Dinge fokussiert: Das ist zum einen seine Ausbildung als Elektroniker, in die er sehr viel Zeit und Mühe investiert. Von seinem Lehrmeister wird er als »Learnaholic« bezeichnet. Und zum zweiten auf sein Leben nach der Entlassung, das er schon jetzt mit seiner ehrenamtlichen Betreuerin plant. Minutiös und in jedem Detail. Alles andere interessiert ihn nicht nur nicht, er nimmt es genau genommen kaum wahr. Er lebt in seiner eigenen Welt. An dem vielseitigen Freizeit- und Sportangebot der Anstalt beteiligt er sich so gut wie überhaupt nicht.

Er berichtet, dass er wegen seiner schrecklichen Tat noch immer unter Flashbacks und schlimmen Angstzuständen leide. Wenn er über das Tötungsverbrechen nachdenke oder davon träume, sei er immer noch vollständig fassungslos. Dass er sich daran beteiligt hat, sei ihm immer noch absolut unbegreiflich. Er versuche aber, dies gemeinsam mit seinem Psychotherapeuten aufzuarbeiten.

Eine seiner aktuellen Ängste ist, dass die Boulevardmedien, die über ihn und seinen Mittäter immer in reißerischer Art und Weise berichtet haben, ihn erneut in die Klauen kriegen könnten. Ein privater Fernsehkanal hat bereits eine »Dokumentation« des Falles angekündigt. Investigativ-Reporter verfolgen seine Angehörigen auf Schritt und Tritt und versuchen an Exklusivinformationen zu kommen. Potenziellen Informanten sollen stattliche Geldbeträge geboten worden sein. Er befürchtet weitere negative Folgen, auch für seine Familie, die immer noch nahe dem Ort des Geschehens lebt.

Zu seinen Eltern, insbesondere zu seiner Mutter, hat er inzwischen wieder einen guten Kontakt. Sie kommt ihn aber krankheitsbedingt nur selten besuchen. Das Verhältnis zum Vater ist dagegen schwierig. Der besucht ihn zwar häufiger, kann aber einfach nicht mit den von seinem Sohn begangenen Taten zurechtkommen.

Markus möchte, dass ich ihm dabei helfe, vorzeitig zur Bewährung entlassen zu werden. Das ist wegen der entsetzlichen Tat, die er begangen hat, einerseits äußerst schwierig. Andererseits ist sein Verhalten in der Haft vorbildlich, seine positive Entwicklung beeindruckend. Immerhin hat er, aufbauend auf seiner Schulbildung, den Abschluss einer

Lehre als Energieanlagenelektroniker in verkürzter Zeit geschafft und bereitet sich nun auf die Meisterprüfung vor. Zu der Prüfung an der Fachschule für Technik in Heilbronn ist er bereits zugelassen.

Nachdem er inzwischen acht der zehn Jahre Jugendstrafe verbüßt hat, möchte er dem Gericht anbieten, sozusagen als persönliche Sühneleistung, nach seiner Entlassung in einem christlichen Hilfsprojekt für sozial benachteiligte junge Menschen in Spanien oder Südamerika zu arbeiten.

Ich führe ein ausführliches Gespräch mit dem zuständigen Jugendrichter. Im Ergebnis wäre er bereit, eine Entlassung ins Ausland mitzutragen. Voraussetzung dafür ist aber, dass zuvor ein psychologisches Gutachten über die Frage, ob eine Erprobung in Vollzugslockerungen verantwortet werden kann, positiv ausfällt. Sollten danach solche Lockerungen über einen längeren Zeitraum erfolgreich durchgeführt worden sein, könnte in einem zweiten Schritt ein Entlassungsgutachten in Auftrag gegeben werden. Dieses soll klären, ob endgültig eine günstige Kriminalprognose gestellt werden kann. Oder anders gesagt: ob erwartet werden kann, dass sich Markus zukünftig dauerhaft straffrei verhalten wird.

Das ist aus meiner Sicht schon mal ein durchaus positives Ergebnis, aber auch ein dornenreicher Weg. Denn solche Gutachten erfordern, dass Markus bei zahlreichen Gesprächen und Explorationen in vollem Umfang kooperiert. Da muss er den Gutachtern Einblick in sein Innerstes gewähren. Weil er weiß, was davon abhängt, ist das für ihn natürlich sehr belastend.

Erfreulicherweise kommt das sehr eingehende psychologische Gutachten zu dem Ergebnis, dass ein sorgfältig geplantes, therapeutisch begleitetes und stufenweises Vorgehen bei der Gewährung von Vollzugslockerungen empfohlen werden kann. Markus erhält daher zunächst stundenweise Ausgänge in Begleitung seiner ehrenamtlichen Betreuerin, später auch längere Urlaube zu dieser. Das klappt über einen längeren Zeitraum ohne jede Beanstandung.

Schließlich befürwortet die Vollzugsanstalt, dass nunmehr von einem erfahrenen forensischen Gutachter das endgültige kriminalprognostische Gutachten eingeholt wird. Dieser stellt fest, dass durch die erfolgten therapeutischen Maßnahmen während der Haft, aber auch durch die schulische Weiterbildung und berufliche Qualifizierung die nötigen Nachreifungsprozesse stattgefunden haben. Eine vorzeitige Entlassung zur Bewährung kann somit verantwortet werden, entscheidet der Jugendrichter.

In meinem abschließenden Schreiben kann ich Markus dazu beglückwünschen, dass nach über acht Jahren Haft nun seine Entlassung zur Bewährung unmittelbar bevorsteht. Er wird unter Bewährungsaufsicht gestellt und darf nach Südamerika ausreisen, um dort in einem Hilfsprojekt zu arbeiten. Nach einiger Zeit meldet er sich von dort aus bei mir. Es gehe ihm gut, wenngleich die Eingewöhnung wegen der sprachlichen und kulturellen Unterschiede nicht einfach sei. Er habe sogar eine Freundin kennengelernt.

Zwei Jahre später schreibt er mir, dass er nach Deutschland zurückgekehrt ist und hier im erlernten Beruf eine gute Arbeitsstelle gefunden hat. Seitdem habe ich nichts mehr von ihm gehört. Das kann ich nur als gutes Zeichen deuten. Denn in all den Jahren, in denen ich ihn betreut habe, waren ihm die Boulevardmedien immer auf der Spur. Wäre er in irgendeiner Weise wieder auffällig geworden – die hätten ihn gewiss erwischt und medial zur Strecke gebracht. Ich kann ihm also nur weiterhin alles Gute wünschen!

Die bekannte, meistens mit »Vor Damaskus« betitelte Legende, die hier als Referenz herangezogen wird, findet sich im Neuen Testament, Apostelgeschichte 9, Vers 4–6. Im allgemeinen Sprachgebrauch wird mit »Damaskus-Erlebnis« auch eine einschneidende Erfahrung bezeichnet, die eine Gesinnungsänderung bewirkt.

23. Hinter Leonberg – nur ein halbes Wunder!

Von all den biblischen Geschichten, die man uns im Kindergottesdienst und später in der Schule erzählt hat, war mir die mit dem Titel »Vor Damaskus« eine der liebsten. Ich erinnere sie so:

Nach dem Kreuzestod Christi begannen dessen Jünger damit, überall im römischen Reich christliche Gemeinden aufzubauen. Der Kaiser in Rom will jedoch neben den bisherigen Göttern, zu denen er auch sich selbst zählt, keine neue Religion dulden. Er lässt daher die Christen verfolgen, gefangen nehmen und oft auch töten, wenn sie sich nicht vom Christentum lossagen.

Der als Jude geborene Saulus ist in das kaiserliche römische Heer eingetreten und hat dort Karriere gemacht, ist sogar Hauptmann geworden. Er will den Glauben seiner Väter in Reinheit bewahren. Heute würde man sagen, er ist Fundamentalist. Deshalb ist er zum eifrigsten aller Christenverfolger geworden.

Auf der Reise nach der syrischen Hauptstadt Damaskus, um dort wieder Christen zu fangen, wird er, hoch zu Ross und begleitet von seinen Schergen, unter Gewitterhimmel von einem gewaltigen Blitzstrahl überrascht. Der kracht direkt vor seinem sich aufbäumenden Pferd in die Erde. Das grelle Licht blendet ihn und wirft ihn zu Boden, wo er betäubt liegen bleibt. So stellte es jedenfalls das bunte Bildchen dar, welches wir am Ende des Kindergottesdienstes erhielten. Dann hört Saulus – jedoch nur er allein, so die Legende – die Stimme Jesu, die ihn fragt: »Warum verfolgst du mich?«

In Todesangst fragt Saulus zurück, was er tun soll. Jesus antwortet, dass ihm dies in Damaskus von den dortigen Christen offenbart würde. Der geblendete Saulus bekehrt sich, erlangt sein Augenlicht zurück, nennt sich fortan Paulus und wird unter diesem Namen einer der wichtigsten Apostel der frühen Christenheit. Seitdem steht das »Damaskus-Erlebnis« für die grundlegende Änderung der Einstellung eines Menschen. Einer sei »vom Saulus zum Paulus geworden«, sagt man ja auch.

Schon seit einigen Jahren gibt es den »Jugendstrafvollzug in freier Form«: Jugendstrafgefangene, die bestimmte Kriterien hinsichtlich Haftdauer, Vorgeschichte und Motivation erfüllen, erhalten von der Gefängnisleitung die Erlaubnis, ihre Strafe statt hinter Gittern in einer offene Einrichtung zu verbüßen, die von einem freien Träger der Jugendhilfe geführt wird. In den beiden dafür vorgesehenen Projekten gibt es keine Vorkehrungen gegen Entweichung: weder Mauern noch Stacheldraht noch besondere Sicherungsmaßnahmen. Vielmehr geht es dort kaum anders zu als in jedem anderen Heim der Jugendhilfe. Durch ein intensives, gruppenpädagogisch orientiertes Erziehungs- und Trainingsprogramm sollen die Jugendlichen gefördert und zu einem gesetzestreuen Lebenswandel befähigt werden. In Baden-Württemberg sind damit zwei der evangelischen Kirche nahestehende Einrichtungen beauftragt.

Diese Chance hatte auch der wegen Raubes in mehreren Fällen zu drei Jahren Jugendstrafe verurteilte Kevin erhalten. Er war deshalb in die selbstverständlich an seiner Auswahl beteiligte, entschieden christlich orientierte Einrichtung in der Nähe von Leonberg verlegt worden. Offenbar hat er sich aber nicht gemäß den dort geltenden Regeln verhalten und ist daher in den geschlossenen Vollzug der JVA Adelsheim zurückverlegt worden. Nun sitzt er zur Anhörung, die mir als Anstaltsleiter obliegt, in meinem Büro. Ziemlich deprimiert berichtet er:

»Die ersten Wochen ist alles gut gegangen in Leonberg. Nach einiger Zeit ist mir freilich der tägliche Waldlauf, immer in aller Herrgottsfrühe, auf den Keks gegangen, ebenso die mehr oder weniger verpflichtende Teilnahme am sonntäglichen Gottesdienst. Wer da nicht mitmacht, hat Nachteile. Beides habe ich mehrfach geschwänzt. Dann bin ich mit dem Rauchverbot, das fast den ganzen Tag gilt, nicht zurechtgekommen. Ich bin halt starker Raucher. Auch habe ich Schwarzgeld gehabt und Zigaretten gehökert. Den Ausschlag gegeben hat dann wohl, dass ich mit einem Betreuer eine Auseinandersetzung hatte. Der hat von mir verlangt, dass ich das gemeinschaftliche Bad putze. Das fand ich ungerecht, weil ich es ja nicht alleine benutzt hatte. Sogar die Fugen zwischen den Kacheln sollte ich schrubben! Als ich fragte, womit denn, meinte er, ›mit der Zahnbürste‹! Weil ich dann am Tag darauf mit verdreckten Schuhen ins Haus gekommen bin, ohne diese im Flur vorher auszuziehen, hat der Leiter der Einrichtung entschieden, dass ich zurückverlegt werde – in den geschlossenen Vollzug nach Adelsheim.«

»Und, wie ging es weiter?«

»Ich musste gleich in den VW Passat einsteigen. Meine Sachen sollten später nachgeschickt werden. Unterwegs habe ich noch versucht, den Jakob – wir sind dort alle per du – umzustimmen. War aber zwecklos. ›Ich kann da nichts mehr machen, Adelsheim ist schon informiert‹, hat er gesagt.

Wir sind also recht flott durch den Leonberger Autobahntunnel gefahren, als sofort am Ausgang ein gewaltiges Gewitter mit Blitz und Donner auf uns heruntergeprasselt ist. Vorher auf der anderen Seite des Tunnels war es noch völlig trocken gewesen. Jetzt aber Regen, Hagel und Aquaplaning auf der Straße, Sturm und miserable Sicht. Direkt vor unserem Auto, so kam es mir vor, fährt plötzlich ein Blitz herunter. Ein gewaltiger Schlag! Dem Jakob hat es die Lenkung verrissen, der Passat ist ins Schwanken geraten, hat sich mehrmals um sich selbst gedreht, ist zweimal gegen die Leitplanke gekracht und dann entgegen der Fahrtrichtung zum Stehen gekommen. Beide Airbags hatten sich mit einem lauten Knall geöffnet. Dann Ruhe, unterbrochen durch Brems- und Aufprallgeräusche von anderen Fahrzeugen. Der Motor war ausgegangen und ließ sich nicht mehr starten. Mindestens ein Reifen war geplatzt. Weiterfahrt unmöglich.

Als wir beide nach gefühlt mehreren Minuten wieder in der Lage waren, unsere Knochen zu sortieren und einen klaren Gedanken zu fassen, haben wir gesehen, dass wir uns mitten in einer regelrechten Massenkarambolage befinden. Überall am Straßenrand und an den Leitplanken lagen verbeulte Autos, die zum Teil schon den Warnblinker eingeschaltet haben. Aus einigen Kühlerhauben ist Rauch oder Dampf aufgestiegen. Wie durch ein Wunder haben wir beide keine Verletzungen erlitten. Außer vielleicht ein paar geringfügige Prellungen.

Noch im Auto sitzend – besser wäre natürlich gewesen, wir wären sofort ausgestiegen und hätten uns in Sicherheit gebracht, aber ich war im Kopf immer noch ein wenig benommen – hat der Jakob damit angefangen, wir sollten für unsere glückliche Rettung Gott danken, und begonnen ein Gebet zu sprechen.«

Ich frage dazwischen: »Ein Gebet? Wie muss ich mir das vorstellen? Haben Sie auch gebetet?«

»Ja, ich habe ebenso wie er die Hände gefaltet und die Augen zugemacht, aber nicht mitgesprochen. Was er genau alles gesagt hat, weiß ich nicht mehr. Etwa in der Art: ›Gnädiger Gott im Himmel, wir danken dir für unsere wundersame Errettung aus großer Todesgefahr. Lasse dein Licht weiterhin leuchten über uns und sei uns gnädig. Amen.‹ So oder so ähnlich, aber natürlich länger. Halt wie im Gottesdienst. Das war schon sehr eindrucksvoll!

Wenig später, das Unwetter hat nachgelassen, kamen schon Krankenwagen und Polizeiautos mit Blaulicht und Tatütata. Da waren auch wir bereits ausgestiegen und hinter die Leitplanken gegangen, zu den anderen Leuten. Einige von denen waren verletzt und bluteten oder hatten sichtbare Knochenbrüche. Die meisten saßen völlig verstört und geschockt herum, manche stöhnten oder jammerten laut. Einer hat sich überhaupt nicht mehr geregt, der war vielleicht tot. Ziemlich gruselig!

Der Jakob hat es dann mit seinem Handy und zusammen mit der Polizei organisiert, dass ein Abschlepper kommt und beginnt, unser beschädigtes Auto aufzuladen. Zuvor hat er mit der Einrichtung telefoniert und mit denen verabredet, dass ein Ersatzfahrzeug kommt, auf das wir auf dem nahe gelegenen Parkplatz warten sollen. Mit dem sind wir dann weitergefahren, direkt nach Adelsheim. Also mir gegenüber gab's keine Gnade, obwohl ich nach diesem schockierenden Erlebnis nochmals extra darum gebeten habe.«

Ich bin ziemlich betroffen über diesen Bericht und über den Ausgang der Sache. Ich denke, ich selbst hätte wohl anders entschieden, hätte nach gemeinsam überstandener Gefahr, die nach aller Erfahrung menschlich doch sehr verbindet, oft sogar zusammenschweißt, das Ersatzfahrzeug bei der nächsten Ausfahrt in die andere Fahrtrichtung gewendet. Ich hätte die unter ganz anderen Umständen getroffene Entscheidung revidiert, denke ich. Zumal es sich bei den Kevin zur Last gelegten Regelverstößen doch eher um Kleinigkeiten gehandelt hat. Ich hätte versucht, dieses gemeinsame und gewiss sehr eindrückliche Ereignis für eine positive Beziehung und Entwicklung zu nutzen. Für einen Neuanfang.

Ich muss zur Kenntnis nehmen: Im Unterschied zu damals, vor Damaskus, hat es 2000 Jahre später, hinter Leonberg, bloß zu einem halben Wunder gereicht. Und anders als der Apostel Paulus sind beide, sowohl Jakob wie auch Kevin, soweit man weiß, auch nach diesem Ereignis keine Heiligen geworden. Denn solche Wunder sind selten.

Mehr noch als der Erwachsenenvollzug ist der Jugendstrafvollzug dadurch gekennzeichnet, dass Gewalt unter den Insassen eine große Rolle spielt. Wegen der Dunkelfeldproblematik sind jedoch genaue Aussagen nicht möglich. Im Hellfeld werden beispielsweise in der JVA Adelsheim im Zeitraum eines Jahres pro 100 Gefangene etwa 35 gewalttätige Übergriffe registriert. Die meisten Täter sind ihrerseits selbst auch Opfer von Gewalthandlungen.

Unter der »Subkultur« des Gefängnisses versteht man die Gegenkultur, die von den Gefangenen den offiziellen Normen entgegengesetzt wird. Über ihre Entstehungsgründe besteht in der Wissenschaft weitgehende Einigkeit: Es ist zunächst der Deprivationsdruck, der die Gefangenen dazu bringt, ihm Abwehrmechanismen entgegenzusetzen (Deprivationstheorie). Dabei wird zusätzlich auf Verhaltensmuster aus anderen Subkulturen außerhalb des Gefängnisses, beispielsweise der Drogensubkultur, zurückgegriffen (Importtheorie).

24. Eine Filmvorführung beim Jugendgerichtstag

Für das Abendprogramm des Deutschen Jugendgerichtstags 2010 in Münster wird ein Spielfilm angezeigt, der nach seinem Kinostart bundesweit für Diskussionen gesorgt und Preise erhalten hatte. Der Film »Picco« vom Autor und Regisseur Philip Koch erzählt die Geschichte vom erzwungenen Selbstmord eines Jugendlichen in Haft. Es geht also um Gewalt im Jugendstrafvollzug. Beim Lesen des Ankündigungstexts fällt mir sofort der vor wenigen Jahren geschehene »Siegburger Foltermord« ein, der offensichtlich Grundlage für diesen Film geworden ist. Das interessiert mich natürlich, weshalb ich mich trotz eines anstrengenden Konferenztages für die abendliche Filmvorführung anmelde. Aber was war in Siegburg geschehen?

Damals noch der kleinere Teil eines großen Gefängnisses für Erwachsene, war in der Jugendstrafanstalt Siegburg im Jahr 2006 in einer Gemeinschaftszelle einer der Insassen von den anderen viele Stunden lang misshandelt und schließlich zum Selbstmord gezwungen worden. Wenig später hatte sich in der Jugendanstalt Ichtershausen ein ähnlicher Fall ereignet. Politik und Gesellschaft zeigten sich entsetzt: Wie kann es sein, so der mediale Aufschrei, dass junge Straftäter, die gerade wegen ihrer kriminellen Taten inhaftiert und aus dem Verkehr gezogen wurden, in der Haft noch schlimmere Delikte begehen? Kann denn solchen unerträglichen Vorkommnissen nicht von vornherein ein Riegel vorgeschoben werden?

Wie stets in solchen Fällen, wurden von Politikern und Medien strengste Strafen für die Täter gefordert. Aber auch Maßnahmen, die eine Wiederholung solcher Vorkommnisse in der Zukunft verhindern sollten. In einer Stellungnahme wurde sogar die Wiedereinführung der Todesstrafe verlangt. Eine interdisziplinäre Kommission wurde eingesetzt, um Reformvorschläge zu erarbeiten. Der verantwortliche Anstaltsleiter wurde abberufen.

Ich suche mir einen guten Platz in dem für die Vorführung vorgesehenen Hörsaal der Universität. Von den üblicherweise rund 1000 am Jugendgerichtstag teilnehmenden Fachleuten aus Jugendhilfe und Justiz sind etwa 50 Personen gekommen. Der Film startet mit kräftig eingestellter Lautstärke, sodass der ja auch in den Jugendgefängnissen meist sehr hohe Lärmpegel an den Nerven der Anwesenden zerrt. Die überwiegend verwendete stationäre Kamera vermittelt gut die beengten räumlichen Verhältnisse in der mit vier Jugendlichen voll belegten Gemeinschaftszelle.

Im Mittelpunkt steht ein durchaus sympathischer junger Mann, der neu in die Jugendstrafanstalt gekommen ist – und dort nun leben und überleben muss. Über seine Straftaten, über die zu verbüßende Strafzeit erfahren wir nichts Genaues. Das gehört nicht zum Thema des Films, würde nur ablenken. Denn es geht hier nicht, wie in den meisten Gefängnis- oder Kriminalfilmen, um Räuber und Gendarm oder Verbrechen und Strafe. Es geht auch nicht um die beliebte Frage, welche Wege in die Kriminalität und ins Gefängnis führen und welche vielleicht wieder hinaus. Es geht dem Filmautor vielmehr um die Verhältnisse im Jugendknast, um dessen Innenleben. Er fragt, wie die ihrer Freiheit beraubten Jugendlichen dort leben können und müssen, welche Entwicklungsmöglichkeiten bestehen. Letztlich zeichnet der Film die zunehmende Verrohung des Hauptdarstellers nach in einer für ihn schicksalhaften, ständig weiter eskalierenden Situation, aus der es kein Entrinnen zu geben scheint. Welche sind die maßgeblichen Umstände dafür?

Picco, so der ihm als Erstes verpasste Spitzname, kommt also ins Jugendgefängnis und dort in eine Gemeinschaftszelle mit drei anderen Leidensgenossen. Wie es immer zu sein pflegt, muss er sich als Neuling erst einmal im Knast zurechtfinden. Das fällt ihm anfangs sehr schwer. Die anderen sagen ihm, was er zu tun und zu lassen hat. Sie nötigen ihn zu üblen Spielchen, nehmen ihn aus, nerven und bedrohen ihn, unterstützen ihn aber auch manchmal. So gerät er zwangsläufig in Abhängigkeiten – in der totalen Institution Gefängnis kaum anders zu erwarten –, und zwar in jeder Hinsicht. Materiell, weil er Tabak borgen und Spielschulden machen muss. Psychisch, weil er keine andere Wahl hat, als sich an den einen oder anderen Zellenkumpanen anzuhängen, am besten an den Boss. Alternativen dazu hat er genau genommen kaum, will er nicht völlig schutzlos dastehen. Sozial, weil seine primären Bezugspersonen nun einmal seine Zellengenossen sind.

Er wird in das für männliche Jugendliche typische Ranking hineingezogen, muss also in der kleinen Gruppe versuchen, seinen Platz zu erobern. Mit der Zeit lernt er, sich gegen Zumutungen zu wehren. Und er muss noch einige andere Regeln des Überlebens im Jugendknast lernen. Beispielsweise, dass du niemals einen Kumpel verpfeifst. Sonst bist du der Anscheißer, der bei allen unten durch ist: zum Abschuss freigegeben. Oder dass du deine Schulden fristgerecht zurückzuzahlen hast, und zwar mit den üblichen hohen Zinsen. Das alles gelingt ihm mit der Zeit auch ganz gut. Allerdings hat das Ganze seinen Preis: Er verlernt das Einfühlungsvermögen in andere, also Mitmenschlichkeit. Nach einiger Zeit hat er sich unter den vier Zellengenossen zum zweiten Mann emporgearbeitet.

Wo eine interne Rangordnung ausgekämpft und festgelegt wird, gibt es notwendig auch den mit dem niedrigsten Rang: den Schwächsten. Der kriegt vieles von dem ab, was die anderen an Entbehrung, Enttäuschung, Frust und Leid hinnehmen müssen. Als ob er davon nicht selbst schon genug hätte! Und wegen seines niedrigen Status in der Gruppe und im ganzen Knast kriegt er sehr viel mehr ab als andere. Er ist der Prügelknabe. Es scheint beinahe gesetzmäßig so zu sein: Wer einen unter sich sieht, wird umso mehr nach unten treten, je mehr er selbst von oben getreten wird. Das ist bekanntlich keineswegs nur im Gefängnis so. Dort ist es aber viel schlimmer als andernorts, weil die Verhältnisse so unentrinnbar, so hermetisch sind.

Also wird die Nummer vier, »der Kleine«, der nachts durch häufiges Weinen nervt, dem es nicht gelingt, den harten Knacki zu geben und sich die Zellenkumpanen vom Leib zu halten, von diesen angeschrien, drangsaliert und misshandelt. Dabei können sich der Boss und auch Picco manchmal sogar noch zurückhalten, haben sie doch mit der Nummer drei ihren »Mann fürs Grobe«.

So nehmen die Übergriffe gegen den Kleinen zu, bis zu einem Wochenende, wo das Personal im Gefängnis völlig ausgedünnt ist und es deshalb keinerlei Angebote gegen die grauenhafte Langeweile gibt – und so gut wie keine Aufsicht. Ein Wochenende »zum Abkacken«, wie die Gefangenen sagen. Die Quälereien steigern sich zunehmend und unaufhaltsam bis zu einer wahren Orgie der Gewalt. Der Kleine, ohne den Mut und ohne die Chance, sich dagegen zur Wehr zu setzen, wird stundenlang geschlagen, gefesselt, geknebelt, gefoltert, sogar vergewaltigt. Fast jede erdenkliche Demütigung wird ihm angetan.

Es ist kaum noch auszuhalten: Jetzt sind die Szenen des Films so verstörend und gehen dermaßen unter die Haut, dass nicht wenige Zuschauerinnen und Zuschauer sich gezwungen sehen, die Vorführung zu verlassen. Obwohl die allermeisten von ihnen durchaus schon Jugendgefängnisse von innen gesehen haben und Praktiker des Jugendstrafrechts sind. Wenn sich wieder und wieder die Tür nach draußen öffnet, kann ich in dem kurzen Lichtschein sehen, wie ihnen der Abscheu und das Grauen regelrecht ins Gesicht geschrieben sind.

Das ist ja kein Thriller oder Horrorfilm üblicher Machart. So etwas hält man aus. Denn man weiß, dass Vampire, Dämonen, Zombies und andere Scheusale mit der Wirklichkeit nichts zu tun haben, dass es die nicht gibt. Da geht es nur um Sensation und Spektakel! Hier aber sind ganz normale Jugendliche zugange, wie man sie auch sonst kennt – nur eben in einer ganz besonderen gruppendynamischen Situation gefangen. Es ist ein dokumentarisch fundierter Spielfilm, gedreht in einer süddeutschen Jugendstrafanstalt, der das Publikum in eine ausweglos erscheinende dynamische Entwicklung hineinzieht, und zwar mit allen filmischen Mitteln: mit Bild und Ton, Kameraeinstellung, Nahaufnahmen, Schnitt und schauspielerischer Leistung.

Nach anfänglichem Widerstreben macht nun auch Picco bei den sich steigernden Übergriffen, Schikanen und Quälereien gegen den Kleinen mit. Er fürchtet, sonst selbst unter Druck zu geraten, jedenfalls aber seine mühsam erarbeitete Position im Ranking zu riskieren.

Zum Schluss, nachdem er schlimme Qualen zu ertragen hatte, wollen die drei den Kleinen davon überzeugen, dass es das Beste sei, wenn er »sich selbst weghängt«. Ein letzter Versuch von ihm, über die Notrufanlage Hilfe vom Vollzugspersonal zu erhalten, wird vereitelt. Es erscheinen zwar Aufsichtsbeamte, sie werden aber unter Beteiligung aller, letztlich auch des völlig eingeschüchterten und apathischen Kleinen, getäuscht und abgewimmelt. Und irgendwann hängt er dann da im WC der Zelle: tot.

Geschockt, panisch, hysterisch und verzweifelt wird von den dreien versucht, die gemeinsam begangene Tat zu vertuschen. Das kann natürlich nicht gelingen: Eine neue Katastrophe in ihrem Leben ist da!

So endet dieser beklemmende Film damit, dass es nur Opfer gibt. Wegen seiner brutalen Eskalationslogik eröffnet er den Zuschauerinnen und Zuschauern ebenso wenige Möglichkeiten, sich der Gewaltspirale zu entziehen, wie den handelnden (und leidenden) Protagonisten.

Übrigens wird das Vollzugspersonal, von den Aufsichtsbeamten bis zur Sozialarbeiterin, im Film durchaus engagiert und sympathisch gezeichnet. Es geht dem Regisseur ja auch nicht um individuelles Fehlverhalten oder Versäumnisse des Personals, sondern um die Institution Jugendstrafvollzug als solche. Indem ein für alle Beteiligten schicksalhaftes Geschehen, beginnend mit eher alltäglichen Konflikten bis zu seiner Steigerung zum schlimmsten Gewaltexzess, nachgezeichnet und analysiert wird, werden die Rahmenbedingungen und Zwänge der Institution ins helle Licht gerückt. Gerade auch ihre »Kollateralschäden«, wie man das bezeichnen könnte. Es stellt sich die Frage: Müssen die womöglich, weil im Grunde unvermeidlich, letztlich in Kauf genommen werden?

Als der verstörende Film zu Ende ist, sitze ich lange wie vors Haupt geschlagen auf meinem Stuhl im Hörsaal. Mir ist übel, ich habe Kopfschmerzen und einen Kloß im Hals. Ich bin nur froh, dass niemand mehr Lust auf die eigentlich vorgesehene Diskussion hat oder mich gar als den allseits bekannten Leiter der Jugendstrafanstalt Adelsheim anspricht! Alle, die trotz der grauenhaften Szenen bis zum Ende ausgeharrt haben, schleichen sich deprimiert und wortlos hinaus.

Zurück in meinem Hotelzimmer brauche ich erst mal einen Underberg aus der Minibar. Nur langsam kehren meine Lebensgeister zurück, und ich kann beginnen, mir Gedanken zu machen. Das muss ich auch, weil ich vor der Aufführung einer befreundeten Psychologin versprochen hatte, für ihre Fachzeitschrift eine Rezension über den Film zu schreiben.

Trivial ist meine erste Feststellung, dass Autor und Kameramann ihr erstes Ziel, Betroffenheit zu erzeugen, mit Sicherheit erreicht haben. Darüber hinaus ist es aber ersichtlich die Institution Jugendstrafvollzug in ihrer tradierten Form, welche die Filmemacher ins Visier nehmen, die sie radikal infrage stellen: Ist das kollektive Wegsperren junger Menschen, die der Gesellschaft Probleme machen, die aber immer auch Probleme haben, eine sinnvolle, eine durchdachte, eine Erfolg versprechende Strategie? Wie steht es mit den Risiken und Nebenwirkungen?

Konkret gefragt: Kann es denn zu einem guten Ende führen, wenn man kriminelle junge Menschen »zur Strafe« einfach wegschließt? Wenn man sie zu diesem Zweck massenhaft gemeinschaftlich interniert, ungeachtet der jeweils ganz unterschiedlichen Problemlage in ein und derselben Einrichtung? Nach dem Grundsatz »das passt für alle«, »one size fits all«? So geht man ja auch sonst nicht vor, beispielsweise im Gesundheits- oder Bildungswesen. Dort wird immer versucht, zu differenzieren und zu individualisieren, je nach vorliegender Problemlage und Indikation. Müsste folglich nicht auch im Jugendstrafvollzug jeder Fall, jeder Gefangene seiner Besonderheit entsprechend behandelt werden? Müsste sich das nicht als Allererstes in der Art der Unterbringung auswirken? Und müssten dann nicht, ähnlich wie in der Intensivstation im Krankenhaus, die zur Anwendung kommenden Mittel und Methoden die fortschrittlichsten sein?

Konnte der Film über die unmittelbare Betroffenheit hinaus grundsätzliches Nachdenken anstoßen? Oder haben die aufgeworfenen Fragen doch nur zu vorübergehender Verunsicherung geführt? Da bin ich mir nicht so sicher.

Unsere Gesellschaft muss endlich zur Kenntnis nehmen und überdenken, welche Risiken und welche Eigendynamik das erzwungene Zusammenleben sehr vieler junger Männer in Haft mit sich bringt. Und zwar umso mehr, je mehr den zwangsläufig stattfindenden gruppendynamischen Prozessen freier Lauf gelassen wird. Ganz besonders bei Unterbringung in einer Gemeinschaftszelle ohne verantwortliche Aufsicht von außen. Dafür bietet dieser Film einen leidenschaftlichen Denkanstoß, welcher die althergebrachte Gewissheit endlich erschüttern sollte, dass Jugendstrafvollzug am einfachsten als Massenveranstaltung zu organisieren ist – mit schlichter Kasernenhofpädagogik – und auf diese Weise auch am billigsten.

Der Film ist auch ein Lehrstück über die gefängnistypische Subkultur. An einem Beispiel zeigt er, wie und unter welchen Bedingungen diese entsteht und sich entwickelt. Er demonstriert außerdem, welche bitteren Folgen es im schlimmsten Fall haben kann, wenn der wesentliche Programminhalt darin besteht, die jungen Männer einfach wegzuschließen und dann sich selbst zu überlassen. Diese nachgerade einfältige Methode, die dem bloßen Wegsperren fast schon magische Kräfte zuschreibt, kann ja nicht funktionieren. Zum einen, weil sie allein auf die Zufügung eines Übels setzt, was schon nach der allgemeinen Lebenserfahrung selten Gutes bewirkt. Zum anderen, weil sie die zahlreichen unerwünschten Nebenwirkungen nicht in den Blick nimmt, erst recht nicht die zukünftige gedeihliche Entwicklung der jungen Menschen.

Wer der in dem Film dargestellten, fast immer auch resozialisierungsfeindlichen Subkultur entgegenwirken will, muss aber Folgendes wissen: Gerade das bei Gewalt unter Gefangenen meist spontan und ohne weiteres Nachdenken zur »Bekämpfung« der Subkultur geforderte »harte Regime« ist der Nährboden, auf dem diese wächst und gedeiht. Denn je mehr gegen die Gefangenen mit Druck, Disziplinarmaßnahmen und Strafen vorgegangen wird, je mehr Rechte ihnen genommen werden, desto mehr werden sie sich gezwungen sehen, sich dagegen zur Wehr zu setzen. Und zwar indem sie versuchen, einen kollektiven Abwehrmechanismus zu organisieren: die Subkultur. Je mehr Druck und Zwang und Strafen, desto mehr Subkultur!

Dass Menschen, wie im Film an Picco und seinen Kumpanen verdeutlicht, unter bestimmten Umständen zu fast jeder Grausamkeit fähig sind, wurde in zahlreichen wissenschaftlichen Untersuchungen wie dem Stanford-Prison-Experiment immer wieder bestätigt. Es hängt nur davon ab, wie rigoros und unentrinnbar jene Umstände sind. Durch diesen schockierenden Film wird das aber auch emotional nachvollziehbar. Der französische Schriftsteller Jean Paul Sartre hat es in seinem Drama *Geschlossene Gesellschaft* so ausgedrückt: »Die Hölle, das sind die anderen.«

In meiner Rezension von *Picco* komme ich zu dem Schluss, dass ohne eine weitgehende Öffnung und damit auch Normalisierung des Jugendstrafvollzugs keine Abhilfe erreicht werden kann. Um in Sartres Bild zu bleiben: Die geschlossene Gesellschaft muss geöffnet werden, um frische Luft hereinzulassen und Licht. Denn das Volk muss sehen können, was in seinem Namen im Strafvollzug geschieht!

Nach diesem zunächst verstörenden, aber zum Nachdenken anregenden Spielfilm habe ich eigentlich nur noch einen Wunsch: dass sich keine Journalistin und kein Politiker mehr zum Jugendstrafrecht und zum Jugendstrafvollzug äußern möge, die oder der diesen Film nicht wenigstens einmal gesehen hat. Das schreibe ich als dringenden Appell und als Schlusssatz in meine Rezension hinein.

Es kam in der Folge freilich ganz anders. Fast jede schwere Straftat, die ein Jugendlicher irgendwo in Deutschland beging, führte in den Medien wie eh und je zu der allbekannten Forderung nach mehr Härte und längeren Strafen. In Wahlkämpfen überbot man sich mit Vorschlägen zur Verschärfung des Jugendstrafrechts, obwohl bei der Jugendkriminalität in den Jahren zuvor sogar ein deutlicher Rückgang zu verzeichnen gewesen war. Dessen ungeachtet wurde im Jahr 2012 das Höchstmaß der Jugendstrafe von 10 auf 15 Jahre erhöht und auch für nach Jugendstrafrecht Verurteilte die Sicherungsverwahrung eingeführt! Aktuell wird sogar diskutiert, ob man nicht das Jugendstrafrecht auf 12- bis 13-jährige Täter ausdehnen soll. Das würde bedeuten, dass zukünftig auch Kinder in Jugendstrafhaft kommen können.

Mein frommer, wohl auch naiver Wunsch ist also in kürzester Zeit zu Schanden geworden. War das nicht doch vorherzusehen? Wahrscheinlich schon. Denn was den Umgang unserer Gesellschaft mit ihren straffälligen Jugendlichen angeht, scheint diese an dem Prinzip Vergeltung und Strafe ebenso hartnäckig zu hängen wie der Neurotiker an seiner Krankheit. Ohne können wir offenbar nicht. Und doch klammere ich mich nur allzu gerne an die alte, fast schon peinlich platte Phrase: Die Hoffnung stirbt zuletzt!